LAURENT
MARIOTTE

Mieux MANGER toute l'année

MES 365 RECETTES
MES CONSEILS
MES ASTUCES ZÉRO GASPI

2021

SOLAR
EDITIONS

MIEUX MANGER TOUTE L'ANNÉE EN 2021

Envisager la cuisine comme un acte d'amour !

Se faire plaisir d'abord, pour ensuite faire plaisir à ceux qu'on aime… C'est mon vœu le plus cher et c'est ainsi que je vous imagine cuisiner au quotidien les recettes de ce livre.

Le temps imposé par le confinement a remis le fait maison dans nos repas. Avec des courses réfléchies, de l'organisation et une demi-heure par jour en cuisine, **c'est à la portée de tous !**

Entre le frais et les produits bruts en conserve ou surgelés, la semi-cuisine permet de manger sainement. Croquettes de thon, artichauts comme au bistrot, soupe de maïs, jambonneau laqué, fondant au chocolat, etc. : je vous propose, dans ce livre, **plein de recettes ultrasimples.**

Je sais que vous êtes fans des grands classiques, vous les retrouverez donc ici : blanquette de veau, pot-au-feu, endives au jambon, poulet basquaise, petit salé, mousse au chocolat, clafoutis… De plus, **ces incontournables sont souvent économiques.**

À propos d'économie, j'ai aussi imaginé **de nombreuses recettes « zéro gaspi ».** Avec les restes de la veille, vous allez créer un nouveau plat, tout frais, tout beau. Je vous invite également à faire vos courses en abondance quand il s'agit des légumes de saison abordables. Vous découvrirez mes recettes inédites sous la mention **« 1 produit, 2 recettes »**.

Alors, en cuisine *et à table, les amis !*

LAURENT MARIOTTE

Janvier
au marché

LES PRODUITS PHARES

La bergamote

Il y a des odeurs qui vous replongent tout de suite en enfance. Pour moi, le parfum de la bergamote est l'une d'elles. Il me rappelle les fameux bonbons de Nancy, des petits carrés croquants aussi translucides que de l'ambre. Pendant un tournage sur la place Stanislas, je me suis amusé à les associer à des madeleines et à des mirabelles au sirop : une recette 100 % lorraine. Le goût de la bergamote est à retrouver ce mois-ci dans un cake moelleux et vite fait.

Le chou de Bruxelles

Je vous vois venir avec vos mauvais souvenirs de cantine. Pourtant, il n'y a pas plus subtil et plus doux qu'un chou de Bruxelles cuit al dente. C'est la sur-cuisson, libérant sa molécule soufrée, qui est entièrement responsable de l'odeur. Ce mois-ci, redécouvrez ces petits choux tout juste caramélisés à la poêle dans une version carbonara : c'est le jour et la nuit !

Les poires d'hiver

Louise Bonne, Joséphine de Malines, Alexandrine, madame Ballet… Si vous vous demandez pourquoi tant de femmes se cachent derrière des noms de poires, sachez que c'est parce qu'on les leur dédicaçait ! Au XIXe siècle, les pépiniéristes découvrent comment croiser plus facilement les variétés et créent de nouvelles poires à tire-larigot en les baptisant à jamais du nom de leur épouse. Moralité, messieurs : dites-le-lui avec des poires !

CHEZ LE MARAÎCHER

Les légumes

- Betterave
- Cardon
- Carotte
- Céleri-rave
- Chou
- Chou de Bruxelles
- Chou-fleur
- Endive
- Épinard
- Mâche
- Navet
- Panais
- Poireau
- Pomme de terre
- Potiron
- Courge
- Crosne
- Topinambour

Les fruits

- Citron
- Clémentine
- Kiwi
- Mandarine
- Poire
- Pomme
- Orange
- Ananas
- Banane
- Mangue
- Papaye
- Litchi
- Fruit de la passion

CHEZ LE POISSONNIER

Huîtres, oursins, coquilles Saint-Jacques, amandes de mer, crevettes bouquets, sole, merlan, rouget barbet, julienne, tacaud.

CHEZ LE FROMAGER

Époisses, livarot, maroilles, munster, pont-l'évêque, vacherin mont-d'or.

1er Vendredi janvier
Jour de l'an

Brunch du Nouvel An

Bonne année 2021, les amis ! Pour une bonne santé, rien de tel qu'un brunch équilibré, vitaminé et vite préparé.

CRÈME DE MÂCHE ET CROÛTONS

POUR 4 PERSONNES
PRÉPARATION : 15 MIN
CUISSON : 10 MIN

- 250 g de mâche
- 3 tranches de pain de la veille
- 10 cl de crème liquide
- 20 g de beurre
- 2 cuil. à soupe d'huile d'olive
- 2 cuil. à soupe d'huile de tournesol
- Sel et poivre

1. Rincez et triez la mâche. Faites-la revenir dans l'huile d'olive pendant 2 minutes dans une casserole. Versez 50 cl d'eau, salez et poivrez. Faites cuire 10 minutes, ajoutez la crème et mixez.
2. Pendant la cuisson de la mâche, découpez les tranches de pain en cubes et faites-les blondir dans un mélange de beurre et d'huile de tournesol.
3. Versez la crème de mâche dans des assiettes creuses et décorez de croûtons de pain.

ŒUFS BROUILLÉS AVEC LES CHUTES DE SAUMON FUMÉ

POUR 4 PERSONNES
PRÉPARATION : 10 MIN
CUISSON : 3 MIN

- 8 œufs entiers + 4 jaunes
- 40 g de restes de saumon fumé
- 40 g de beurre
- Sel et poivre

1. Cassez les 8 œufs entiers, battez-les, salez et poivrez.
2. Faites chauffer une casserole à feu doux avec le beurre. Ajoutez les œufs battus et mélangez sans cesse à l'aide d'une spatule en bois en frottant le fond de la casserole. Stoppez la cuisson. Hors du feu, ajoutez les jaunes et mélangez bien.
3. Coupez les tranches de saumon fumé en lanières et déposez-les sur les œufs brouillés. Servez aussitôt.

MON TRUC ANTIGASPI

Cette année encore, prenons la résolution de ne pas gaspiller. Des restes de saumon fumé, du pain de la veille et une salade un peu fatiguée : ces trois ingrédients composent mon brunch de lendemain de fête. À vous de jouer !

SALADE ENDIVES, GRENADE ET POMELO, VINAIGRETTE AUX AGRUMES

POUR 4 PERSONNES
PRÉPARATION : 15 MIN

- 3 endives
- 1 pomelo
- 1 grenade
- 1 cuil. à soupe de vinaigre de cidre
- 3 cuil. à soupe d'huile d'olive
- Sel et poivre

1. Émincez les endives dans la longueur.
2. Pelez le pomelo à vif au-dessus d'une assiette creuse et récupérez le jus. Mélangez ce jus à l'huile et au vinaigre, salez et poivrez.
3. Prélevez les graines de la grenade et ajoutez-les aux endives et à la chair de pomelo. Assaisonnez et servez.

MANGUES RÔTIES
au jus d'ananas

Riches en carotène et en vitamine C, la mangue et le fruit de la passion vont allier leurs forces pour nous faire du bien dans ce dessert aussi léger que gourmand. Une véritable association de bienfaiteurs.

POUR 4 PERSONNES
PRÉPARATION : 15 MIN
CUISSON : 5 À 10 MIN

- 2 mangues à point
- 20 cl de jus d'ananas
- 2 fruits de la passion
- 50 g de sucre en poudre
- 25 g de beurre

1. Pelez les mangues et coupez-les en deux en longeant le noyau.
2. Dans une poêle, caramélisez les mangues dans le sucre et le beurre, sur les deux faces. Débarrassez-les, tranchez-les et disposez-les sur des assiettes.
3. Versez le jus d'ananas dans la poêle et faites-le réduire 2 à 3 minutes.
4. Coupez les fruits de la passion en deux et récupérez la chair. Hors du feu, ajoutez la chair dans la poêle et mélangez.
5. Nappez les mangues de la sauce réduite et dégustez-les chaudes.

GRAND CLASSIQUE

CÔTES DE VEAU *à la normande*

POUR 4 PERSONNES
PRÉPARATION : 20 MIN
CUISSON : 25 MIN

- □ 4 côtes de veau
- □ 1 oignon
- □ 500 g de champignons de Paris
- □ 1 cuil. à soupe d'huile de tournesol
- □ 50 g de beurre
- □ 25 cl de crème fraîche entière
- □ 10 cl de vin blanc sec
- □ 2 tiges de persil frisé
- □ Sel et poivre

1. Préchauffez le four à 100 °C (th. 3-4).
2. Épluchez et émincez finement l'oignon. Nettoyez et coupez en lamelles les champignons. Dans une poêle contenant 20 grammes de beurre, faites revenir les champignons 10 minutes. Salez, poivrez, ajoutez la crème fraîche et mélangez. Débarrassez et réservez dans le four.
3. Faites fondre le reste du beurre avec l'huile dans la poêle et faites-y cuire la viande 5 minutes par face. Débarrassez dans un plat et réservez dans le four.
4. Dans la même poêle, faites revenir l'oignon 1 à 2 minutes. Déglacez avec le vin blanc et laissez réduire 2 minutes. Ajoutez les champignons et mélangez.
5. Dressez au centre de chaque assiette une portion de champignons, posez la viande dessus et décorez de persil effeuillé. Servez aussitôt.

Mieux choisir

Le sel ordinaire, qu'il soit issu de la terre ou de la mer, est bien souvent raffiné. On lui ajoute des additifs, faisant ainsi disparaître les minéraux, les oligoéléments qu'il contient naturellement. Quel dommage !
Choisissez du sel marin non raffiné (sel de Guérande, de Camargue, de Noirmoutier…) et vérifiez que le seul ingrédient est bien… du sel !

4 Lundi janvier

Choux de Bruxelles *façon carbonara*

Je raffole du chou de Bruxelles même si je sais qu'il ne fait pas l'unanimité. Donnez-lui sa chance : en version carbonara, il deviendra votre chouchou, c'est promis !

POUR 4 PERSONNES
PRÉPARATION : 15 MIN
CUISSON : 15 MIN

- □ 1 kg de choux de Bruxelles
- □ 100 g de lard fumé en tranches
- □ 100 g de parmesan fraîchement râpé
- □ 1 œuf entier + 2 jaunes
- □ Poivre

1. Lavez les choux de Bruxelles, puis coupez-les en deux ou en quatre selon leur grosseur.
2. Détaillez le lard en lardons et faites-les dorer dans une poêle.
3. Ajoutez les choux de Bruxelles et faites-les revenir pendant 5 minutes à couvert.
4. Pendant ce temps, mélangez le parmesan aux œufs et poivrez.
5. Stoppez la cuisson des choux, versez la sauce, mélangez, servez dans des assiettes creuses et dégustez aussitôt.

MIEUX S'ORGANISER

J'achète plus de choux de Bruxelles en prévision de demain : ils vont s'acoquiner avec un autre morceau de cochon. Encore 15 minutes de cuisson, pas plus, top chrono !

Filet mignon,
choux de Bruxelles

POUR 4 PERSONNES
PRÉPARATION : 15 MIN
CUISSON : 15 MIN

- □ 600 à 700 g de filet mignon de porc
- □ 600 à 700 g de choux de Bruxelles
- □ 20 g de beurre
- □ 1 cuil. à soupe d'huile de tournesol
- □ Quelques feuilles de sauge
- □ Sel et poivre

1. Lavez et coupez en quartiers les choux de Bruxelles. Blanchissez-les 3 à 4 minutes dans une eau bouillante salée. Égouttez.
2. Faites chauffer le beurre et l'huile dans une poêle. Coupez le filet mignon en médaillons de 1,5 cm d'épaisseur et faites-les cuire 3 minutes par face avec la sauge.
3. Salez et poivrez, puis disposez les médaillons de porc dans un plat chaud.
4. Faites revenir les quartiers de choux de Bruxelles dans la poêle 5 minutes et disposez-les sur des assiettes. Ajoutez les médaillons de porc, arrosez de jus de cuisson et dégustez aussitôt.

Mieux choisir
Les choux de Bruxelles

On en trouve de septembre à mars, mais les variétés tardives (Sanda, Jade Cross ou De Rosny) sont les meilleures, le froid améliorant le goût du chou ! Mieux vaut donc les acheter entre novembre et janvier.

6 Mercredi
janvier
Épiphanie

Galette des Rois

Aujourd'hui, c'est l'Épiphanie ! Parce qu'elle est moins chère que chez le boulanger, meilleure qu'au supermarché, si vous tentiez une galette maison ? Je la fais à la crème d'amande, plus facile et plus rapide que la frangipane. Un pithiviers de roi !

POUR 6 PERSONNES
PRÉPARATION : 20 MIN
RÉFRIGÉRATION : 1 H
CUISSON : 40 MIN

- ☐ 2 rouleaux de pâte feuilletée pur beurre
- ☐ 100 g de beurre
- ☐ 100 g de sucre en poudre
- ☐ 2 œufs entiers + 1 jaune pour la dorure
- ☐ 100 g d'amandes en poudre
- ☐ 1 goutte d'extrait d'amande amère
- ☐ Une fève !

1. Préchauffez le four à 200 °C (th. 6-7).
2. Préparez la crème d'amande. Battez le beurre avec une fourchette ou un petit fouet pour obtenir un beurre pommade, versez le sucre et mélangez jusqu'à l'obtention d'une crème. Ajoutez les œufs un à un, puis les amandes en poudre et l'extrait d'amande.
3. Déroulez une pâte feuilletée et étalez la crème dessus. Placez la fève, puis humectez d'eau les pourtours de la pâte avec un pinceau. Recouvrez de l'autre pâte feuilletée et soudez bien les bords en appuyant avec l'arrière de la lame d'un couteau . Retournez la galette pour qu'elle gonfle uniformément et laissez-la reposer 1 heure dans le réfrigérateur.
4. Dorez la galette avec un peu de jaune d'œuf délayé dans de l'eau et décorez la pâte à l'aide du dos d'un couteau. Enfournez pour 40 minutes : elle doit être bien dorée.

VEGGIE

EXPRESS

LINGUINE
au pesto de sauge et amandes

La sauge est une plante aromatique vivace qui s'épanouit même dans une jardinière, sur un petit balcon. Cultivez-la, vous profiterez toute l'année de son goût intense !

POUR 4 PERSONNES
PRÉPARATION : 10 MIN
CUISSON : 10 MIN

- □ 360 g de linguine
- □ 20 g de feuilles de sauge fraîche
- □ 80 g d'amandes entières
- □ 1 gousse d'ail
- □ 10 cl d'huile d'olive
- □ 50 g de parmesan fraîchement râpé
- □ Gros sel

1. Rincez, séchez et effeuillez la sauge. Pelez et émincez l'ail.
2. Mixez l'ail, la sauge et les amandes en ajoutant au fur et à mesure l'huile d'olive.
3. Faites cuire les pâtes le temps indiqué sur le paquet dans un grand volume d'eau bouillante salée. Égouttez-les et mélangez-les aussitôt au pesto de sauge.
4. Servez-les dans des assiettes creuses et saupoudrez de parmesan.

TEMPURA DE GAMBAS *et de légumes*

POUR 4 PERSONNES
PRÉPARATION : 20 MIN
CUISSON : 7 MIN

- 12 gambas crues
- 1 carotte
- 1 petit poireau
- 1 radis noir
- Huile de tournesol pour la friture
- Sel

POUR LA PÂTE À TEMPURA

- 1 jaune d'œuf
- 15 cl d'eau glacée
- 100 g de farine

1. Décortiquez les gambas sans détacher la nageoire de la queue. Réservez les têtes (pour la sauce).
2. Pelez les légumes et taillez-les en rondelles de 4 mm d'épaisseur.
3. Préparez la tempura : battez le jaune d'œuf en ajoutant l'eau glacée, puis la farine.
4. Faites chauffer l'huile pour la friture à 180 °C. Plongez les gambas dans la pâte à tempura, puis dans l'huile chaude jusqu'à ce que la pâte soit bien dorée. Plongez les légumes dans la tempura, puis dans l'huile chaude. Salez et égouttez sur du papier absorbant.
5. Dégustez aussitôt.

MON TRUC ANTIGASPI

Je prépare une sauce piquante en faisant cuire les têtes de gambas pilées avec 1 cuillerée à soupe de graines de coriandre 5 minutes à feu doux, j'ajoute 1 cuillerée à café de concentré de tomates, une pointe de pâte de piment, je couvre d'eau et je laisse cuire 15 minutes. Je passe au tamis, puis je verse le jus d'un citron vert. C'est prêt !

9 Samedi janvier

CAKE
à la bergamote

POUR 6 PERSONNES
PRÉPARATION : 20 MIN
CUISSON : 1 H À 1 H 10

- 2 bergamotes bio
- 3 œufs
- 150 g de sucre en poudre
- 80 g de mascarpone
- 190 g de farine T45
- 1 cuil. à café de levure chimique
- 60 g de beurre
- 1 pincée de sel

POUR LE NAPPAGE

- La pulpe des bergamotes et le même poids en sucre en poudre

C'est la pleine saison de la bergamote, cette cousine du citron vert cultivée le plus souvent en Italie du Sud. Si vous avez la chance de vous en procurer, vous pourrez la conserver quelques semaines. J'en fais un cake, qui lui, ne fait jamais long feu !

1. Préchauffez le four à 180 °C (th. 6).
2. Prélevez le zeste des bergamotes (réservez la pulpe) et battez-le avec les œufs et le sucre. Une fois le mélange devenu mousseux, ajoutez le mascarpone et fouettez pour obtenir un mélange homogène. Ajoutez la farine et la levure tamisées, puis mélangez.
3. Faites fondre le beurre et ajoutez-le à la préparation avec le sel. Mélangez.
4. Versez dans un moule à cake beurré et enfournez pour 50 minutes à 1 heure.
5. Réalisez le nappage : mixez la pulpe des bergamotes avec le sucre et faites cuire 10 minutes à feu moyen. Laissez refroidir.
6. Démoulez le cake sur une grille et laissez-le refroidir. Badigeonnez-le de nappage et dégustez !

À la place

Vous pouvez remplacer les bergamotes par des citrons. Choisissez-les bio pour avoir de beaux zestes !

Pintade
AU CHOU

GRAND CLASSIQUE

POUR 4 PERSONNES
PRÉPARATION : 20 MIN
CUISSON : 25 À 30 MIN

- 1 pintade coupée en quatre
- 1 petit chou vert
- 100 g de beurre
- 100 g de lard fumé
- 2 échalotes
- Sel et poivre

1. Préchauffez le four à 170 °C (th. 5-6).
2. Salez et poivrez les morceaux de pintade. Faites chauffer une sauteuse allant au four avec la moitié du beurre et faites-y rôtir la volaille avec le lard coupé en quatre. Lorsque tout est bien coloré, enfournez la sauteuse pour 20 à 25 minutes.
3. Pendant ce temps, blanchissez les feuilles de chou dans une eau bouillante fortement salée. Plongez-les ensuite dans de l'eau glacée.
4. Pelez et ciselez les échalotes, puis faites-les revenir avec le reste de beurre. Ajoutez les feuilles de chou, assaisonnez et mélangez.
5. Disposez le chou dans quatre assiettes creuses, puis les morceaux de pintade nappés de jus de cuisson et le lard. Servez aussitôt.

Mieux connaître

Chou de Pontoise, chou de Milan, chou cabus, chou de Lorient...

Ils appartiennent tous à la grande famille du chou vert. Leur point commun ? Ils arrivent au cœur de l'hiver pour couvrir nos besoins en vitamines, en fibres et en antioxydants. Mère Nature a pensé à tout !

VEGGIE

Tarte à l'ail confit ET AU FROMAGE DE BREBIS

Aujourd'hui, hommage à l'ail rose de Lautrec, qui mérite d'être traité comme un légume. Avec sa voisine la tomme des Pyrénées, c'est l'accord parfait !

1. Préchauffez le four à 190 °C (th. 6-7).
2. Abaissez la pâte feuilletée dans un moule et piquez-la sur toute sa surface.
3. Pelez l'ail et blanchissez-le dans une casserole d'eau portée à ébullition pendant 5 minutes. Renouvelez l'opération une fois dans une deuxième eau.
4. Égouttez, puis remettez l'ail dans la casserole, ajoutez le miel et le thym effeuillé, et faites rôtir 5 minutes.
5. Râpez la tomme de brebis et tapissez-en le fond de tarte.
6. Battez les œufs et la crème liquide, salez, poivrez et versez sur la tomme. Répartissez l'ail dessus et enfournez pour 35 minutes.

POUR 6 PERSONNES
PRÉPARATION : 25 MIN
CUISSON : 50 MIN

- 1 pâte feuilletée pur beurre
- 3 têtes d'ail rose de Lautrec (20 à 30 gousses environ)
- 250 g de tomme de brebis des Pyrénées au lait cru
- 1 cuil. à soupe de miel
- 4 ou 5 brins de thym
- 3 œufs
- 30 cl de crème liquide entière
- Sel et poivre du moulin

12 Mardi janvier

TATAKI DE BŒUF *et topinambours*

POUR 4 PERSONNES
PRÉPARATION : 15 MIN
CUISSON : 35 MIN

- 600 g de filet de bœuf
- 12 topinambours
- 2 gousses d'ail
- 1 citron non traité
- 50 g d'olives de Kalamata dénoyautées
- Huile d'olive
- Fleur de sel et poivre du moulin

1. Préchauffez le four à 200 °C (th. 6-7).
2. Épluchez les topinambours et coupez-les en quartiers. Pelez et hachez l'ail. Prélevez l'écorce du citron à l'aide d'un économe.
3. Sur une plaque allant au four, mélangez les topinambours, l'ail, les olives, les écorces de citron, arrosez d'huile et salez. Enfournez pour 20 minutes. Arrosez du jus du citron et enfournez de nouveau pour 10 minutes.
4. Dans une poêle, faites chauffer 2 cuillerées à soupe d'huile d'olive. Lorsqu'elle est bien chaude, faites cuire le filet de bœuf 1 minute sur chaque face. Salez, poivrez et découpez en tranches fines. Servez aussitôt avec les légumes.

MON ASTUCE

Pour que les topinambours ne s'oxydent pas et ne noircissent pas une fois épluchés, plongez-les dans un saladier d'eau froide avec quelques gouttes de jus de citron.

Mieux s'organiser

J'ajoute dans mon panier du maraîcher 400 grammes de topinambours : demain, on les retrouve en soupe !

Velouté de topinambours
À L'HUILE DE TRUFFE

VEGGIE

POUR 4 PERSONNES
PRÉPARATION : 15 MIN
CUISSON : 25 MIN

- □ 400 g de topinambours
- □ Huile de truffe
- □ 1 oignon
- □ 75 cl de bouillon de légumes
- □ 15 cl de crème liquide
- □ 1 cuil. à soupe d'huile d'olive
- □ 2 brins de cerfeuil
- □ Sel et poivre

1. Épluchez les topinambours et coupez-les en lamelles.
2. Pelez et émincez l'oignon. Faites-le colorer dans l'huile d'olive, ajoutez les topinambours et recouvrez de bouillon de légumes. Laissez cuire 20 minutes.
3. Ajoutez la crème et portez à ébullition. Mixez et assaisonnez.
4. Servez avec un peu d'huile de truffe et décorez de quelques pluches de cerfeuil.

Ça m'énerve

Gare aux arnaques à l'huile de truffe !

Plus de 57 % des produits à la truffe sont frauduleux, selon la Répression des fraudes.

Pour bien choisir votre huile de truffe :
- elle doit contenir au moins 1 % de truffe,
- il ne doit pas y avoir d'ajout d'arôme artificiel ou naturel.

Méfiez-vous de l'insipide truffe chinoise (Tuber indicium), préférez la truffe noire du Périgord (Tuber melanosporum) ou la truffe d'été (Tuber aestivum).

14 Jeudi janvier

VEGGIE

SMOOTHIES bienfaiteurs

Aujourd'hui, accordons une petite pause à notre organisme avec ces deux smoothies : l'un tonique et l'autre tout en douceur. C'est bon, bon pour le moral… et la santé !

Smoothie céleri branche, grenade et gingembre

POUR 1 VERRE
PRÉPARATION : 5 MIN

- □ 2 branches de céleri
- □ ¼ de grenade
- □ 1 cm de gingembre frais
- □ 12,5 cl de boisson à base de riz
- □ Quelques glaçons

Lavez les branches de céleri, retirez les fils, puis coupez-les en grosses rondelles. Pelez le morceau de gingembre. Détachez les graines de la grenade et mettez-les dans un blender avec les autres ingrédients. Mixez jusqu'à obtenir une consistance onctueuse et dégustez aussitôt.

Smoothie datte, cannelle et cacao

POUR 1 VERRE
PRÉPARATION : 5 MIN

- □ 1 datte dénoyautée
- □ 1 pincée de cannelle moulue
- □ 2 cuil. à café de cacao en poudre
- □ 25 cl de lait d'amande
- □ Quelques glaçons
- □ 1 petite pincée de fleur de sel

Placez tous les ingrédients dans un blender, mixez jusqu'à l'obtention d'une consistance onctueuse et dégustez aussitôt.

Ravioles du Dauphiné
AU FROMAGE BLEU

VEGGIE

POUR 4 PERSONNES
PRÉPARATION : 15 MIN
CONGÉLATION : 30 MIN
CUISSON : 5 MIN

- ▫ 250 g de ravioles du Dauphiné
- ▫ 80 g de fromage bleu persillé
- ▫ 20 cl de crème liquide entière
- ▫ 1 cube de bouillon de légumes
- ▫ 80 g de cerneaux de noix
- ▫ Poivre

1. Placez les plaques de ravioles au congélateur pour 30 minutes afin de les séparer plus facilement.
2. Coupez le fromage en petits cubes, sans la croûte. Faites-le fondre dans une casserole à feu doux avec la crème fraîche, en mélangeant régulièrement.
3. Préparez 1 litre de bouillon de légumes.
4. Sortez les ravioles du congélateur, détachez-les et plongez-les dans le bouillon chaud. Dès qu'elles remontent à la surface, sortez-les à l'aide d'une écumoire. Posez-les dans des assiettes creuses.
5. Ajoutez à la crème au bleu une petite louche d'eau de cuisson des ravioles, les noix concassées, poivrez, mélangez et nappez-en les ravioles.

Le saviez-vous ?

Ces petites ravioles farcies de tomme, d'œufs, de comté et de persil sont fabriquées dans le Dauphiné depuis le Moyen Âge. Au XIXe siècle, elles devinrent la spécialité des « ravioleuses », qui se rendaient de maison en maison pour les préparer à l'occasion des fêtes bourgeoises (mariages et baptêmes), mais aussi dans les cafés, notamment à Romans-sur-Isère, où déjeunaient les ouvriers de la chaussure.

GRAND CLASSIQUE

PAVLOVA *aux fruits exotiques*

Essayez donc ce grand classique de la pâtisserie, aussi léger que la ballerine à laquelle il doit son nom. Mon astuce pour profiter de mes invités : je prépare la meringue et la crème fouettée à l'avance et j'ajoute les fruits au moment de servir !

POUR 4 À 6 PERSONNES
PRÉPARATION : 35 MIN
CUISSON : 25 À 30 MIN

POUR LA MERINGUE

- ☐ 3 blancs d'œufs
- ☐ 80 g de sucre en poudre
- ☐ 80 g de sucre glace

POUR LA CRÈME MONTÉE

- ☐ 30 cl de crème fleurette
- ☐ 30 g de mascarpone
- ☐ 1 gousse de vanille

POUR LES FRUITS

- ☐ 1 noix de coco
- ☐ 1 carambole
- ☐ 1 mangue
- ☐ 2 fruits de la passion
- ☐ 4 litchis
- ☐ 1 kiwi
- ☐ Le zeste râpé de 1 citron vert

1. Préparez la meringue : montez les blancs d'œufs en neige en incorporant d'abord le sucre en poudre en deux ou trois fois, puis le sucre glace.
2. Préchauffez le four à 120 °C (th. 4). À l'aide d'une cuillère, déposez 4 à 6 tas de meringue de 7 cm de diamètre environ sur une plaque allant au four recouverte de papier cuisson. Faites un puits dans chaque meringue et enfournez pour 25 à 30 minutes (les meringues doivent rester moelleuses à l'intérieur). Laissez-les refroidir dans le four.
3. Préparez la crème : prélevez les graines de la gousse de vanille, puis montez la crème fleurette avec le mascarpone et la vanille.
4. Pelez et coupez les fruits : la noix de coco en copeaux, la carambole en fines tranches et le reste en petits cubes.
5. Mettez un peu de crème dans le puits des meringues, répartissez les fruits, puis la pulpe des fruits de la passion et enfin parsemez de zeste râpé de citron vert.

Poitrine de porc
confite aux épices

POUR 4 PERSONNES
PRÉPARATION : 15 MIN
CUISSON : 3 H

- □ 1 kg de poitrine de porc
- □ 1 cuil. à café de cannelle moulue
- □ 1 cuil. à café de cardamome moulue
- □ 2 g de poivre du Sichuan
- □ 2 branches de sauge
- □ 2 gousses d'ail
- □ 2 cm de gingembre frais
- □ 1 cuil. à soupe d'huile de tournesol
- □ Fleur de sel

1. Préchauffez le four à 140 °C (th. 4-5).
2. Effeuillez la sauge. Épluchez l'ail et écrasez-le. Pelez et râpez le gingembre.
3. Dans une poêle à sec, torréfiez les épices. Mélangez avec la sauge, l'ail, le gingembre, l'huile et 1 pincée de fleur de sel.
4. Badigeonnez la viande de ce mélange sur toutes ses faces et déposez-la dans un plat allant au four. Enfournez pour 3 heures et retournez la viande régulièrement. Ajoutez un peu d'eau si nécessaire.
5. Déglacez les sucs de cuisson avec un peu d'eau et servez avec un riz parfumé.

MON CONSEIL

Je marie cette généreuse poitrine aux légumes d'hiver façon Hasselback (recette du samedi 30 janvier).

18 Lundi janvier

Frisée aux anchois
ET ŒUFS MOLLETS

EXPRESS

POUR 4 PERSONNES
PRÉPARATION : 15 MIN
CUISSON : 6 MIN

- 1 salade frisée
- 4 œufs extra frais

POUR LA VINAIGRETTE AUX ANCHOIS

- 4 filets d'anchois au sel
- 1 cuil. à soupe de petites câpres
- Le jus de 1 citron
- 5 cuil. à soupe d'huile d'olive
- Poivre du moulin

1. Préparez la vinaigrette aux anchois. Hachez les câpres, rincez et pilez les anchois. Rassemblez tous les ingrédients de la vinaigrette dans une petite casserole et mélangez.
2. Lavez la salade et essorez-la.
3. Faites cuire les œufs 6 minutes dans une eau en ébullition légèrement vinaigrée. Plongez-les dans de l'eau glacée afin d'arrêter la cuisson, retirez les coquilles et réservez.
4. Répartissez les feuilles de salade dans quatre assiettes, faites chauffer la vinaigrette et versez-la sur la salade. Ajoutez un œuf mollet par assiette et coupez-le en deux pour que le jaune s'écoule. Servez aussitôt.

AIGUILLETTES DE CANARD *à l'orange*

En moins de temps qu'il n'en faut pour le dire, voici une version diététique du canard à l'orange pour jouer les prolongations des fêtes de fin d'année !

POUR 4 PERSONNES
PRÉPARATION : 15 MIN
CUISSON : 20 À 25 MIN

- **600 g d'aiguillettes de canard du Sud-Ouest IGP Label Rouge**
- **2 oranges à jus**
- **4 endives**
- **1 cuil. à café de moutarde douce**
- **Huile d'olive**
- **Sel et poivre**

1. Pressez le jus des oranges. Rincez les endives et coupez-les en deux dans la hauteur.
2. Dans une cocotte, faites revenir les aiguillettes 1 à 2 minutes par face dans un filet d'huile d'olive et débarrassez-les dans un plat couvert.
3. Ajoutez dans la cocotte les endives, le jus d'orange et la moutarde. Salez, poivrez et laissez étuver 10 minutes à couvert.
4. Terminez la cuisson à découvert pendant 10 minutes. Dès que le jus se concentre, roulez-y les aiguillettes pour les réchauffer. Dégustez sans attendre.

Riz perse

Cuisiner, c'est voyager ! La preuve avec ce classique de la cuisine iranienne, délicieux tel quel, mais aussi en accompagnement d'une viande blanche ou d'un poisson.

POUR 8 PERSONNES
PRÉPARATION : 20 MIN
CUISSON : 45 MIN

- □ 300 g de riz basmati
- □ 1 g de pistils de safran
- □ 1 l de bouillon de légumes
- □ 100 g d'airelles iraniennes (baies d'épine-vinette)
- □ 15 cl d'huile d'olive
- □ Gros sel gris

1. Écrasez délicatement les pistils de safran au mortier. Plongez-les dans le bouillon de légumes, salez et faites chauffer le bouillon.
2. Dans une poêle à feu doux, versez l'huile d'olive et recouvrez toute la surface de la poêle de riz basmati. Ajoutez la moitié du bouillon au safran et augmentez légèrement la température. Dès l'ébullition, couvrez la poêle avec un couvercle transparent et laissez cuire à feu doux jusqu'à l'absorption du liquide.
3. Ôtez le couvercle. À l'aide d'une spatule, détachez le riz des bords de la poêle et tassez toute la surface. Ajoutez un peu de bouillon et continuez de cuire à couvert. Renouvelez l'opération deux ou trois fois.
4. Gardez la valeur d'une louche de bouillon et faites-y tremper les airelles iraniennes.
5. Remuez délicatement la poêle afin de décoller le riz, puis ajoutez les airelles. Prolongez la cuisson de 5 à 7 minutes, puis retournez sur un plat de service rond et plat. Dégustez !

À la place

Si vous ne trouvez pas de baies d'épine-vinette, vous pouvez utiliser des airelles en bocal, préalablement égouttées !

21 Jeudi janvier

EXPRESS

CHOU FARCI *au saumon*

GRAND CLASSIQUE

Le chou farci est l'un de mes classiques préférés et il mérite bien un saumon bio ou Label Rouge. Comme pour la viande, mangeons-en moins souvent, mais de meilleure qualité !

POUR 4 PERSONNES
PRÉPARATION : 10 MIN
CUISSON : 10 MIN

- 4 belles feuilles de chou vert
- 4 pavés de saumon de 150 g chacun (sans peau ni arêtes)
- 8 brins d'aneth
- 4 cuil. à soupe de crème fraîche épaisse fermière
- 1 cuil. à soupe de moutarde à l'ancienne
- 2 cuil. à soupe de baies roses
- Sel et poivre

1. Blanchissez les feuilles de chou 1 à 2 minutes dans une eau salée en ébullition. Essorez-les bien et, à l'aide d'un couteau, amincissez leur côte centrale.
2. Salez et poivrez les pavés de saumon. Posez quelques brins d'aneth sur chaque pavé et enveloppez-les individuellement dans une feuille de chou. Faites-les cuire 6 à 8 minutes dans le panier d'un cuit-vapeur.
3. Pendant ce temps, mélangez la crème et la moutarde, salez, poivrez et faites chauffer 1 minute.
4. Disposez la crème de moutarde dans le fond des assiettes, ajoutez les choux farcis, puis parsemez le tout de baies roses et de pluches d'aneth. Dégustez !

ET AVEC ÇA, ON BOIT QUOI ?

Un pinot gris d'Alsace. Et s'il en reste, tant mieux : j'en aurai pour les spaetzles du week-end !

Tarte à l'orange sanguine

Un dessert qui apporte du soleil en hiver avec l'orange sanguine, dont c'est la pleine saison. Ne vous laissez pas impressionner par la liste des ingrédients : une base de sablé breton, un peu d'assemblage, et hop, une belle tarte !

POUR 6 PERSONNES
PRÉPARATION : 40 MIN
RÉFRIGÉRATION : 1 H
CUISSON : 15 À 20 MIN

- 5 ou 6 oranges sanguines
- 1 poignée de pistaches concassées

POUR LE SABLÉ BRETON

- 3 jaunes d'œufs
- 130 g de sucre de canne blond
- 150 g de beurre à température ambiante + 1 noisette pour le moule
- 3 g de sel
- 200 g de farine
- 15 g de levure chimique

POUR LA CRÈME PISTACHE

- 200 g de ricotta
- 20 g de sucre de canne blond
- 50 g de crème fraîche épaisse
- 75 g de pâte de pistache (en épicerie bio)

MATÉRIEL

- 1 cercle à tarte de 24 cm de diamètre

1. Préchauffez le four à 170 °C (th. 5-6).

2. Préparez le sablé breton. Battez les œufs et le sucre au fouet, jusqu'à ce qu'ils blanchissent (5 minutes environ). Ajoutez le beurre, le sel, et mélangez. Tamisez la farine avec la levure chimique, ajoutez à la préparation précédente et mélangez afin d'obtenir une pâte homogène.

3. Déposez cette pâte sur le plan de travail fariné et étalez-la sur 4 à 5 mm d'épaisseur. Beurrez le cercle et foncez la tarte au centre. Réservez 1 heure au réfrigérateur.

4. Pendant ce temps, pelez à vif les oranges sanguines, taillez-les en tranches fines et réservez.

5. Préparez la crème pistache : dans un saladier, mélangez la ricotta, le sucre et la crème fraîche, puis ajoutez la pâte de pistache.

6. Enfournez le sablé breton pour 15 à 20 minutes. Laissez refroidir, ôtez le cercle et garnissez de crème pistache. Disposez les tranches d'orange sanguine, parsemez de pistaches concassées et dégustez !

ATELIER SPAETZLES

Fabriquer ses pâtes maison, c'est un jeu d'enfant !
La preuve avec ces fameuses pâtes alsaciennes.

POUR 8 PERSONNES
PRÉPARATION : 25 MIN
RÉFRIGÉRATION : 1 H
CUISSON : 15 MIN

- ☐ 400 g de farine de gruau
- ☐ 50 g de semoule de blé fine
- ☐ Noix de muscade moulue
- ☐ 15 cl de lait entier
- ☐ 100 g de fromage blanc lisse à 40 % de MG
- ☐ 7 œufs
- ☐ Huile d'olive
- ☐ 50 g de beurre clarifié
- ☐ 50 g de chapelure fine
- ☐ Sel gris moulu et poivre du moulin

1. Dans un saladier, mélangez la farine, la semoule de blé, 1 pincée de muscade, du poivre et du sel. Formez un puits. Versez-y le lait, le fromage blanc et les œufs. Mélangez en fouettant afin d'obtenir une pâte homogène et bien coulante. Laissez reposer 1 heure au réfrigérateur.
2. Mettez une grande casserole d'eau salée à bouillir avec un filet d'huile d'olive. À travers l'appareil à spaetzles ou l'écumoire à gros trous, versez en plusieurs fois la pâte afin d'en faire cuire des « gouttes ». Une fois qu'elles remontent à la surface, refroidissez-les dans un saladier d'eau fraîche. Égouttez-les.
3. Mettez le beurre clarifié dans une poêle et passez vivement les spaetzles dedans en remuant fréquemment pour les colorer de façon uniforme. Parsemez de chapelure et servez.

Pour accompagner vos spaetzles

Émincez finement ¼ de chou rouge et faites-le étuver en cocotte avec 50 g de graisse de canard : gardez le chou croquant. Lavez et effeuillez ½ botte de cerfeuil, puis concassez-le grossièrement. Dressez le tout dans un plat creux de service, disposez le chou rouge autour des spaetzles et terminez par le cerfeuil concassé.

MIEUX S'ORGANISER

Préparez une grande quantité de spaetzles, car demain, on les aime à l'italienne !

Spaetzles CARBONARA

POUR 4 PERSONNES
PRÉPARATION : 20 MIN
CUISSON : 10 MIN

- 400 g de spaetzles
- 2 gousses d'ail
- 200 g de pancetta en tranches
- 30 g de beurre
- 2 cuil. à soupe d'huile d'olive
- 2 œufs entiers + 2 jaunes
- 60 g de parmesan fraîchement râpé

1. Faites cuire les spaetzles frais dans une grande quantité d'eau salée pendant 3 à 4 minutes.
2. Pelez et écrasez l'ail. Coupez la pancetta en lanières. Faites-les revenir dans une poêle avec le beurre et l'huile d'olive jusqu'à ce que la pancetta soit croquante et l'ail coloré.
3. Mélangez les œufs et le parmesan. Versez les spaetzles égouttés dans la poêle et mélangez. Hors du feu, versez les œufs et le parmesan, mélangez et servez aussitôt.

MON CONSEIL

Si vous n'avez pas le temps de faire vos spaetzles maison et que vous achetez des pâtes sèches, faites-les cuire 12 à 15 minutes dans de l'eau bouillante salée.

25 Lundi
janvier

SOUPE DE MAÏS *au cumin*

POUR 4 PERSONNES
PRÉPARATION : 10 MIN
CUISSON : 20 MIN

- □ 850 g de maïs bio en boîte
- □ 1 cuil. à soupe de cumin moulu
- □ 1 oignon
- □ 1 poireau
- □ 1 l de bouillon de légumes
- □ 2 tiges de cerfeuil
- □ Sel et poivre

1. Épluchez l'oignon et hachez-le. Lavez bien le poireau et coupez-le en rondelles. Faites-les revenir dans un faitout.
2. Ajoutez le maïs, le cumin, et recouvrez de bouillon de légumes. Salez et poivrez. Faites cuire le tout pendant 20 minutes. Mixez et servez décoré de pluches de cerfeuil.

Le saviez-vous ?

Le maïs doux cultivé dans l'Union européenne pour notre consommation est sans OGM. C'est le maïs en grains réservé au bétail qui, lui, peut être transgénique. En revanche, le maïs doux contient souvent des pesticides ; alors moi, je le choisis bio !

Sucrines
aux maquereaux

POUR 4 PERSONNES
PRÉPARATION : 20 MIN
CUISSON : 10 MIN

- 2 salades sucrines
- 2 boîtes de filets de maquereaux au naturel
- 2 œufs
- 1 cuil. à café de moutarde
- 4 cuil. à soupe d'huile d'olive + 1 filet pour servir
- Le jus de ½ citron
- 2 tiges de ciboulette
- 2 tiges de cerfeuil
- 2 tiges de persil plat
- Sel et poivre

1. Faites cuire les œufs 10 minutes dans une eau bouillante salée. Écalez-les sous un filet d'eau froide et écrasez-les à l'aide d'une fourchette. Incorporez la moutarde, l'huile d'olive et le jus de citron. Rincez et hachez les herbes aromatiques, puis ajoutez-les au mélange précédent. Salez et poivrez. Égouttez les filets de maquereaux, écrasez-les à la fourchette, puis mélangez-les à la préparation aux herbes.
2. Répartissez quelques feuilles de sucrine au centre des assiettes, assaisonnez-les et versez un filet d'huile d'olive. Garnissez-les de maquereau aux herbes et servez.

Mieux choisir

Le maquereau est un poisson gras riche en vitamines D et B12, en oméga 3 et en iode. Je le choisis au naturel, car lorsqu'il est mis en conserve dans de l'huile, les nutriments qu'il contient migrent dans la matière grasse. Lisez bien la liste des additifs : s'ils sont trop nombreux, fuyez !

EXPRESS

Poires rôties, SAUCE CHOCO-CARAMEL

Pas besoin de grand-chose pour une pause sucrée fastoche et rapide ! Quelques fruits de saison, du chocolat, et c'est la grande régalade en milieu de semaine !

POUR 4 PERSONNES
PRÉPARATION : 10 MIN
CUISSON : 15 MIN

- □ 4 poires
- □ 100 g de chocolat à 55 % de cacao minimum
- □ 1 orange non traitée
- □ 50 g de beurre
- □ 100 g de sucre en poudre
- □ 10 cl de crème liquide

1. Prélevez l'écorce de l'orange à l'aide d'un économe. Hachez le chocolat.
2. Pelez les poires et coupez-les en quartiers. Faites-les rôtir sur toutes les faces dans le beurre avec l'écorce d'orange.
3. Réalisez un caramel en faisant chauffer le sucre avec 1 cuillerée à soupe d'eau. Versez ensuite la crème, puis mélangez à feu doux pour dissoudre le caramel.
4. Hors du feu, ajoutez le chocolat haché et fouettez pour obtenir une sauce bien lisse.
5. Disposez les quartiers de poires dans quatre assiettes et nappez-les de sauce.
6. Dégustez-les encore tièdes.

Poulet
AUX CITRONS CONFITS

POUR 4 PERSONNES
PRÉPARATION : 15 MIN
CUISSON : 35 MIN

- 4 cuisses de poulet fermier
- 3 citrons confits au sel (voir recette du 27 mars)
- 1 tête d'ail
- ½ botte de coriandre
- ½ cuil. à café de cumin moulu
- 1 cuil. à café de poivre noir
- 4 oignons
- Le jus de 1 citron
- 5 cl d'huile d'olive
- Sel

1. Préchauffez le four à 210 °C (th. 7).
2. Épluchez la tête d'ail. Rincez et effeuillez la coriandre. Séparez la pulpe et la peau des citrons confits. À l'aide d'un pilon, mélangez la pulpe avec l'ail, la coriandre et les épices. Enduisez les cuisses de poulet de cette préparation (gardez-en un peu pour le plat).
3. Épluchez et ciselez les oignons.
4. Dans un plat allant au four, déposez les oignons, les cuisses de poulet, arrosez d'huile et versez le jus de citron. Ajoutez le reste du mélange d'épices, salez et enfournez pour 35 minutes.
5. Arrosez de jus de cuisson au bout de 15 minutes.
6. Servez les cuisses de poulet avec leur garniture aromatique, accompagnées d'une semoule de couscous parfumée.

29 Vendredi janvier

Saint-jacques et chou-fleur
à la façon de Christophe Moret

En cette fin de semaine, je fais entrer les étoiles dans votre cuisine ! Christophe Moret est le chef du Shangri-La Hotel à Paris. J'ai eu la joie de le recevoir dans *Petits Plats en équilibre*. Créatif et amoureux du végétal, il a mis le chou-fleur dans tous ses états pour sublimer la saint-jacques. Merci, Christophe, pour ce beau mariage !

POUR 8 PERSONNES
PRÉPARATION : 20 MIN
CUISSON : 25 MIN

- □ **24 saint-jacques décoquillées par le poissonnier**
- □ **1 chou-fleur**
- □ **1 chou-fleur violet**
- □ **5 cl de vinaigre blanc**
- □ **50 cl de crème liquide**
- □ **50 cl de lait entier**
- □ **1 pointe de curry**
- □ **50 g de beurre demi-sel**

© Stéphane de Bourgies

1. Nettoyez les saint-jacques sous un filet d'eau froide et disposez-les sur un linge propre pour qu'elles s'égouttent. Réservez au frais.
2. Prélevez les fleurettes des choux-fleurs et réservez-les séparément. Conservez 4 petites fleurettes de chou-fleur blanc au frais. Blanchissez le reste du chou-fleur blanc dans de l'eau bouillante salée et vinaigrée, égouttez-le, puis faites-le cuire 20 minutes dans le lait, la crème et le curry. Égouttez en réservant le jus de cuisson, mixez pour obtenir une purée lisse et réservez au chaud au bain-marie.
3. Râpez les fleurettes crues des deux choux et réservez-lesau frais.
4. Dans une poêle antiadhésive, faites cuire les saint-jacques dans de l'huile d'olive 1 à 2 minutes (suivant le calibre) sur chaque face. À mi-cuisson, ajoutez le beurre et arrosez longuement de sauce.
5. Déposez la purée de chou-fleur dans le fond des assiettes, puis les saint-jacques, et saupoudrez de neige de chou-fleur râpé. Servez aussitôt.

30 Samedi janvier

Légumes d'hiver
FAÇON HASSELBACK

VEGGIE

Cette recette doit son nom à un taillage particulier des légumes venu de Suède. Inventé au début des années 1950 par un jeune apprenti dans le restaurant Hasselback à Stockholm, il donne fière allure aux légumes rôtis. Essayez !

POUR 6 PERSONNES
PRÉPARATION : 35 MIN
CUISSON : 50 MIN

- 3 pommes de terre pour cuisson au four, type amandine, annabelle, belle de Fontenay, charlotte…
- 3 topinambours
- 3 grosses carottes jaunes
- ½ courge butternut
- 2 navets boule d'or
- 3 brins de thym
- 1 branche de romarin
- 4 ou 5 cuil. à soupe d'huile d'olive
- Sel et poivre du moulin

POUR LA SAUCE AU YAOURT

- 250 g de yaourt grec
- 1 gousse d'ail
- 10 brins d'aneth
- Le jus de ½ citron
- Sel et poivre du moulin

1. Préchauffez le four à 180 °C (th. 6).
2. Lavez et brossez les légumes, séchez-les dans un torchon propre. Videz la courge butternut de ses pépins à l'aide d'une grosse cuillère. Coupez les navets en deux dans la hauteur. Incisez les légumes finement tous les 3 ou 4 mm sans les trancher jusqu'au bout. Pour cela, aidez-vous d'une paire de baguettes japonaises, disposées de part et d'autre du légume pour freiner la lame du couteau.
3. Déposez les légumes sur une plaque de cuisson recouverte de papier cuisson. Parsemez de quelques branches de thym et de romarin. Arrosez d'un filet d'huile d'olive, salez et poivrez. Enfournez pour 50 minutes environ et surveillez la cuisson.
4. Pendant ce temps, préparez la sauce. Pelez et hachez l'ail. Ciselez l'aneth et mélangez-le au yaourt grec avec l'ail, le jus de citron, du sel et du poivre.
5. Dégustez les légumes avec la sauce au yaourt.

Dimanche
janvier **31**

GRAND CLASSIQUE

Petit salé
AUX LENTILLES

Le petit salé ! Voilà un classique d'hiver qui réunit tout le monde autour de la table ! La cuisson est longue, pour diffuser les saveurs, mais il demande peu de préparation, vous allez voir !

POUR 4 PERSONNES
PRÉPARATION : 20 MIN
DESSALAGE : 1 H
CUISSON : 2 H 55

- □ 1,2 kg de petit salé (jambonneau, poitrine demi-sel, échine)
- □ 400 g de lentilles vertes du Puy
- □ 1 saucisse de Morteau
- □ 1 gousse d'ail
- □ 1 oignon
- □ 2 clous de girofle
- □ 3 carottes
- □ 1cuil. à café de grains de poivre noir
- □ 1 bouquet garni
- □ 1 feuille de laurier

1. Dessalez le petit salé dans de l'eau fraîche le temps indiqué par votre boucher (1 heure en général). Renouvelez l'eau de temps à autre.
2. Mettez les morceaux de viande dans une grande cocotte, recouvrez d'eau froide et faites cuire à feu doux pendant 1 heure en écumant régulièrement.
3. Pelez l'ail et l'oignon. Piquez l'oignon avec les clous de girofle. Épluchez les carottes et coupez-les en rondelles. Ajoutez tous ces ingrédients, le poivre, le bouquet garni et la feuille de laurier dans la cocotte contenant le petit salé. Laissez mijoter 1 heure.
4. Ajoutez ensuite la saucisse de Morteau et poursuivez la cuisson 30 minutes.
5. Rincez les lentilles sous l'eau froide et mettez-les dans une casserole. Couvrez-les largement d'eau froide non salée, portez à ébullition et laissez frémir 25 minutes à couvert.
6. Égouttez les lentilles et le petit salé, retirez l'oignon, le bouquet garni et la feuille de laurier, versez les lentilles dans un plat, coupez la viande en morceaux et disposez-la par-dessus. Dégustez chaud.

Février au marché

LES PRODUITS PHARES

Le reblochon

Une croûte lavée et frottée couleur craie, un peu coulant quand il est bien fait, le reblochon donne de la voix en hiver ! La crème de la crème du reblochon reste le « fermier », fabriqué au lait cru de vaches issues d'un même cheptel. Dégustez le reblochon avec un vin blanc vif, comme un saumur ou un chignon-bergeron de Savoie pour la jouer locale.

La frisée

Ce qu'on appelle salade frisée est une chicorée, c'est la cousine bouclée de l'endive. Elle fait partie des salades d'hiver, qui supportent un peu mieux les températures basses que les laitues et les cœurs de romaine. N'en déplaise à la frisée, c'est une empotée ! Une fois bien formée, elle est coiffée d'un pot en terre cuite pour éviter qu'elle prenne la lumière et devienne trop amère. Je la cuisine ce mois-ci accompagnée de lardons, avec des accents asiatiques.

Le tacaud

Avec sa chair fine et son prix accessible, voici un poisson qui gagnerait à être (re)connu ! Même les grands chefs le remettent sur le devant de l'assiette, comme Christopher Coutanceau, triplement étoilé à La Rochelle. Il est excellent en tartare, en ceviche et même tout simplement en filet poêlé. Vous le retrouverez ce mois-ci dans une chaudrée charentaise, une soupe de petits poissons pour un grand classique de la région.

CHEZ LE MARAÎCHER

Les légumes

- Carotte
- Courge
- Potiron
- Céleri-rave
- Chou
- Chou-rave
- Fenouil
- Chou-fleur
- Mâche
- Panais
- Poireau
- Salsifis
- Topinambour
- Rutabaga
- Navet
- Endive

Les fruits

- Avocat
- Banane
- Citron
- Clémentine
- Mandarine
- Orange
- Pamplemousse
- Pomme
- Poire
- Kiwi

CHEZ LE POISSONNIER

Coquilles Saint-Jacques, huîtres, chinchard, tacaud, merlan, grondin, rouge, lieu noir, lieu jaune, hareng.

CHEZ LE FROMAGER

Livarot, beaufort, laguiole, ossau-iraty, comté, salers, époisses, parmesan reggiano, vacherin mont-d'or, soumaintrain, bleu de Gex.

Minestrone
DE LÉGUMES D'HIVER

En italien, « minestrone » signifie « potage ».
C'est une soupe paysanne réconfortante et diététique
qui se décline au gré des saisons !
Voici la collection Hiver 2021 avec les légumes du moment !

POUR 4 PERSONNES
PRÉPARATION : 15 MIN
CUISSON : 25 MIN

- □ 2 panais
- □ 1 chou-rave
- □ 2 carottes
- □ 1 branche de céleri
- □ 1 oignon
- □ 50 cl de bouillon de légumes
- □ 150 g de petites pâtes
- □ 400 g de haricots blancs cuits au naturel
- □ 50 g de parmesan
- □ 2 cuil. à soupe d'huile d'olive
- □ Sel fin et poivre du moulin

1. Épluchez les légumes et rincez-les. Ciselez l'oignon et faites-le revenir dans l'huile d'olive. Taillez les légumes en petits cubes de 5 mm de côté et ajoutez-les à l'oignon. Couvrez de bouillon de légumes et laissez cuire 15 minutes.
2. Ajoutez les pâtes et les haricots blancs égouttés, puis mélangez. Laissez cuire 10 minutes et rectifiez l'assaisonnement.
3. Servez bien chaud, parsemé de copeaux de parmesan.

2 Mardi février

Chandeleur

GRAND CLASSIQUE

Crêpes Suzette

Ah, les crêpes Suzette ! Un grand classique de la cuisine de bistrot que j'aime retrouver à la Chandeleur. Avec sa sauce aux agrumes, rien de tel pour flamber !

POUR 4 PERSONNES (2 OU 3 CRÊPES CHACUNE)
PRÉPARATION : 20 MIN
CUISSON : 5 MIN (HORS CUISSON DES CRÊPES)

POUR LA PÂTE À CRÊPES

- □ 50 g de beurre
- □ 250 g de farine
- □ 30 g de sucre en poudre
- □ 1 pincée de sel
- □ 3 œufs
- □ 50 cl de lait

POUR LA SAUCE SUZETTE

- □ 1 citron non traité
- □ 2 oranges non traitées
- □ 2 cuil. à soupe de Grand Marnier®
- □ 50 g de sucre en poudre
- □ 20 g de beurre
- □ 5 cl de cognac pour flamber

1. Préparez la pâte à crêpes. Faites fondre le beurre sans le colorer. Versez la farine, le sucre et le sel dans un saladier. Faites un puits au milieu. Mettez-y les œufs et mélangez. Versez le lait peu à peu pour bien l'incorporer à la pâte. Ajoutez le beurre fondu. Passez la préparation au tamis pour retenir les grumeaux et faites cuire vos crêpes une à une.
2. Préparez la sauce Suzette. Coupez en fins bâtonnets le zeste du citron et celui d'une orange. Pressez les 2 oranges pour en extraire le jus et mélangez-le au Grand Marnier®.
3. Faites cuire le sucre dans une poêle avec le jus d'orange au Grand Marnier® et les zestes. Lorsque la préparation se transforme en un sirop dense, ajoutez le beurre. Remuez avec une spatule et imprégnez rapidement les crêpes des deux côtés. Pliez-les en éventail et disposez-les au fur et à mesure dans les assiettes.
4. Faites chauffer le cognac dans la poêle, flambez-le et arrosez les crêpes aussitôt. Dégustez-les chaudes.

MIEUX S'ORGANISER

Si, comme moi, vous aimez faire sauter les crêpes, profitez-en pour doubler la dose de pâte : demain, ce sera gâteau de crêpes !

Mercredi
février **3**

GÂTEAU *de crêpes*

POUR 6 PERSONNES
PRÉPARATION : 50 MIN
REPOS : 1 H
CUISSON : 40 MIN
RÉFRIGÉRATION : 4 H À 1 NUIT

- Pâte à crêpes pour 12 crêpes (voir recette du 2 février) ou le reste de crêpes de la veille
- 2 cuil. à soupe de liqueur Mandarine Napoléon ou de Cointreau®
- 1 pot de marmelade de clémentines corses (350 g)

1. Versez la liqueur dans la pâte à crêpes. Mélangez et laissez reposer 1 heure.
2. Foncez une terrine de film alimentaire pour réaliser le montage. Nappez le fond d'un peu de marmelade de clémentines.
3. Détendez la pâte avec un peu d'eau et faites cuire toutes les crêpes à la poêle. Puis taillez les bords pour leur donner une forme carrée. Repliez-les en deux dans la longueur et glissez-les une à une dans la terrine en recouvrant chaque crêpe de marmelade de clémentines. Renouvelez l'opération jusqu'à épuisement des crêpes.
4. Repliez le film alimentaire et placez un poids sur la terrine. Mettez-la au réfrigérateur pour 4 heures minimum ou 1 nuit.
5. Ôtez le film qui recouvre la surface de la terrine et renversez-la sur un plat à cake. Tranchez et servez.

ANTIGASPI

Ne jetez pas les bords de crêpes découpés et mettez-les à sécher au four à 100 °C (th. 3) pendant 30 minutes pour obtenir des crêpes dentelle !

MA FICELLE *picarde*

Recette régionale

Avec cette spécialité de Picardie, je prolonge le plaisir de la Chandeleur, en version salée et gratinée pour un plat régional.

POUR 4 PERSONNES
PRÉPARATION : 25 MIN
CUISSON : 15 MIN

- 4 crêpes (utiliser la recette du 2 février sans sucre)
- 350 g de champignons de Paris
- 2 échalotes
- 4 cuil. à soupe de crème fraîche entière
- 4 tranches de jambon sans nitrites
- 100 g de comté râpé
- 1 noix de beurre + 1 noix pour le plat
- Sel et poivre

1. Préchauffez le four à 200 °C (th. 6-7).
2. Préparez une duxelles de champignons. Pelez et ciselez les échalotes. Lavez les champignons de Paris, raccourcissez leur pied et hachez-les très finement. Faites-les revenir dans une poêle avec 1 noix de beurre, jusqu'à ce qu'ils aient rendu leur eau. Ajoutez 2 cuillerées à soupe de crème fraîche.
3. Étalez chaque crêpe sur une assiette, déposez dessus 1 tranche de jambon et un quart de la duxelles de champignons. Roulez-la en rabattant les côtés de la crêpe vers l'intérieur.
4. Disposez les crêpes dans un plat à gratin beurré, étalez dessus le reste de crème fraîche, parsemez de comté râpé et enfournez pour 15 minutes.

Boulettes de bœuf
à l'aneth, purée de betteraves

POUR 4 PERSONNES
PRÉPARATION : 25 MIN
CUISSON : 25 MIN

POUR LES BOULETTES

- □ 500 g de bœuf haché
- □ 6 tiges d'aneth
- □ 1 gousse d'ail
- □ 1 oignon
- □ 120 g de chapelure
- □ 1 cuil. à soupe de quatre-épices
- □ 2 œufs
- □ 1 citron non traité
- □ 25 cl de bouillon de légumes
- □ Farine
- □ Huile de colza
- □ Sel et poivre du moulin

POUR LA PURÉE DE BETTERAVES

- □ 500 g de betteraves cuites
- □ 2 cuil. à soupe de vinaigre de vin rouge
- □ 1 cuil. à soupe de miel liquide

Mon secret pour des boulettes bien moelleuses : la double cuisson. Ça change tout, vous verrez !

1. Rincez l'aneth, pluchez-le et émincez-le. Réservez-en la moitié pour la décoration. Pelez et râpez l'ail et l'oignon.
2. Mélangez la viande hachée, l'ail, l'oignon, la moitié de l'aneth, la chapelure, le quatre-épices, les œufs, salez et poivrez. Râpez le zeste du citron sur ce mélange, pressez-le et réservez son jus. Mélangez de nouveau, puis façonnez une vingtaine de boulettes entre vos mains farinées. Faites chauffer une sauteuse avec de l'huile et saisissez-y les boulettes sur toute leur surface pendant 3 à 4 minutes.
3. Versez le bouillon et le jus de citron, couvrez et laissez mijoter 10 minutes. Ôtez le couvercle et faites réduire la sauce 10 minutes.
4. Pendant ce temps, pelez les betteraves et coupez-les en cubes. Ajoutez le vinaigre et le miel et mixez pour obtenir une purée lisse. Salez, puis réchauffez dans une casserole à feu doux.
5. Servez les boulettes arrosées de sauce et accompagnées de purée de betteraves décorée du reste de l'aneth.

GRATIN de salsifis

POUR 4 PERSONNES
PRÉPARATION : 20 MIN
CUISSON : 25 À 30 MIN

- 1 kg de salsifis
- Le jus de 1 citron
- 100 g d'emmental râpé
- Gros sel

POUR LA BÉCHAMEL

- 50 g de beurre
- 50 g de farine
- 1 l de lait
- 1 pincée de noix de muscade moulue
- Sel et poivre du moulin

1. Préchauffez le four à 200 °C (th. 6-7).
2. Prélevez le jus du citron. Pelez et coupez les salsifis en tronçons de 4 cm. Faites-les cuire 5 à 10 minutes dans de l'eau bouillante salée avec le jus de citron.
3. Préparez la béchamel. Faites chauffer le beurre dans une casserole. Dès qu'il mousse, ajoutez la farine et faites cuire 1 minute. Ajoutez peu à peu le lait en mélangeant au fouet. Salez, poivrez, ajoutez la noix de muscade. Faites épaissir en fouettant constamment, jusqu'à ce que le mélange nappe le dos d'une cuillère en bois.
4. Versez un fond de béchamel dans un plat à gratin. Disposez les salsifis, versez le reste de béchamel, recouvrez de fromage râpé et enfournez pour 10 minutes.

Mieux connaître

Surtout cultivé dans le nord de la France, le salsifis est l'un des légumes injustement mal aimés à cause de mauvais souvenirs de cantine. Ça suffit ! Réhabilitons ce légume tendre et savoureux, riche en fibres et en potassium.

Chaudrée
de poissons

Cette soupe de poisson épaisse est originaire de Charente-Maritime et de Vendée. Je l'ai découverte lors d'un passage dans la région et je l'ai vite adoptée !

POUR 4 À 6 PERSONNES
PRÉPARATION : 20 MIN
CUISSON : 30 À 32 MIN

- □ 1,5 kg de petits poissons mélangés (grondin, petits merlans, tacaud, lotte) écaillés et vidés par le poissonnier
- □ 4 pommes de terre
- □ 2 oignons nouveaux
- □ 20 g de beurre
- □ 2 gousses d'ail
- □ 1 bouquet garni
- □ 20 cl de vin blanc sec
- □ 75 cl de fumet de poisson
- □ 1 bouquet de persil
- □ Sel et poivre du moulin

1. Coupez les poissons en tronçons. Pelez et coupez en deux les pommes de terre. Réservez. Pelez, puis émincez finement les oignons.
2. Faites revenir les oignons dans une poêle avec le beurre, à feu moyen, 5 minutes environ, jusqu'à ce qu'ils commencent à dorer.
3. Ajoutez les gousses d'ail en chemise, le bouquet garni, le vin blanc et le fumet, salez et poivrez.
4. Ajoutez les pommes de terre, portez à ébullition, baissez le feu et laissez cuire 20 minutes. Ajoutez ensuite les tronçons de poisson. Laissez cuire 5 à 7 minutes.
5. Dressez la chaudrée dans quatre à six bols et servez aussitôt.

MON TRUC EN +

Je prépare mon fumet de poisson maison avec les arêtes et les têtes rincées, revenues dans un peu de beurre avec 1 oignon, 2 champignons de Paris émincés, 1 feuille de laurier, 1 cuillerée à café de graines de coriandre concassées et 1 litre d'eau. Je laisse réduire 30 minutes : mon fumet est prêt ! Sa saveur fera toute la différence.

QUICHE
à la raclette

Vous connaissez l'adage : « Rien ne se perd… » Surtout pas les restes d'une raclette quand on a prévu un peu large. J'en fais une quiche qui réchauffe !

POUR 6 PERSONNES
PRÉPARATION : 15 MIN
CUISSON : 45 MIN

- 1 pâte brisée maison (voir recette p. 302)
- 50 g de jambon cru tranché
- 50 g de viande des Grisons tranchée
- 4 pommes de terre cuites
- 4 œufs
- 30 cl de crème liquide
- 200 g de fromage à raclette coupé en fines tranches
- Poivre du moulin

1. Préchauffez le four à 190 °C (th. 6-7).
2. Foncez un moule à quiche à bords hauts avec la pâte brisée. Découpez le jambon et la viande des Grisons en larges bandes.
3. Coupez les pommes de terre en rondelles de 0,5 cm d'épaisseur et tapissez-en le fond de tarte.
4. Couvrez de jambon et de viande des Grisons.
5. Battez les œufs avec la crème, poivrez et versez sur le fond de tarte. Répartissez dessus les tranches de fromage et enfournez pour 45 minutes.
6. Dégustez avec une salade verte et des cornichons émincés.

9 Mardi février

BŒUF au poivre long

POUR 4 PERSONNES
PRÉPARATION : 15 MIN
MARINADE : 1 H OU LA VEILLE
CUISSON : 10 MIN

- ☐ 500 g de paleron dénervé ou de rumsteck
- ☐ 8 grappes de poivre long
- ☐ 3 cuil. à soupe de sauce soja
- ☐ 1 cuil. à soupe de nuoc-mâm
- ☐ 2 cuil. à soupe d'huile de cuisson neutre
- ☐ Le jus de 1 citron vert
- ☐ 2 tiges de basilic thaï (ou de coriandre fraîche)
- ☐ 1 paquet de vermicelles de riz cuits

1. Dans un saladier, mélangez la sauce soja, le nuoc-mâm, le poivre long et la viande coupée en lamelles d'environ 2 cm de côté. Réservez au réfrigérateur 1 heure au moins (ou toute la nuit).
2. Sortez la viande du réfrigérateur 30 minutes avant la cuisson. Récupérez les 8 grappes de poivre et réservez-les à part.
3. Dans un wok ou une poêle, faites chauffer l'huile. Lorsqu'elle est bien chaude, ajoutez les cubes de viande égouttés. Saisissez-les 1 à 2 minutes, débarrassez-les et versez la marinade dans le wok. Versez le jus du citron vert et laissez réduire 1 minute. Remettez le bœuf dans le wok avec une tige de basilic thaï ciselée (ou de coriandre).
4. En même temps, faites cuire les vermicelles selon le temps indiqué sur le paquet.
5. Répartissez les vermicelles de riz dans quatre bols, déposez dessus des lamelles de bœuf en sauce et 2 grappes de poivre long sur chacun. Décorez de quelques feuilles de la tige de basilic thaï restante ou de coriandre.

MIEUX S'ORGANISER

Soyez généreux avec la viande de bœuf, achetez-en plus, car demain, on change de continent : on la retrouve à la mode sud-américaine !

Mieux connaître
Le paleron

Connu comme ingrédient du pot-au-feu, le paleron se mange aussi grillé, à condition de le dénerver. Peu cher (autour de 9 euros le kilo) et bien charnu, il est très savoureux. À défaut, choisissez le rumsteck. L'essentiel : sélectionnez un morceau qui a de la fibre !

Mercredi
février **10**

Tacos AU BŒUF

Pour des tacos d'hiver, je me passe des poivrons et des tomates fraîches, cela va sans dire… C'est le moment d'explorer les réserves du garde-manger !

POUR 4 PERSONNES
PRÉPARATION : 15 MIN
CUISSON : 15 MIN

- ☐ 8 fajitas
- ☐ 250 g de paleron ou de rumsteck
- ☐ 1 oignon rouge
- ☐ 1 cuil. à soupe d'huile de colza
- ☐ 1 cuil. à soupe de cumin moulu
- ☐ 1 petite boîte de maïs
- ☐ 1 petite boîte de haricots rouges
- ☐ 20 cl de coulis de tomates
- ☐ 8 feuilles de salade
- ☐ 120 g de cheddar râpé
- ☐ Sel et poivre du moulin

1. Préchauffez le four à 180 °C (th. 6).
2. Pelez et émincez l'oignon rouge, puis faites-le revenir 5 minutes dans l'huile de colza.
3. Taillez la viande en lamelles et ajoutez-la à l'oignon avec le cumin. Salez et poivrez. Faites revenir 3 minutes.
4. Égouttez le maïs et les haricots rouges, ajoutez-les à la viande avec le coulis de tomates. Remuez et faites cuire 2 minutes.
5. Réchauffez les fajitas au four pendant 5 minutes.
6. Lavez la salade et garnissez chaque fajita d'une feuille. Ajoutez la viande au maïs et aux haricots rouges, parsemez de cheddar râpé et dégustez aussitôt.

FONDUE DE FROMAGES

aux fines herbes

On va voir si, comme moi, vous êtes fondu(e) de fromages… Et n'oubliez pas les gages pour ceux qui y laisseront leur bout de pain !

POUR 4 PERSONNES
PRÉPARATION : 15 MIN
CUISSON : 15 MIN

- 150 g de comté jeune fruité
- 50 g de bleu des Causses
- 100 g d'époisses
- 1 petit pain de campagne
- 4 tiges de persil plat
- 4 tiges de ciboulette
- 25 cl de vin blanc sec fruité

MATÉRIEL

- 1 service à fondue

1. Coupez le pain en bouchées et laissez-les sécher à l'air libre, le temps de préparer la fondue. Hachez les herbes.
2. Faites chauffer le vin blanc dans le caquelon à fondue.
3. Pendant ce temps, râpez le comté et coupez les autres fromages en petits morceaux, sans la croûte.
4. Lorsque le vin blanc est chaud, ajoutez les fromages peu à peu en mélangeant, puis les herbes, et mélangez.
5. Posez aussitôt le caquelon sur le brûleur, au centre de la table, accompagné des morceaux de pain.

SALADE FRISÉE *d'Asie*

C'est aujourd'hui le Nouvel An chinois, qui inaugure l'année du buffle de métal. Mais c'est du cochon que je vous propose de retrouver dans vos assiettes, autour d'une belle salade à l'asiatique.

POUR 6 PERSONNES
PRÉPARATION : 30 MIN
CUISSON : 5 À 10 MIN

- 1 salade frisée
- 500 g de poitrine de porc fraîche
- 1 gousse d'ail
- 2 jaunes d'œufs
- 1 cuil. à café d'huile de sésame toasté
- Piment d'Espelette
- Huile de friture
- Sel fin

POUR LA VINAIGRETTE

- 1 cuil. à soupe de moutarde
- 2 cuil. à soupe de vinaigre de cidre
- 3 cuil. à soupe d'huile de colza bio
- 1 cuil. à café d'huile de sésame
- 1 cuil. à soupe de sauce soja

1. Coupez la poitrine de porc en gros lardons. Portez une casserole d'eau à ébullition, faites blanchir les lardons 2 à 3 minutes et égouttez.
2. Épluchez et lavez la frisée. Pelez l'ail et râpez-le.
3. Mélangez tous les ingrédients de la vinaigrette.
4. Préchauffez une friteuse ou faites chauffer de l'huile de friture dans une casserole à 170 °C.
5. Dans une assiette, délayez les jaunes d'œufs avec l'huile de sésame toasté. Enrobez les lardons de ce mélange et passez-les à la friteuse pendant 3 à 4 minutes. Égouttez, salez et saupoudrez de piment d'Espelette.
6. Dans un saladier, assaisonnez la salade avec la vinaigrette et l'ail râpé. Déposez les lardons frits sur la salade et savourez aussitôt.

13 Samedi février

Filets de hareng, POMMES TIÈDES

GRAND CLASSIQUE

Vous connaissez le fameux « hareng pommes à l'huile », un plat bistrotier abordable et indémodable. Ma version de ce classique est sans huile, mais si vous y tenez, préparez le hareng la veille et conservez-le une nuit dans un bocal rempli d'huile neutre.

POUR 4 PERSONNES
PRÉPARATION : 10 MIN
CUISSON : 15 MIN

- 4 filets de hareng fumés doux
- 12 pommes de terre moyennes
- 1 petit bouquet d'aneth
- 1 cuil. à café de baies roses
- 1 cuil. à soupe de moutarde forte
- 2 cuil. à soupe de crème fraîche épaisse
- 1 cuil. à café de sucre en poudre
- Sel

1. Faites cuire les pommes de terre avec leur peau environ 15 minutes dans de l'eau frémissante salée. Pelez-les et coupez-les en rondelles.
2. Coupez les filets de hareng en tranches de 1 cm de large.
3. Rincez et émincez l'aneth. Concassez les baies roses au mortier. Mélangez-les avec l'aneth, la moutarde, la crème et le sucre. Salez et ajoutez le hareng.
4. Disposez les pommes de terre encore tièdes au centre des assiettes et nappez du mélange au hareng.

Mousse choco-passion

Dimanche
février **14**
Saint-Valentin

Bonne fête à tous les amoureux ! En cette Saint-Valentin, je mets à l'honneur un ingrédient indispensable : la passion ! Dans un dessert sensuel à cuisiner... avec amour !

POUR 2 PERSONNES QUI MANGENT POUR 6 !
PRÉPARATION : 25 MIN
CUISSON : 10 MIN
RÉFRIGÉRATION : 4 H

- 360 g de chocolat au lait + 1 carré pour le décor
- 8 fruits de la passion + 1 pour la déco
- 100 g de sucre de canne blond
- 4 œufs
- 500 g de crème fleurette bien froide

1. Ouvrez et videz les fruits de la passion, puis passez la pulpe au blender et filtrez le jus obtenu.
2. Préparez le sabayon. Mélangez le jus de passion, le sucre et les œufs. Versez dans un bain-marie et fouettez 5 à 6 minutes jusqu'à ce que le mélange double de volume. Débarrassez et laissez refroidir.
3. Faites fondre le chocolat au lait dans un saladier placé sur le bain-marie. Fouettez la crème fleurette en chantilly.
4. Ajoutez délicatement le chocolat au mélange d'œufs émulsionné, puis la crème fouettée.
5. Versez dans un joli contenant et entreposez 4 heures au moins au réfrigérateur.
6. Au moment de servir, décorez d'un fruit de la passion coupé en deux sur la surface de la mousse et râpez dessus quelques copeaux de chocolat.

15 Lundi février

PÂTES AU FENOUIL, *sauce à l'orange*

EXPRESS

VEGGIE

J'adore le duo parfumé orange-fenouil. On le retrouve associé avec des pâtes semi-complètes, parce qu'il n'y a pas de mal à se faire du bien !

POUR 4 PERSONNES
PRÉPARATION : 10 MIN
CUISSON : 8 À 10 MIN

- 400 g de torsades semi-complètes
- 1 bulbe de fenouil
- 2 oranges à jus
- 30 g de pignons de pin
- 20 g de beurre
- Sel et poivre du moulin

1. Torréfiez les pignons de pin quelques secondes dans une poêle à sec. Débarrassez.
2. Rincez le fenouil et émincez-le très finement avec une mandoline. Faites-le revenir 5 minutes dans 10 grammes de beurre pour l'attendrir.
3. Faites cuire les pâtes dans un grand volume d'eau bouillante salée selon le temps indiqué sur le paquet.
4. Pressez le jus des oranges et chauffez-le avec le reste du beurre. Salez et poivrez.
5. Égouttez les pâtes et mélangez-les au fenouil et à la sauce à l'orange. Servez-les parsemées de pignons de pin torréfiés.

PETS-DE-NONNE

GRAND CLASSIQUE

Pour Mardi gras, j'avoue un péché mignon : les pets-de-nonne. Des beignets aériens et délicatement sucrés. À partager pour carnaval !

POUR UNE QUARANTAINE DE PETS-DE-NONNE
PRÉPARATION : 15 MIN
CUISSON : 10 À 15 MIN

- 110 g de beurre
- 13 cl de lait
- 40 g de sucre en poudre + 4 cuil. à soupe
- 140 g de farine
- 4 œufs
- 1 orange non traitée
- Huile de friture
- 1 pincée de sel

1. Dans une casserole, faites fondre le beurre coupé en parcelles avec 12 cl d'eau, le lait, le sel et le sucre. Lorsque le beurre a fondu, écartez la casserole du feu et ajoutez la farine. Mélangez bien à l'aide d'une spatule en bois et remettez sur le feu pour sécher la pâte (elle doit se décoller des parois de la casserole).
2. Transférez dans un saladier. Ajoutez les œufs un à un pour bien les incorporer à la pâte. Râpez au-dessus le zeste de l'orange. La préparation doit être homogène.
3. Faites chauffer de l'huile à 180 °C.
4. À l'aide de deux cuillères à café, formez quelques petites boules et déposez-les dans l'huile chaude. Faites-les frire 2 minutes environ, jusqu'à ce que les beignets remontent à la surface et soient bien dorés. Procédez ainsi jusqu'à épuisement de la pâte.
5. Égouttez sur du papier absorbant et saupoudrez de sucre aussitôt.

UN PEU D'HISTOIRE

Les pets-de-nonne (parfois nommés soupirs-de-nonne) auraient été créés par accident par une religieuse de l'abbaye de Marmoutier, en Touraine. Elle aurait fait tomber dans la friture un peu de pâte à choux alors qu'elle était prise d'une flatulence ! Merci, ma sœur !

POULET LAQUÉ AU SÉSAME, tagliatelles de carottes

1. Pelez les carottes et faites-en de fines tagliatelles à l'aide d'un économe. Disposez-les dans une sauteuse à feu moyen avec 10 grammes de beurre, salez, poivrez et versez un fond d'eau. Au bout de 3 minutes, ajoutez 1 cuillerée à soupe de miel. Faites cuire encore 5 minutes à feu doux.
2. Coupez les filets de poulet dans la longueur, en aiguillettes. Colorez-les dans le beurre restant pendant 5 minutes.
3. Ajoutez le reste du miel, la sauce soja, et enrobez bien la viande. Lorsqu'elle est cuite et bien laquée, roulez chaque aiguillette dans les graines de sésame et servez aussitôt, avec les tagliatelles de carottes.

POUR 4 PERSONNES
PRÉPARATION : 15 MIN
CUISSON : 15 MIN

- ☐ 500 g de filets de poulet fermier
- ☐ 8 cuil. à soupe de graines de sésame doré
- ☐ 4 grosses carottes
- ☐ 20 g de beurre
- ☐ 3 cuil. à soupe de miel liquide
- ☐ 2 cuil. à soupe de sauce soja
- ☐ Sel et poivre du moulin

MON TRUC EN +

Coriandre + carotte + sésame = un trio parfait ! N'hésitez pas à parfumer ce plat de feuilles de coriandre déchirées. Soyez généreux sur les herbes fraîches, mais ajoutez-les au dernier moment, car elles perdent leur arôme à la cuisson !

18 Jeudi février

1 PRODUIT · 2 RECETTES

Truites arc-en-ciel farcies au cresson

À l'occasion de la Semaine de la pêche responsable, je vous présente la truite arc-en-ciel. Et je vous dis comment distinguer un élevage durable d'un élevage qui ne l'est pas : c'est important !

POUR 4 PERSONNES
PRÉPARATION : 15 MIN
CUISSON : 25 MIN

- □ 4 truites arc-en-ciel
- □ 1 botte de cresson
- □ 5 cuil. à soupe d'huile d'olive
- □ 2 cuil. à soupe de vinaigre balsamique
- □ Sel et poivre du moulin

1. Préchauffez le four à 140 °C (th. 4-5). Rincez les truites et essuyez-les. Rincez le cresson et équeutez-le.
2. Déposez les truites dans un plat allant au four, assaisonnez-les à l'intérieur et farcissez-les de la moitié du cresson. Enfournez pour 25 minutes.
3. Mixez le cresson restant avec l'huile d'olive, le vinaigre, du sel, du poivre et du jus de cuisson.
4. Arrosez les truites de jus de cresson, puis servez-les avec un bon riz blanc.

Mieux choisir

La truite d'élevage

Choisissez une truite certifiée bio ou ASC !
La truite bio est issue d'un élevage respectueux de l'environnement et nourrie de résidus d'aliments de l'industrie, ce qui permet de préserver les stocks de poissons sauvages.
La certification ASC signifie, elle, que l'alimentation de la truite provient de sources durables et que la pollution liée à son habitat et à son mode d'élevage est très faible.

MIEUX S'ORGANISER

Faites la paire de bottes… de cresson ! Demain, on le retrouve en carpaccio.

Vendredi
février **19**

1 PRODUIT 2 RECETTES

VEGGIE

Carpaccio champignons
et cresson

Le cresson, j'aime le manger tout cru ! Un peu de vitamines, c'est aussi sain que simple !

EXPRESS

POUR 4 PERSONNES
PRÉPARATION : 15 MIN

- 400 g de champignons de Paris
- 1 botte de cresson
- 2 cuil. à soupe d'huile d'olive
- Le jus de 1 citron
- 10 cl d'huile de noix
- 1 cuil. à café de baies roses
- 50 g de chèvre sec
- Sel et poivre du moulin

1. Versez un filet d'huile d'olive dans une grande assiette, salez et poivrez.
2. Avec une mandoline, râpez les champignons dessus. Arrosez de jus de citron, d'huile de noix, et parsemez de baies roses. Salez et poivrez.
3. Lavez le cresson, séchez-le et effeuillez-le. Glissez les feuilles en intercalant cresson et champignons. Parsemez de copeaux de chèvre sec et dégustez.

20 Samedi *février*

Blanquette DE VEAU

GRAND CLASSIQUE

Toutes les régions de France qui fabriquent de la crème en revendiquent l'origine ! C'est en tout cas un plat qui met tout le monde d'accord. Alors à table, les amis, pour savourer ce grand classique !

POUR 4 PERSONNES
PRÉPARATION : 45 MIN
CUISSON : 1 H 45

- 600 g d'épaule de veau
- 200 g de flanchet (coupé en gros cubes)
- 1 oignon épluché
- 3 clous de girofle
- 1 carotte pelée et coupée en rondelles
- 1 petit poireau coupé en tronçons
- 1 petite branche de céleri
- 1 gousse d'ail
- 1 bouquet garni (thym, laurier, queues de persil)
- Sel et poivre

POUR LES OIGNONS GRELOTS

- 5 à 20 petits oignons grelots pelés
- 20 g de beurre
- 1 pincée de sucre en poudre
- 1 pincée de sel

POUR LES CHAMPIGNONS DE PARIS

- 150 à 200 g de champignons de Paris
- 20 g de beurre
- Le jus de ½ citron
- 1 pincée de sel

POUR LA SAUCE

- 40 g de beurre
- 40 g de farine
- 50 cl de bouillon de cuisson de la viande
- Sel et poivre

POUR LA FINITION

- 100 g de crème fraîche épaisse (fermière)
- 1 jaune d'œuf
- Quelques gouttes de jus de cuisson

1. Recouvrez la viande d'eau froide et portez à ébullition 2 minutes, puis égouttez-la et rincez-la. Remettez-la dans un faitout avec l'oignon piqué des 3 clous de girofle, la carotte, le poireau, le céleri, l'ail entier pelé et le bouquet garni. Couvrez de 3 à 5 cm d'eau. Salez, poivrez et laissez mijoter 1 heure 30 à feu doux, à couvert.
2. Mettez les oignons grelots dans une poêle et couvrez-les à moitié d'eau. Ajoutez le beurre, le sucre et le sel. Couvrez-les de papier cuisson et faites cuire à feu doux jusqu'à l'évaporation du liquide.
3. Coupez les champignons en quartiers et mettez-les dans une casserole d'eau. Ajoutez le beurre, le jus de citron, le sel, et faites cuire à frémissements 5 minutes. Égouttez.
4. Préparez la sauce. Faites un roux blanc avec le beurre et la farine. Ajoutez progressivement le bouillon de cuisson et mélangez jusqu'à ce que la sauce épaississe. Salez, poivrez et réservez.
5. Égouttez la viande, mettez-la dans une cocotte, versez la sauce, ajoutez les oignons grelots et les champignons. Faites chauffer quelques minutes à feu doux en mélangeant.
6. Fouettez la crème et le jaune d'œuf, versez dans la cocotte et mélangez. Ajoutez le jus de citron, rectifiez l'assaisonnement et servez bien chaud.

Soufflé au chocolat

POUR 6 PERSONNES
PRÉPARATION : 30 MIN
CUISSON : 35 MIN

- □ 300 g de chocolat noir à 70 % de cacao
- □ 20 g de beurre à température ambiante
- □ 100 g de sucre de canne blond
- □ 6 blancs d'œufs
- □ 400 ml de lait entier
- □ 25 g de fécule de maïs
- □ 4 jaunes d'œufs
- □ 1 cuil. à café de sucre glace
- □ 1 pincée de sel

MATÉRIEL

- □ 1 moule à bords hauts de 20 cm de diamètre (genre moule à soufflé)

1. Préchauffez le four à 160 °C (th. 5-6).
2. Beurrez le moule en montant du fond vers le bord. Saupoudrez l'intérieur de 20 grammes de sucre et réservez au frais.
3. Dans un grand saladier, faites fondre le chocolat au bain-marie avec le sel.
4. Fouettez vivement les blancs d'œufs avec 40 grammes de sucre. Lorsque le mélange se raffermit, versez les 40 grammes restants de sucre.
5. Dans une casserole, faites chauffer le lait avec la fécule en remuant sans cesse. Dès que le mélange épaissit, versez sur le chocolat fondu et mélangez. Ajoutez les jaunes d'œufs, mélangez. Incorporez au fouet un tiers des blancs en neige, puis le reste à la maryse.
6. Versez la préparation dans le moule et enfournez pour 35 minutes.
7. Saupoudrez le soufflé de sucre glace et servez-le immédiatement.

Tartine
À LA SAVOYARDE

POUR 4 PERSONNES
PRÉPARATION : 15 MIN
CUISSON : 10 MIN

- 4 tranches épaisses de pain de campagne
- 1 noix de beurre
- 2 cuil. à soupe d'huile d'olive
- 6 à 8 pruneaux
- 300 g de tomme de Savoie
- 8 à 12 fines tranches de jambon de Savoie
- 3 ou 4 poignées de feuilles de roquette
- 2 cuil. à soupe de vinaigre balsamique

1. Préchauffez le four à 200 °C (th. 6-7).
2. Faites griller les tranches de pain d'un seul côté (afin de garder du moelleux) dans une poêle avec le beurre et 1 cuillerée à soupe d'huile d'olive.
3. Hachez les pruneaux et répartissez-les sur les tranches de pain, côté grillé. Recouvrez de lamelles de tomme de Savoie et enfournez pour 5 minutes.
4. Hors du four, couvrez les tartines de tranches de jambon en chiffonnade. Ajoutez un dôme de feuilles de roquette, un filet d'huile d'olive, de vinaigre balsamique, et dégustez chaud.

Le saviez-vous ?

Les tartines pour un plateau télé, c'est tentant… mais prendre son repas en étant concentré sur autre chose (TV, ordinateur, tablette…) augmente de 10 % les quantités de nourriture consommées*. Je sais bien que c'est l'hiver, mais quand même…

*Source : Dr Jean-Philippe Zermati, *Osez manger*, Odile Jacob, Paris, 2019

CROQUE-RÂPÉ

Amusons-nous en cuisine avec cette rencontre
entre le râpé de pommes de terre et le fameux croque-monsieur !
Une recette facile avec seulement trois ingrédients. Les enfants adorent !

POUR 4 PERSONNES
PRÉPARATION : 15 MIN
CUISSON : 20 MIN

- □ 100 g de comté
- □ 500 g de pommes de terre type bintje ou belle de Fontenay
- □ 12 cl d'huile d'arachide
- □ 4 tranches de jambon blanc
- □ Sel et poivre du moulin

1. Préchauffez le four à 200 °C (th. 6-7).
2. Coupez le comté en lamelles.
3. Pelez les pommes de terre, rincez-les, puis séchez-les. Râpez-les avec une râpe à gros trous, salez, poivrez et mélangez. Formez 8 galettes bien régulières.
4. Faites chauffer l'huile dans une grande poêle et ajoutez les galettes de pommes de terre en les tassant bien. Faites-les cuire 8 minutes de chaque côté.
5. Posez sur 4 galettes quelques lamelles de comté et 1 tranche de jambon blanc. Recouvrez de comté et d'une autre galette. Placez sur une plaque de four recouverte de papier cuisson. Enfournez pour 5 minutes et dégustez.

ÇA M'ÉNERVE

Le jambon rose fluo

Le jambon cuit peut être gris, il est quand même bon, c'est d'ailleurs la couleur naturelle de la viande de porc cuite ! Qu'il soit bio, fermier ou industriel, on y ajoute la plupart du temps des nitrites mélangés à du sel pour sa conservation et pour qu'il reste bien rose. Qu'on se le dise : le jambon sans cochonneries se consomme rapidement, dans les 48 heures. Un point, c'est tout !

24 Mercredi février

GRATIN DE CROZETS,
saucisses fumées et beaufort

POUR 4 PERSONNES
PRÉPARATION : 25 MIN
CUISSON : 50 MIN

- ☐ 400 g de crozets
- ☐ 2 saucisses fumées
- ☐ 100 g de beaufort
- ☐ 10 cl de crème liquide
- ☐ 5 cl de vin blanc sec
- ☐ Sel et poivre

1. Faites cuire les saucisses dans de l'eau frémissante pendant 20 minutes. Égouttez-les et coupez-les en rondelles de 1 cm d'épaisseur.
2. Préchauffez le four à 190 °C (th. 6-7).
3. Faites cuire les crozets dans de l'eau bouillante salée le temps indiqué sur l'emballage.
4. Mélangez la crème et le vin, salez et poivrez, puis ajoutez les crozets bien égouttés.
5. Coupez le beaufort en lamelles.
6. Dans un plat à gratin, déposez une couche épaisse de crozets, les rondelles de saucisse, le reste des crozets, et recouvrez de beaufort.
7. Enfournez pour 20 minutes et dégustez bien chaud.

Mieux connaître
Les saucisses fumées

De Montbéliard, de Morteau (toutes deux à base de porc fumé au petit lait et issues de Franche-Comté), de Molène (fumée aux algues), « gendarme » (à base de bœuf et de porc)..., on trouve des saucisses fumées dans tout l'Hexagone. La montbéliarde est plus fine que la morteau. Cette dernière est fermée à l'aide d'une petite cheville en sapin.

MIEUX S'ORGANISER

Jamais deux sans trois : avec une saucisse de plus, je cuisine un plat rapide pour demain !

Jeudi **25** février

Poêlée de saucisse fumée ET HARICOTS BLANCS

POUR 4 PERSONNES
PRÉPARATION : 10 MIN
CUISSON : 15 MIN

- ☐ 1 saucisse fumée cuite
- ☐ 600 g de haricots blancs cuits au naturel
- ☐ 2 poireaux
- ☐ 1 noix de beurre
- ☐ 2 branches de thym
- ☐ Poivre du moulin

1. Lavez et émincez les poireaux. Coupez la saucisse en rondelles.
2. Faites fondre les poireaux dans le beurre pendant 10 minutes avec le thym effeuillé.
3. Rincez et égouttez les haricots blancs et ajoutez-les aux poireaux. Mélangez bien, puis ajoutez les rondelles de saucisse. Réchauffez 5 minutes, poivrez et servez immédiatement.

MON CONSEIL

De plus en plus d'artisans proposent des saucisses fumées déjà cuites, mais si vous n'en trouvez pas, il suffit de les plonger 35 minutes dans de l'eau frémissante. Ne salez pas, elles le sont déjà !

VEGGIE

Spaghetti cacio e pepe

EXPRESS

Il faut seulement trois ingrédients pour réussir ce plat de spaghetti traditionnel cacio e pepe (au fromage et au poivre). Simple comme *buongiorno* !

POUR 4 PERSONNES
PRÉPARATION : 10 MIN
CUISSON : 10 MIN

- 300 g de spaghetti
- 200 g de pecorino râpé
- 1 cuil. à soupe de poivre noir en grains + quelques-uns pour servir
- Gros sel de mer

1. Faites cuire les spaghetti dans une grande casserole d'eau bouillante salée selon le temps indiqué sur le paquet.
2. Concassez le poivre noir et réservez-en 1 cuillerée à café pour la finition. Torréfiez le reste dans une poêle, à feu doux. Puis ajoutez 1 ou 2 louches d'eau de cuisson des pâtes et laissez frémir.
3. Mettez le pecorino dans un bol, ajoutez 1 louche d'eau de cuisson des pâtes et remuez jusqu'à homogénéisation. Maintenez au chaud.
4. Égouttez les spaghetti, mettez-les dans la poêle contenant le poivre et mélangez. Versez la crème de pecorino sur les spaghetti et mélangez de nouveau.
5. Disposez dans un plat creux, parsemez de grains de poivre éclatés et dégustez sans attendre.

Praires
À L'ESTRAGON

POUR 4 PERSONNES
PRÉPARATION : 15 MIN
TREMPAGE : 1 H 30
CUISSON : 10 MIN

- □ 2 kg de praires
- □ 1 botte d'estragon
- □ 2 échalotes
- □ 10 g de beurre
- □ 20 cl de vin blanc sec
- □ 20 cl de crème liquide entière
- □ Sel et poivre

1. Faites dégorger les praires dans de l'eau froide fortement salée pendant 30 minutes, puis jetez l'eau et répétez l'opération trois fois.
2. Pelez et hachez les échalotes, puis faites-les dorer avec le beurre dans un faitout.
3. Ajoutez les praires et mélangez bien. Ajoutez le vin blanc, la crème liquide et l'estragon effeuillé. Mélangez.
4. Lorsque les praires sont bien ouvertes, elles sont cuites. Dégustez aussitôt !

JE BOIS QUOI AVEC ?

Un vin blanc jeune plutôt sec : un muscadet ou un vin d'Anjou (cépage chenin). Vivifiant !

MOUSSE AU CITRON VERT *et au chocolat blanc*

Mon ami le chocolatier Jacques Génin est joueur : il a choisi le chocolat blanc, qui n'est pas à proprement parler du chocolat, pour revisiter la classique mousse. Le résultat est étonnant et délicieux. Merci, l'ami !

POUR 4 PERSONNES
PRÉPARATION : 25 MIN
RÉFRIGÉRATION : 2 H

- 300 g de crème liquide entière bien froide
- 1 citron vert

POUR LA GANACHE

- 2 feuilles de gélatine
- 150 g de chocolat blanc
- 150 g de crème liquide entière

1. Pour réaliser la ganache, trempez la gélatine dans de l'eau froide pendant 10 minutes, le temps qu'elle ramollisse.
2. Faites chauffer les 150 grammes de crème liquide, puis ajoutez-y les feuilles de gélatine essorées. Mélangez, puis versez la crème encore chaude sur le chocolat blanc concassé. Homogénéisez et laissez refroidir.
3. Montez en chantilly les 300 grammes de crème liquide bien froide. Incorporez-la à la ganache, ajoutez le zeste râpé du citron vert et versez la préparation dans quatre verrines. Réfrigérez 2 heures avant de déguster.

Mars
au marché

LES PRODUITS PHARES

L'échalote

J'ai un faible pour l'échalote, elle fait partie des indispensables dans mon panier du marché. Récoltée en été et séchée, elle campe sur les étals toute l'année. Il n'est pas rare qu'on nous vende des échalotes hybrides, ressemblant à de simples oignons piquants au goût, qui n'ont rien à voir avec l'échalote rose plantée et récoltée à la main. La véritable échalote est facile à reconnaître : elle contient deux bulbes asymétriques, l'un bombé et l'autre plat.

Le piment d'Espelette

Dans *Petits Plats en équilibre*, vous êtes nombreux à remarquer que j'utilise souvent le piment d'Espelette. Je vous l'avoue aujourd'hui : j'ai été récemment intronisé par la confrérie basque de ce piment cornu ! Pour redonner vie à ce mois de mars qui s'essouffle côté fruits et légumes, parsemez vos plats de ce piment moulu. Avec son léger goût de foin, rassurez-vous, il chauffe mais ne pique pas !

Le pomelo

Une peau d'un jaune pastel et une pulpe rosée, tel est le pomelo, confondu systématiquement avec le pamplemousse chinois en forme de grosse poire. Si la Californie et la Floride en sont les plus gros producteurs, c'est la Corse, chez nous, qui fait pousser le pomelo. Plus tardif que la clémentine, on le récolte en ce moment sur l'île de Beauté. Déposez quelques crevettes sur de fines tranches de pomelo et arrosez-les de jus de citron et d'huile d'olive : une entrée bien rosée !

CHEZ LE MARAÎCHER

Les légumes

- Céleri
- Chou kale
- Chou vert
- Cresson
- Échalote
- Mâche
- Oignon
- Panais
- Poireau
- Salsifis
- Topinambour

Les fruits

- Pomme
- Poire
- Orange sanguine
- Banane
- Kiwi
- Pamplemousse
- Citron
- Mandarine

CHEZ LE POISSONNIER

Baudroie (lotte), hareng, maquereau, bulots, carrelet, cabillaud, lieu noir, merlan.

CHEZ LE FROMAGER

Fourme d'Ambert, roquefort, crottin de Chavignol, munster, gruyère.

1er Lundi mars

SOUPE DE PANAIS et cacahuètes

VEGGIE

Doux et légèrement citronné, le panais apporte onctuosité et fraîcheur avant de sortir de l'hiver. Laissez-vous surprendre par son alliance avec la cacahuète. Cela donne une belle soupe suave.

POUR 4 PERSONNES
PRÉPARATION : 15 MIN
CUISSON : 30 MIN

- 1 kg de panais
- 50 cl de bouillon de légumes
- 50 g de beurre de cacahuètes bio
- 1 poignée de cacahuètes
- 1 cuil. à soupe de sirop d'érable
- Sel et poivre

1. Épluchez les panais et coupez leurs extrémités. Taillez-les en tronçons.
2. Plongez-les dans le bouillon de légumes en ébullition pour 30 minutes de cuisson. Lorsqu'ils sont bien tendres, mixez-les à l'aide d'un mixeur plongeant. Ajoutez le beurre de cacahuètes au fur et à mesure : la consistance doit être bien onctueuse. Salez et poivrez.
3. Concassez les cacahuètes. Dans une petite casserole, faites-les chauffer avec le sirop d'érable pour les en enrober pendant 1 à 2 minutes. Parsemez-en la soupe de panais.

Hachis parmentier *orange*

C'est mon ami, l'astucieux et créatif Yves Camdeborde, qui m'a confié son secret de fabrication du hachis parmentier : il y incorpore des carottes et du jus d'orange. Voilà ce classique des familles rajeuni par une touche colorée et vitaminée ! Merci, l'ami !

POUR 4 PERSONNES
PRÉPARATION : 15 MIN
CUISSON : 40 MIN

- □ 700 g de pommes de terre
- □ 500 g de carottes
- □ 1 oignon
- □ 400 g de viande de bœuf hachée
- □ 1 branche de thym
- □ 2 oranges à jus
- □ Beurre
- □ Sel et poivre

1. Épluchez tous les légumes et émincez-les. Faites cuire les pommes de terre et les carottes à la vapeur.
2. Faites revenir l'oignon dans 1 noix de beurre avec la viande hachée et le thym effeuillé jusqu'à ce que la viande soit cuite. Salez et poivrez.
3. Préchauffez le four à 200 °C (th. 6-7).
4. Prélevez le jus des oranges. Lorsque les légumes sont cuits, mixez-les avec le jus d'orange, 1 noix de beurre, et assaisonnez-les.
5. Dans un plat à gratin beurré, étalez la viande, puis la purée de légumes par-dessus. Couvrez de petits cubes de beurre et enfournez pour 20 minutes.
6. Dégustez bien chaud.

3 Mercredi mars

Salade de pâtes
AUX LENTILLES CORAIL

EXPRESS

POUR 4 PERSONNES
PRÉPARATION : 15 MIN
CUISSON : 5 MIN

- □ 1 paquet de fusilli aux lentilles corail
- □ 1 cuil. à café de cumin moulu
- □ Le vert de 2 poireaux
- □ 2 piquillos
- □ 2 échalotes
- □ 1 cuil. à soupe de câpres au vinaigre
- □ 1 gousse d'ail
- □ 8 filets d'anchois
- □ 1 dl d'huile d'olive + 1 filet pour l'eau de cuisson des pâtes

1. Mettez une grande casserole d'eau salée à bouillir avec le cumin et un filet d'huile d'olive.
2. Taillez le vert des poireaux et les piquillos en lanières. Épluchez et émincez les échalotes.
3. Plongez les pâtes dans l'eau bouillante et comptez 2 minutes de cuisson. Ajoutez les lanières de poireau et comptez encore 2 minutes de cuisson. Égouttez et versez le mélange dans un saladier.
4. Ajoutez les lanières de piquillos, les câpres et l'huile d'olive. Râpez l'ail au-dessus. Ajoutez les échalotes et mélangez le tout délicatement. Disposez les filets d'anchois sur cette salade.

Le saviez-vous ?

Les pâtes aux légumineuses (lentilles, pois chiches, haricots mungo…) sont délicieuses pour notre palais, mais aussi pour notre santé ! Elles contiennent :
- 3 fois plus de fibres que les pâtes traditionnelles,
- 2 fois plus de protéines que les pâtes traditionnelles,
- des minéraux (calcium, fer, magnésium…).

Le tout pour la même quantité de calories. On ne lâchera jamais *la pasta*, mais varions les plaisirs !

RISOTTO
de coques et poireau

POUR 4 PERSONNES
PRÉPARATION : 15 MIN
DESSABLAGE : 2 À 3 H
CUISSON : 25 MIN

- 2 l de coques
- 1 gros poireau
- 1 oignon jaune
- 350 g de riz arborio
- 20 cl de vin blanc
- 1,5 l de fumet de poisson
- 80 g de parmesan râpé
- 4 tiges de cerfeuil
- 2 cuil. à soupe d'huile d'olive
- Sel et poivre

1. Faites dégorger les coques dans de l'eau froide fortement salée pendant 2 à 3 heures en changeant l'eau toutes les heures. Rincez-les et égouttez-les.
2. Épluchez l'oignon et émincez-le, ainsi que le poireau.
3. Dans un faitout, faites-les revenir 3 minutes dans 1 cuillerée à soupe d'huile d'olive sans les colorer. Ajoutez le riz et remuez jusqu'à ce que les grains deviennent translucides. Versez le vin blanc et laissez-le s'évaporer.
4. Versez le fumet de poisson par petites louches, à hauteur du riz, au fur et à mesure de son absorption (le riz doit cuire 20 minutes).
5. Dans une sauteuse, avec 1 cuillerée à soupe d'huile d'olive, laissez les coques s'ouvrir, à couvert.
6. Ôtez leurs coquilles (réservez quelques coques avec leur coquille pour le décor) et mélangez-les au risotto. Ajoutez le parmesan, servez dans des assiettes creuses, puis décorez de quelques pluches de cerfeuil et avec les coques réservées.

Mieux connaître

Si vous pratiquez la pêche à pied, vous savez que la saison des coques a démarré ! Elle dure jusqu'au mois d'octobre. Attention, les coques doivent mesurer au moins 3 cm.

5 Vendredi mars

GRAND CLASSIQUE

LA SOUPE *au chou*

J'adore la soupe au chou. Comme disait Louis de Funès dans le film dédié à ce panthéon de la cuisine française : « Ça sent le jardin, ça sent l'écurie, ça sent les quat' saisons, ça sent la terre ! La terre. La terrrrre après la pleue ! »

1. Détaillez le chou en lamelles de 1 cm de large en enlevant trognon et grosses côtes. Pelez les pommes de terre et coupez-les en lamelles de 1 cm d'épaisseur. Versez le chou dans une grande marmite et disposez les pommes de terre par-dessus. Recouvrez le tout d'eau froide, avec 3 cuillerées à café de gros sel.
2. Coupez le lard maigre en 4 tranches épaisses et le lard gras en gros lardons. Ajoutez les lardons dans la marmite. Portez à ébullition et laissez cuire 15 minutes à petit feu avant d'ajouter le lard maigre. Poivrez.
3. Laissez cuire à couvert à feu doux 1 heure environ, jusqu'à ce que le lard ait presque fondu.
4. Faites cuire les saucisses à part pendant 20 minutes dans un grand volume d'eau.
5. Servez la soupe dans des assiettes creuses et ajoutez-y les saucisses tranchées.

POUR 4 PERSONNES
PRÉPARATION : 20 MIN
CUISSON : 1 H 35

- 1 kg de chou de Milan
- 800 g de pommes de terre
- 700 g de lard maigre frais
- 100 g de lard gras
- 2 ou 3 saucisses de porc à cuire
- Gros sel et poivre

6 Samedi mars

BRIOCHE TRESSÉE
chocolat-noisette (babka)

La babka est un gâteau brioché originaire de la communauté ashkénaze d'Europe de l'Est que l'on mange à Pâques. Désormais célèbre dans le monde entier, il se prête à mille et une déclinaisons. Je vous en propose une version chocolat-noisette.

POUR 6 PERSONNES
PRÉPARATION : 30 MIN
REPOS : 3 H
CUISSON : 35 MIN

- 100 g de beurre + 10 g pour le moule
- 5 g de levure boulangère sèche (ou 15 g de levure fraîche)
- 15 cl de lait
- 400 g de farine
- 2 œufs
- 100 g de sucre en poudre
- 150 g de chocolat noir
- 80 g de noisettes torréfiées
- 1 pincée de sel

POUR LE SIROP

- 50 g de sucre en poudre

1. Faites fondre le beurre et laissez-le refroidir. Délayez la levure dans 5 cl de lait tiédi.
2. Dans la cuve d'un robot muni d'un crochet, versez la farine tamisée, ajoutez la levure et mélangez. Versez progressivement le reste du lait, puis incorporez les œufs, 80 grammes de sucre, le beurre fondu et le sel. Pétrissez 10 minutes. Laissez reposer la pâte, recouverte d'un torchon propre, pendant 2 heures.
3. Faites fondre le chocolat au bain-marie, ajoutez 20 grammes de sucre et réservez. Concassez les noisettes.
4. Farinez le plan de travail et le pâton. Étalez le pâton assez finement en un rectangle d'environ 35 × 25 cm, petit côté vers vous. Tartinez le rectangle de chocolat fondu et répartissez les noisettes torréfiées (1). Enroulez pour obtenir un boudin, de la droite vers la gauche. Coupez-le en deux dans la longueur en laissant 2 cm pour que les deux boudins restent attachés (2). Tournez les épaisseurs de pâte garnies de chocolat face à vous et torsadez-les délicatement (3 et 4). Déposez dans un moule à cake beurré, couvrez d'un torchon et laissez lever 1 heure.
5. Préchauffez le four à 180 °C (th. 6). Enfournez pour 35 minutes, puis laissez refroidir.
6. Préparez le sirop : faites chauffer le sucre dans 5 cl d'eau jusqu'à sa dissolution complète. Badigeonnez la brioche de sirop à l'aide d'un pinceau. Laissez refroidir et démoulez.

ANTIGASPI

Je doute qu'il reste une miette de cette délicieuse brioche, mais le cas échéant ou s'il vous reste d'autres viennoiseries, rendez-vous pour une recette antigaspi ce dimanche !

PUDDING
à ma façon

POUR 4 PERSONNES
PRÉPARATION : 15 MIN
CUISSON : 40 MIN

- □ 3 œufs
- □ 70 g de sucre en poudre
- □ 50 cl de lait
- □ 1 brioche sèche (ou ½ brioche + 2 croissants secs)
- □ 1 poire
- □ 50 g de chocolat blanc ou au lait

1. Préchauffez le four à 180 °C (th. 6).
2. Battez les œufs avec le sucre dans un saladier, puis ajoutez le lait.
3. Imbibez-en la brioche (ou la demi-brioche et les croissants) pendant 5 à 10 minutes.
4. Pelez la poire et coupez-la en petits cubes. Émincez le chocolat.
5. Ajoutez ces ingrédients à la préparation, versez dans un moule à cake et enfournez pour 40 minutes.
6. Dégustez tiède.

Tresser la brioche

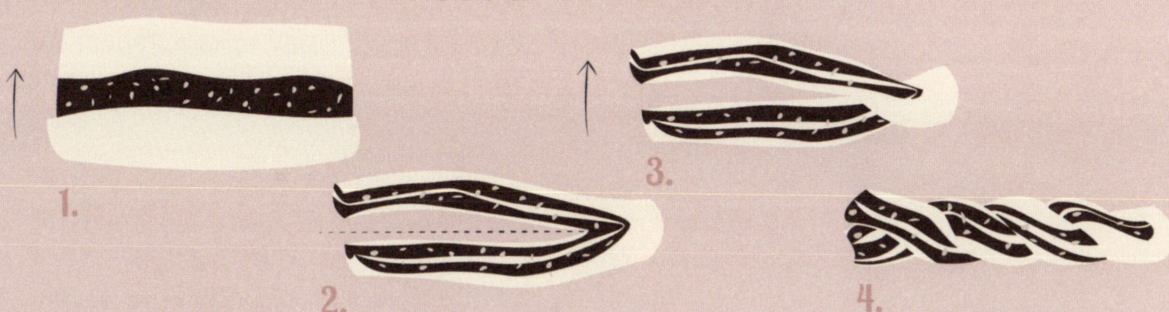

8 Lundi mars

Journée internationale des droits des femmes

Les pommes au four vanillées

de Christelle Brua

En cette journée internationale des droits des femmes, j'ai choisi de rendre hommage à Christelle Brua, sacrée meilleure pâtissière de restaurant du monde en 2018. Aujourd'hui, elle est la cheffe pâtissière de l'Élysée. Elle m'a soufflé sa recette de pommes au four. Bonne nouvelle : c'est à la portée de tout le monde ! Merci Christelle !

POUR 4 PERSONNES
PRÉPARATION : 15 MIN
CUISSON : 15 MIN

- □ 4 pommes reinettes
- □ 4 gousses de vanille
- □ 60 g de beurre à température ambiante
- □ 60 g de sucre en poudre
- □ 80 g de cidre
- □ 20 g de riz soufflé caramélisé (facultatif)
- □ 2 Carambars
- □ Quelques feuilles de menthe

1. Préchauffez le four à 200 °C (th. 6-7).
2. Épluchez les pommes et évidez-les. Taillez les extrémités pour qu'elles tiennent bien dans le plat.
3. Ramollissez le beurre en pommade et ajoutez les graines des gousses de vanille. Mélangez.
4. Badigeonnez un plat à bords hauts de beurre vanillé.
5. Remplissez de beurre vanillé la partie évidée des pommes. Piquez dans chacune une gousse de vanille pliée en deux et saupoudrez de sucre. Enfournez pour 5 minutes. Puis ajoutez le cidre et poursuivez la cuisson 10 minutes en arrosant régulièrement.
6. Vérifiez la cuisson à l'aide d'un couteau, puis parsemez de riz soufflé, de Carambar hachés et d'une sommité de menthe (partie supérieure d'une tige). Dégustez aussitôt.

9 Mardi mars

PAS CHER

1 PRODUIT

2 RECETTES

SAUTÉ DE DINDE
à l'asiatique

EXPRESS

Si vous avez un wok, c'est le moment de le sortir ! On va s'en servir pour préparer ce plat express et exotique, sain et diététique, en moins de 20 minutes, cuisson comprise ! Ça marche aussi dans une grande poêle !

POUR 4 PERSONNES
PRÉPARATION : 10 MIN
CUISSON : 6 MIN

- ☐ 600 g de blancs de dinde
- ☐ 4 cuil. à soupe de miel liquide
- ☐ 4 cuil. à soupe de sauce soja
- ☐ 4 carottes
- ☐ 2 blancs de poireaux
- ☐ 1 ou 2 cuil. à soupe d'huile de colza
- ☐ 2 cuil. à soupe de cacahuètes grillées
- ☐ 2 tiges de coriandre

1. Mélangez le miel et la sauce soja.
2. Coupez la dinde en cubes et déposez-les dans un saladier. Versez 4 cuillerées à soupe du mélange miel-soja, mélangez et réservez au frais.
3. Épluchez les carottes et taillez-les en tagliatelles à l'aide d'un économe. Déposez dans un saladier d'eau glacée.
4. Émincez finement les blancs de poireaux, lavez-les et ajoutez-les aux carottes.
5. Égouttez les cubes de dinde. Dans un wok (ou une poêle) à feu vif, faites-les revenir dans l'huile 2 à 3 minutes en remuant régulièrement. Ajoutez les tagliatelles de carottes et les poireaux égouttés, puis faites sauter 2 minutes. Versez 2 cuillerées à soupe du mélange miel-soja, puis mélangez 1 minute de plus.
6. Répartissez dans des bols, parsemez de cacahuètes grossièrement hachées et de coriandre effeuillée. Servez avec le reste de sauce miel-soja dans un petit bol à part.

MIEUX S'ORGANISER

Achetez un peu plus de poireaux en prévision de la recette de demain.

Mercredi
mars
10

VEGGIE

Recette régionale

Flamiche
AUX POIREAUX

La flamiche aux poireaux est un plat emblématique de la Picardie, simple et délicieux ! « Que d'chère* ! », comme disent les Ch'tis ! (*Je me suis régalé !)

POUR 4 À 6 PERSONNES
PRÉPARATION : 15 MIN
CUISSON : 35 À 40 MIN

- □ 2 disques de pâte feuilletée pur beurre
- □ 3 gros blancs de poireaux
- □ 3 œufs + 1 pour la dorure
- □ 3 cuil. à soupe de crème fraîche épaisse
- □ Beurre
- □ Noix de muscade moulue
- □ Sel et poivre

1. Coupez les poireaux en petits tronçons et faites-les revenir dans une poêle avec un peu de beurre. Salez, poivrez et laissez refroidir.
2. Fouettez les 3 œufs avec la crème. Salez, poivrez légèrement et ajoutez 1 pincée de noix de muscade. Foncez un moule à tarte ou une tourtière avec l'un des deux disques de pâte.
3. Préchauffez le four à 180 °C (th. 6).
4. Mélangez les poireaux à la crème et versez le tout dans le moule. Recouvrez la préparation du deuxième disque de pâte et soudez les bords des deux pâtes.
5. Badigeonnez la flamiche d'œuf battu et enfournez pour 30 à 35 minutes. Laissez-la tiédir avant de la déguster.

11 Jeudi mars

SAUMONETTE et riz pilaf

Essayez la saumonette, ou « petite roussette ».
Ce poisson bon marché n'a pas d'arêtes. Ça va plaire aux enfants !

POUR 4 PERSONNES
PRÉPARATION : 20 MIN
MARINADE : 2 H (FACULTATIF)
CUISSON : 20 MIN

- 4 tronçons de saumonette de 160 g chacun
- 250 g de riz basmati
- 3 échalotes
- 20 cl de vin blanc
- 4 branches de persil
- 1 branche de thym
- 1 oignon
- 1 gousse d'ail
- 1 feuille de laurier
- 50 cl de bouillon de volaille
- Gros sel gris
- 50 g d'amandes entières
- Piment d'Espelette
- 10 cl d'huile d'olive
- Sel fin et poivre du moulin

1. Dans un plat, faites mariner les tronçons de saumonette avec les échalotes émincées, le vin blanc, les branches de persil et de thym. Si possible, laissez reposer 2 heures au réfrigérateur.
2. Préchauffez le four à 150 °C (th. 5).
3. Ciselez l'oignon et faites-le dorer dans une cocotte avec de l'huile d'olive. Ajoutez l'ail émincé et le laurier. Versez le riz et nacrez-le 2 à 3 minutes.
4. Ajoutez le bouillon de volaille et assaisonnez de gros sel.
5. Portez à ébullition et déposez les tronçons de saumonette. Couvrez et enfournez pour 15 minutes.
6. Concassez les amandes et parsemez-en la saumonette à la sortie du four. Saupoudrez de piment d'Espelette, salez, poivrez et servez.

VEGGIE

Trévises grillées,
CONDIMENT ROQUEFORT-NOIX

EXPRESS

POUR 4 PERSONNES
PRÉPARATION : 15 MIN
CUISSON : 6 À 7 MIN

- 2 trévises (ou radicchios)
- 150 g de roquefort
- 50 g de cerneaux de noix
- 1 poignée de feuilles de mâche pour le décor
- 3 cuil. à soupe de vinaigre balsamique
- Huile d'olive
- Sel et poivre du moulin

1. Rincez et séchez les trévises et la mâche. Coupez une partie du pied des trévises et coupez-les en deux dans la hauteur.
2. Dans une grande poêle, faites chauffer un filet d'huile d'olive et faites griller 3 minutes les trévises côté cœur. Retournez-les et faites-les chauffer 2 minutes sur l'autre face. Versez le vinaigre balsamique et finissez de les griller côté cœur encore 1 à 2 minutes. Salez et poivrez.
3. Mixez le roquefort avec les cerneaux de noix. Ajoutez de l'huile d'olive au fur et à mesure pour obtenir une consistance bien crémeuse.
4. Servez les trévises avec le condiment au roquefort et parsemez de quelques feuilles de mâche pour décorer.

Mieux connaître
La trévise

C'est une salade légèrement amère de la famille des chicorées, comme la frisée et l'endive, et qu'on appelle aussi « radicchio ». Elle porte le nom d'une ville et d'une province de Vénétie, en Italie, où on la cultive depuis le XVe siècle. Le « radicchio de Trévise » bénéficie d'ailleurs d'une IGP.

GRAND CLASSIQUE

ROGNONS *sauce moutarde*

Les rognons font partie de ces abats qui tiennent le haut du tableau dans les bistrots et les bouchons lyonnais. N'oubliez pas de demander à votre tripier d'ôter leur membrane transparente ainsi que leurs parties nerveuses si vous n'avez jamais osé vous lancer dans la préparation des rognons !

POUR 4 PERSONNES
PRÉPARATION : 20 MIN
CUISSON : 8 MIN

- 500 g de rognons de veau dégraissés et coupés en morceaux
- 2 cuil. à soupe de moutarde à l'ancienne
- 2 échalotes
- 50 g de beurre
- 2 cl de cognac
- 10 cl de fond de veau
- 10 cl de crème liquide
- Sel et poivre du moulin

1. Épluchez et ciselez les échalotes.
2. Si nécessaire, coupez les rognons en morceaux de 2 cm. Dans une poêle, faites fondre 30 grammes de beurre et faites-les dorer sur chaque face. Salez, poivrez et débarrassez.
3. Dans la même poêle, ajoutez le reste du beurre et faites dorer les échalotes. Déglacez avec le cognac et flambez. Versez le fond de veau, la crème et la moutarde. Laissez mijoter jusqu'à ce que la sauce épaississe un peu. Remettez les rognons dans la sauce et servez accompagné de gnocchis de pomme de terre.

Mon gâteau ananas

On ne présente plus ce gâteau du placard antigaspi, dans lequel j'utilise les tranches et le sirop de la boîte d'ananas pour réduire la dose de sucre !

POUR 4 À 6 PERSONNES
PRÉPARATION : 15 MIN
CUISSON : 30 MIN

- □ 1 boîte d'ananas en tranches
- □ 100 g de sucre en poudre
- □ 4 œufs
- □ 200 g de beurre
- □ 200 g de farine
- □ 1 sachet de levure chimique
- □ 1 citron vert non traité

1. Préparez un caramel : faites cuire le sucre avec 3 cl d'eau dans une casserole à feu moyen, sans remuer. Lorsque le caramel est blond foncé, versez-le dans un moule à bords hauts.
2. Préchauffez le four à 180 °C (th. 6).
3. Égouttez les tranches d'ananas et conservez le sirop. Disposez-les sur le caramel (et des demi-tranches sur les bords du moule, s'il en reste).
4. Battez les œufs avec 6 cuillerées à soupe de sirop d'ananas jusqu'à ce qu'ils soient bien mousseux. Faites fondre le beurre et versez-le sur les œufs. Ajoutez la farine tamisée avec la levure chimique et mélangez bien. Zestez un citron vert sur la préparation et mélangez de nouveau. Versez l'appareil à gâteau sur les tranches d'ananas.
5. Enfournez pour 30 minutes et démoulez dès la sortie du four. Mélangez le reste du sirop et le jus du citron vert et versez sur le gâteau pour l'imbiber.
6. Laissez tiédir quelques instants et dégustez !

15 Lundi mars

Chou fleur MIMOSAS

VEGGIE

Aujourd'hui, je fais honneur au chou-fleur ! Posé entier au milieu de la table, en plat convivial à manger à la cuillère. Essayez, ça devrait bluffer votre tablée !

POUR 6 PERSONNES
PRÉPARATION : 20 MIN
CUISSON : 35 MIN

- 1 gros chou-fleur
- 2 œufs
- 2 échalotes
- ¼ de botte de persil plat
- Gros sel
- Vinaigre pour le trempage

POUR LA VINAIGRETTE

- 1 cuil. à soupe de moutarde
- 2 cuil. à soupe de vinaigre de cidre
- 8 cuil. à soupe d'huile de pépins de courge
- 1 cuil. à soupe d'eau
- Sel et poivre du moulin

1. Débarrassez le chou-fleur de ses feuilles et laissez-le tremper dans un saladier d'eau vinaigrée pendant 5 minutes.
2. Portez une grande casserole d'eau à ébullition avec le gros sel, puis plongez-y le chou-fleur entier. Laissez-le cuire 25 minutes. Retournez-le à mi-cuisson. Égouttez-le et laissez-le refroidir.
3. Pendant ce temps, faites cuire les œufs 10 minutes dans de l'eau bouillante salée. Refroidissez-les, écalez-les et hachez-les grossièrement.
4. Dans un bol, mélangez les ingrédients de la vinaigrette.
5. Épluchez et ciselez les échalotes. Hachez grossièrement le persil.
6. Dressez le chou-fleur au centre de votre plat. Nappez de vinaigrette, puis parsemez d'échalotes ciselées. Ajoutez les œufs hachés et le persil. Dégustez.

16 Mardi mars

La vraie sauce bolognaise (et ses pâtes !)

Pour vous, la bolognaise contient de la viande hachée, de l'ail et un bouquet garni ? Mon conseil : ne dites jamais ça à un Italien ! Je vous explique comment cuisiner dans les règles de l'art une authentique sauce bolognaise, ou « *ragù de Bologne* », comme on dit là-bas !

POUR 4 PERSONNES
PRÉPARATION : 30 MIN
CUISSON : 3 H À 3 H 30

- ▫ 300 g de paleron de bœuf dégraissé
- ▫ 150 g de pancetta
- ▫ 2 carottes
- ▫ 2 oignons rouges
- ▫ 2 branches de céleri
- ▫ 10 cl d'huile d'olive
- ▫ 18 cl de vin blanc ou de vin rouge
- ▫ 1 boîte de tomates pelées entières
- ▫ 20 cl de lait entier
- ▫ Sel et poivre du moulin

POUR L'ACCOMPAGNEMENT

- ▫ 300 à 400 g de tagliatelles
- ▫ 50 g de parmesan râpé

1. Épluchez et lavez les carottes, les oignons et les branches de céleri. Émincez-les. Dans une cocotte, avec l'huile d'olive, faites cuire les légumes à feu doux.
2. Pendant ce temps, taillez le paleron de bœuf et la pancetta en lardons.
3. Ajoutez la viande aux légumes et saisissez à feu vif. Lorsque cela commence à caraméliser, ajoutez le vin et les tomates pelées.
4. Versez le lait, rectifiez l'assaisonnement et laissez cuire à couvert à feu doux pendant 2 heures 30 à 3 heures en remuant fréquemment.
5. Portez à ébullition une grande casserole d'eau salée. Plongez les tagliatelles et faites-les cuire le temps indiqué sur le paquet.
6. Versez dans une poêle une louche d'eau de cuisson des pâtes, puis la sauce. Égouttez les tagliatelles et mettez-les dans la poêle. Mélangez, puis dressez en dôme. Parsemez de parmesan râpé, donnez un tour de moulin à poivre et dégustez.

ANTIGASPI

N'hésitez pas à préparer une grande quantité de bolognaise. Vous pourrez alors la conserver dans un bocal stérilisé, au congélateur, ou encore faire une calzone (la recette de demain !)

ZÉRO GASPI

Mini-calzones comme à Bologne

POUR 4 PERSONNES
PRÉPARATION : 15 MIN
CUISSON : 10 MIN

- 1 pâte à pizza (maison)
- 400 g de sauce bolognaise maison
- 1 mozzarella au lait de bufflonne (125 g)

1. Préchauffez le four à 240 °C (th. 8). Divisez la pâte à pizza en 4 pâtons et étalez-les le plus finement possible sur un plan de travail fariné. Garnissez la moitié de chaque pâton de sauce bolognaise et d'un peu de mozzarella.
2. Mouillez les bords de la pâte et repliez une partie sur l'autre. Soudez les bords en les pinçant. Disposez les mini-calzones sur une plaque huilée. Enfournez pour 10 minutes. Sortez du four et dégustez !

MON TRUC EN +

La pâte à pizza maison

POUR 1 PÂTE
PRÉPARATION : 15 MIN
REPOS : 2 H

- 7 g de levure de boulanger fraîche
- 1 cuil. à café de sucre en poudre
- 15 ou 16 cl d'eau tiède
- 250 g de farine T65
- 1 cuil. à café de sel fin
- 1,5 cuil. à soupe d'huile d'olive

1. Délayez la levure et le sucre dans 3 cl d'eau tiède. Dans un saladier, formez un puits avec la farine, versez-y peu à peu la levure délayée, puis ajoutez le sel et le reste d'eau tiède tout en travaillant la pâte. Incorporez progressivement l'huile d'olive : la pâte doit être bien lisse.
2. Formez une boule et déposez-la dans un saladier, couvrez-la d'un torchon propre et laissez-la reposer à température ambiante pendant 2 heures.
3. Sur un plan de travail fariné, écrasez la pâte à l'aide de vos paumes de mains pour en faire sortir l'air, puis rabattez-la. Formez une boule et réservez-la dans le réfrigérateur jusqu'à l'utilisation.

18 Jeudi mars

MAQUEREAUX au vin blanc

POUR 4 PERSONNES
PRÉPARATION : 25 MIN
RÉFRIGÉRATION : 2 H

- □ 8 filets de maquereaux
- □ 2 carottes
- □ 2 oignons
- □ 50 cl de vin blanc sec
- □ 3 clous de girofle
- □ ½ cuil. à café de poivre noir concassé
- □ 2 brins de thym frais
- □ 2 feuilles de laurier
- □ 1 citron non traité
- □ 15 cl de vinaigre d'alcool blanc
- □ Sel fin

1. Rincez les filets de maquereaux et disposez-les tête-bêche dans une terrine. Salez et placez-les dans le réfrigérateur.
2. Épluchez et émincez finement les carottes et les oignons. Faites chauffer le vin blanc dans une casserole avec les légumes, les clous de girofle, le poivre, le thym et le laurier pendant 10 minutes.
3. Coupez le citron en fines rondelles. Ajoutez-les au vin blanc et versez le vinaigre. Laissez cuire 5 minutes à feu très doux.
4. Versez la marinade dans la terrine sur les maquereaux et laissez refroidir avant d'entreposer au réfrigérateur pour 2 heures au moins. Dégustez avec des pommes de terre vapeur.

MON CONSEIL

Les maquereaux au vin blanc seront bien meilleurs s'ils ont mariné une nuit entière, l'idéal étant 12 heures dans le réfrigérateur. En cuisine, la patience est récompensée… au moment de la dégustation !

Jambonneau laqué à la bière
et au sirop d'érable

POUR 4 PERSONNES
PRÉPARATION : 20 MIN
CUISSON : 3 H 30

- □ 1 jambonneau de 1 kg
- □ 75 cl de bière brune
- □ 12,5 cl de sirop d'érable
- □ 2 branches de thym frais
- □ 2 grosses patates douces
- □ Quelques brins de cerfeuil
- □ Huile de colza
- □ Sel

1. Préchauffez le four à 170 °C (th. 5-6).
2. Dans une cocotte en fonte, faites colorer le jambonneau avec un peu d'huile. Versez dessus la bière et le sirop d'érable, salez, ajoutez le thym, enfournez et faites cuire pendant 3 heures à couvert.
3. Ajoutez ensuite les patates douces pelées et coupées en gros morceaux autour du jambonneau et poursuivez la cuisson 30 minutes en arrosant régulièrement la viande.
4. Dressez le jambonneau avec les patates douces, nappez de sauce et décorez de quelques pluches de cerfeuil.

Mieux connaître
Le jambonneau

On appelle aussi jarret ce morceau situé dans la partie inférieure avant de la jambe de porc. Vous le trouverez parfois demi-sel ; il faut alors le faire dégorger quelques heures dans de l'eau bien froide et il sera alors inutile de le saler avant de l'enfourner. C'est dans tous les cas un morceau bon marché : environ 7 euros le kilo !

20 Samedi mars

Printemps

VEGGIE

Crème de lentilles, céleri et noisettes

On célèbre aujourd'hui le printemps, et depuis 1985, la Journée internationale sans viande. C'est pour moi l'occasion de vous le répéter une fois de plus : variez les plaisirs et mangez des protéines végétales ! Les lentilles en sont pleines. Alors, on s'y met ?

POUR 4 PERSONNES
PRÉPARATION : 15 MIN
CUISSON : 37 À 40 MIN

- 350 g de lentilles vertes du Puy
- 1 branche de céleri
- 50 g de noisettes entières mondées
- 1 feuille de laurier
- 1 cuil. à soupe d'huile d'olive
- 10 cl de crème liquide entière
- Sel et poivre du moulin

1. Versez les lentilles dans une casserole avec la feuille de laurier déchirée et couvrez de 1,5 litre d'eau froide. Laissez cuire pendant 30 minutes.
2. Rincez et émincez le céleri. Réservez les feuilles.
3. Torréfiez les noisettes dans une poêle à sec pendant 5 à 7 minutes en les remuant constamment.
4. Débarrassez, ajoutez l'huile d'olive dans la poêle et faites revenir le céleri 2 à 3 minutes. Frottez les noisettes entre elles pour en ôter la peau.
5. Retirez la feuille de laurier de la casserole. Mixez les lentilles avec leur eau de cuisson et la crème liquide, salez, poivrez et servez dans des assiettes creuses. Décorez de branches et de feuilles de céleri et parsemez de noisettes.

Cake
aux noix de pécan

Même si c'est le printemps, il va falloir
attendre un peu pour déguster les premières fraises.
Profitons-en pour préparer
un cake réconfortant en toute saison.

POUR 4 À 6 PERSONNES
PRÉPARATION : 15 MIN
CUISSON : 45 MIN

- □ 80 g de noix de pécan + 8 cerneaux pour le décor
- □ 120 g de beurre + 10 g pour le moule
- □ 2 œufs entiers + 1 jaune
- □ 60 g de sucre en poudre
- □ 140 g de farine
- □ ½ sachet de levure chimique
- □ 125 g de sirop d'érable
- □ 1 pincée de sel

1. Préchauffez le four à 160 °C (th. 5-6).
2. Hachez grossièrement les noix de pécan. Faites fondre le beurre.
3. Fouettez les œufs et le jaune avec le sucre jusqu'à ce que le mélange blanchisse.
4. Dans un autre récipient, mélangez la farine avec la levure et le sel, le beurre fondu, le sirop d'érable et les noix hachées. Incorporez à la préparation précédente.
5. Versez dans un moule à cake beurré et décorez de noix entières. Enfournez pour 45 minutes.
6. Servez tiède ou froid, avec une chantilly maison.

ŒUF COCOTTE
comté et poireau

VEGGIE

EXPRESS

Aussi simples que régressifs, les œufs cocotte sont meilleurs quand ce sont de beaux œufs bio, extra frais (datés de moins de 9 jours après la ponte) si possible. Un détail qui fait toute la différence !

POUR 4 PERSONNES
PRÉPARATION : 15 MIN
CUISSON : 13 À 15 MIN

- 4 gros œufs extra frais
- 100 g de comté
- 2 poireaux
- 10 g de beurre
- 20 cl de crème fraîche épaisse entière
- Noix de muscade moulue
- Sel et poivre

1. Préchauffez le four à 180 °C (th. 6).
2. Lavez et émincez les poireaux. Faites-les revenir dans le beurre, dans une poêle à couvert, jusqu'à les attendrir. En fin de cuisson, ajoutez la crème, salez, poivrez, saupoudrez d'une pincée de muscade et mélangez bien.
3. Pendant ce temps, râpez le comté.
4. Disposez un lit de poireaux à la crème dans quatre ramequins, recouvrez de comté et cassez délicatement un œuf par-dessus.
5. Placez les ramequins dans un plat contenant de l'eau chaude, couvrez d'une feuille de papier aluminium et enfournez pour 8 à 10 minutes au bain-marie.
6. Dégustez avec une tranche de pain de campagne grillée.

EXPRESS

Foie de veau et cresson

1. Lavez soigneusement le cresson et éliminez les grosses tiges. Égouttez-le bien, puis faites-le tomber dans une poêle avec 20 grammes de beurre, salez et poivrez.
2. Dans une autre poêle, faites fondre 20 grammes de beurre et déposez les tranches de foie de veau. Laissez cuire 1 minute de chaque côté (pour une cuisson rosée), salez et poivrez. Débarrassez sur quatre assiettes.
3. Pelez et ciselez les échalotes. Faites-les dorer légèrement dans la poêle avec le vinaigre et laissez-le s'évaporer 30 secondes. Ajoutez le reste du beurre et faites-le fondre.
4. Nappez-en les tranches de foie de veau. Posez la garniture de cresson sur le côté des assiettes et dégustez aussitôt.

POUR 4 PERSONNES
PRÉPARATION : 10 MIN
CUISSON : 10 MIN

- 4 belles tranches de foie de veau de 150 g chacune
- 2 belles bottes de cresson
- 60 g de beurre
- 2 petites échalotes
- 2 cuil. à soupe de vinaigre de vin rouge
- Sel et poivre

ET AVEC ÇA, ON BOIT QUOI ?

Un saumur-champigny, un vin léger et boisé !

24 Mercredi mars

EXPRESS

PAS CHER

CROQUETTES *de thon*

POUR 4 PERSONNES
PRÉPARATION : 15 MIN
CUISSON : 6 À 8 MIN

- 400 g de thon au naturel en boîte
- 150 g de pain de mie
- ½ botte d'estragon
- 1 cuil. à soupe de mayonnaise
- 1 citron non traité
- 1 œuf
- 1 pincée de piment d'Espelette
- 10 cl d'huile neutre
- Sel et poivre du moulin

1. Ôtez la croûte du pain et coupez-le en cubes. Égouttez le thon sur la mie de pain et laissez-la s'imbiber. Émincez finement l'estragon.
2. Ajoutez au thon la mayonnaise, la mie de pain, l'estragon, le zeste et le jus du citron. Salez, poivrez et mélangez.
3. Ajoutez l'œuf battu et le piment d'Espelette, puis mélangez de nouveau.
4. Prélevez des palets à l'aide d'une cuillère et déposez-les dans une poêle huilée bien chaude. Faites dorer les croquettes 3 à 4 minutes par côté.
5. Servez avec des crudités de saison et une sauce tartare.

Ça m'énerve

Il est de bon ton d'omettre de préciser quel poisson se trouve dans la boîte. Sans mention particulière sur la conserve, passez votre chemin ! Cela peut vouloir dire que la pêche a lieu selon un dispositif de concentration de poissons qui entraîne la capture de tortues, de dauphins… Préférez du thon pêché à la canne et des thons albacores et germons issus du Pacifique plutôt que de l'Atlantique, où ils sont surpêchés.

Pintade
À L'ORIENTALE

1. Préchauffez le four à 180 °C (th. 6).
2. Mélangez les épices à 2 cuillerées à soupe d'huile d'olive et enduisez les morceaux de pintade de ce mélange. Placez-les dans un plat à gratin et enfournez pour 35 minutes. Arrosez du jus de cuisson et laissez reposer au chaud.
3. Retirez les nervures centrales des feuilles de laurier. Pelez et ciselez l'oignon. Faites-le blondir dans le reste de l'huile d'olive. Ajoutez le concentré de tomates, le boulgour, le laurier, et couvrez de 50 cl d'eau. Salez et poivrez, puis laissez cuire à petits frémissements environ 15 minutes.
4. Servez la pintade accompagnée de boulgour, parsemé de feuilles de persil émincées.

MON ASTUCE

Pour que le délicieux parfum du laurier se diffuse plus rapidement lors de la cuisson d'un plat, j'ôte la nervure centrale de la feuille ou je la déchire. Son parfum n'en sera que plus intense.

POUR 4 PERSONNES
PRÉPARATION : 15 MIN
CUISSON : 50 MIN

- □ 1 pintade d'environ 1,3 kg découpée en 4 morceaux
- □ 200 g de boulgour
- □ 1 cuil. à café de cumin moulu
- □ 1 cuil. à café de cannelle moulue
- □ 1 cuil. à café de curcuma
- □ 4 cuil. à soupe d'huile d'olive
- □ 2 feuilles de laurier
- □ 1 oignon
- □ 1 cuil. à soupe de concentré de tomates
- □ ½ bouquet de persil plat
- □ Sel et poivre

Rappel important

Ne vous reposez pas sur (tous) vos lauriers ! Seul le laurier-sauce, *Laurus nobilis*, n'est pas toxique et s'utilise en cuisine.

26 Vendredi mars

GRAND CLASSIQUE

Tarte au citron *classique*

1 PRODUIT

2 RECETTES

POUR 4 À 6 PERSONNES
PRÉPARATION : 35 MIN
CUISSON : 35 À 40 MIN
RÉFRIGÉRATION : 3 H

POUR LA PÂTE SUCRÉE

- □ 120 g de beurre
- □ 80 g de sucre glace
- □ 1 gousse de vanille
- □ 25 g d'amandes en poudre
- □ 1 œuf
- □ 225 g de farine

POUR LA CRÈME AU CITRON

- □ 3 œufs moyens
- □ 120 g de sucre en poudre
- □ 10 g de fécule de maïs
- □ 3 citrons jaunes non traités
- □ 80 g de beurre à température ambiante
- □ 1 citron vert pour le décor

1. Préparez la pâte à tarte. Mélangez le beurre coupé en dés et le sucre glace. Ajoutez les graines de la gousse de vanille et les amandes en poudre, puis incorporez l'œuf battu. Ajoutez la farine jusqu'à obtenir une pâte homogène. Réservez au frais pendant au moins 1 heure.

2. Préchauffez le four à 175 °C (th. 5-6). Étalez la pâte sur 3 mm d'épaisseur sur un plan de travail légèrement fariné, puis déposez-la dans un moule à tarte. Recouvrez de papier cuisson et remplissez de billes de cuisson. Enfournez pour 15 minutes, puis retirez les billes et poursuivez la cuisson 15 minutes.

3. Préparez la crème au citron. Dans un saladier, fouettez les œufs avec le sucre. Ajoutez la fécule de maïs et mélangez. Zestez 1 citron jaune et pressez les 3. Faites chauffer le zeste et le jus dans une casserole, puis versez sur les œufs en remuant vivement. Reversez le tout dans la casserole et faites cuire à feu moyen jusqu'à épaississement, sans cesser de fouetter.

4. Dans un saladier, filtrez la préparation et ajoutez le beurre coupé en morceaux. Mixez pour obtenir une crème bien lisse. Si vous n'avez pas de mixeur plongeant, passez-la au tamis.

5. Versez cette crème sur le fond de tarte précuit. Laissez reposer 2 heures au moins dans le réfrigérateur avant de déguster. Râpez le zeste du citron vert pour décorer.

MON TRUC EN +

Pour décorer cette tarte comme on la trouve dans les pâtisseries, ornez-la de rondelles de citrons confits : voir la recette de demain !

Citrons au sel
et citrons au sucre

Les citrons confits font partie de ces ingrédients indispensables qu'on peut confectionner soi-même quand on n'est pas trop… pressé ! J'aime la version salée autant que la version sucrée ; je vous laisse trancher !

POUR 1 GRAND BOCAL DE CITRONS AU SEL

PRÉPARATION : 15 MIN

- 3 ou 4 citrons non traités
- 1,5 à 2 kg de gros sel
- 10 cl d'huile d'olive

1. Fendez délicatement les citrons sans percer la chair. Disposez-les un à un dans le bocal en les recouvrant au fur et à mesure de gros sel. Terminez par une couche de gros sel, tassez bien et versez l'huile par-dessus. Mélangez pour chasser l'air, fermez et retournez le bocal. Laissez confire les citrons à l'abri de la lumière pendant 3 semaines.
2. Utilisez les citrons au sel, après les avoir rincés, pour parfumer des plats.

À RETROUVER

- **dans ma recette de poulet aux citrons confits, le 28 janvier**
- **dans la recette des artichauts à la juive de Yoni Saada, le 28 mars**

POUR 3 CITRONS CONFITS AU SUCRE

PRÉPARATION : 20 MIN
CUISSON : 20 MIN

- 3 citrons non traités
- 180 g de sucre en poudre

1. Coupez les citrons en rondelles de 1 cm d'épaisseur. Faites bouillir 50 cl d'eau avec 150 grammes de sucre jusqu'à obtenir la consistance d'un sirop.
2. Mettez les rondelles de citron dans le sirop à feu moyen et laissez-les cuire jusqu'à ce qu'elles soient translucides. Éteignez le feu et laissez-les tiédir dans le sirop pendant 15 minutes.
3. Sortez les rondelles de citron du sirop et laissez-les complètement refroidir sur une plaque ou une grille fine.
4. Roulez-les dans le sucre restant et utilisez-les pour réaliser et décorer des pâtisseries.

ARTICHAUTS À LA JUIVE *de Yoni Saada*

J'ai un faible pour cette recette née au XIIIe siècle dans le ghetto juif de Rome. Yoni Saada, le chef d'origine tunisienne de Bagnard, à Paris, maîtrise à la perfection ce plat. Merci, Yoni, de partager ce phare de la cuisine méditerranéenne !

POUR 4 PERSONNES
PRÉPARATION : 20 MIN
CUISSON : 6 MIN

- 4 artichauts camus
- Huile de friture

POUR LA GARNITURE

- 6 radis
- 2 oignons nouveaux
- ¼ de botte de menthe
- ½ botte de persil
- 80 g d'olives de Kalamata
- 1 citron confit au sel
- 100 g de graines de grenade (1 grenade)
- 2 bonnes pincées de zaatar
- 1 pincée de fleur de sel

1. Tournez les artichauts : coupez la queue, retirez les premières feuilles à la base et tranchez les feuilles supérieures à 2 ou 3 cm du cœur. Retirez le foin.
2. Faites-les frire une première fois 1 minute dans une friteuse chauffée à 150 °C. Sortez-les à l'aide d'une écumoire et déposez-les sur du papier absorbant.
3. Préparez la garniture : lavez et émincez les radis, pelez et ciselez les oignons nouveaux, lavez et ciselez la menthe et le persil. Coupez les olives en deux et retirez le noyau. Taillez en dés l'écorce du citron. Mélangez avec les graines de grenade.
4. Faites frire une seconde fois les artichauts à 180 °C pour qu'ils deviennent bien croustillants (5 minutes environ). Sortez-les à l'aide d'une écumoire et déposez-les sur du papier absorbant.
5. Dressez1 artichaut au centre de chaque assiette, entouré de sa garniture. Assaisonnez avec le zaatar et la fleur de sel.

Soupe d'orties
AU FROMAGE DE CHÈVRE

PAS CHER

Regardons les mauvaises herbes d'un autre œil et utilisons-les en cuisine ! Les orties sont riches en magnésium, en fer, drainantes et diurétiques. Faites du bien à votre corps en même temps qu'à votre jardin !

POUR 4 PERSONNES
PRÉPARATION : 10 MIN
CUISSON : 25 MIN

- 1 saladier de feuilles d'orties
- 2 pommes de terre
- 1 carotte
- 1 noix de beurre
- 50 cl de bouillon de légumes (froid)
- 1 fromage de chèvre bien sec (type crottin)
- Sel et poivre

1. Faites tremper les feuilles d'orties dans de l'eau chaude et équeutez-les (avec des gants de vaisselle !).
2. Pelez les pommes de terre et la carotte, puis coupez-les en cubes. Faites-les revenir 2 minutes dans le beurre et ajoutez les orties égouttées. Versez le bouillon de légumes, couvrez et laissez cuire 25 minutes.
3. Salez, poivrez et mixez. Versez dans des assiettes à soupe et râpez le fromage de chèvre sec sur le velouté. Dégustez avec une belle tranche de pain au levain.

CÔTES DE PORC, *radis et carottes glacés*

POUR 4 PERSONNES
PRÉPARATION : 15 MIN
CUISSON : 21 MIN

- □ 4 côtes de porc fermier avec os
- □ 1 botte de radis
- □ 2 carottes
- □ 40 g de beurre
- □ 2 brins de thym
- □ 2 cuil. à café de sucre en poudre
- □ 1 gousse d'ail
- □ Sel et poivre

1. Coupez les fanes des radis en laissant 1 cm, rincez les radis, puis coupez-les en deux dans la longueur. Épluchez les carottes et taillez-les en petits bâtonnets.
2. Dans une sauteuse, mettez la moitié du beurre, les légumes, un brin de thym, 2 pincées de sel et le sucre. Ajoutez un fond d'eau et couvrez de papier cuisson, troué au centre. Laissez cuire à feu doux 15 minutes : les légumes doivent être bien brillants, encore un peu croquants. Réservez au chaud.
3. Écrasez l'ail en chemise. Faites chauffer le reste du beurre dans la sauteuse avec l'ail, ajoutez le second brin de thym et faites cuire les côtes de porc 3 minutes sur chaque face. Salez et poivrez.
4. Dressez les légumes glacés, posez dessus les côtes de porc et arrosez de jus de cuisson.

MON TRUC EN +

« Glacer » les légumes, cela ne veut pas dire les refroidir, mais les enrober d'un liquide de cuisson sirupeux pour les faire briller. Autre intérêt de cette technique : les légumes vont cuire rapidement et dans un bouillon très concentré qui va leur donner une saveur plus prononcée.

Forêt-noire
express

Invitez les enfants à préparer avec vous cette forêt-noire simplifiée - et sans alcool ! Aussi gourmande que la version originale allemande, c'est promis !

1. Préchauffez le four à 160 °C (th. 5-6).
2. Cassez le chocolat en morceaux et mettez-le avec le beurre dans un saladier. Faites fondre au bain-marie.
3. Au batteur, fouettez les jaunes d'œufs, les œufs entiers et le sucre. Quand le mélange est bien mousseux, ajoutez le chocolat fondu. Réservez au réfrigérateur la moitié de la mousse obtenue, pour le dressage.
4. Mélangez délicatement à l'autre moitié la farine tamisée et versez dans un plat carré allant au four. Enfournez pour 15 minutes.
5. Montez la crème en chantilly avec le sucre glace et la vanille. Réservez au frais.
6. Laissez le gâteau refroidir, puis coupez des petites parts avec un emporte-pièce rond.
7. À l'aide d'un économe, réalisez des copeaux avec la demi-plaquette de chocolat.
8. Disposez sur le dessus de chaque disque de gâteau 1 cuillerée à soupe de mousse de chocolat, de la chantilly, des cerises griottes, et terminez par des copeaux de chocolat.

POUR 6 PERSONNES
PRÉPARATION : 25 MIN
CUISSON : 15 MIN

- 280 g de chocolat noir
- 200 g de beurre + 1 noix
- 2 œufs entiers + 2 jaunes
- 60 g de sucre en poudre
- 50 g de farine
- ½ plaquette de chocolat noir à pâtisser pour décorer
- 1 bocal de griottes

POUR LA CRÈME CHANTILLY

- 20 cl de crème fraîche liquide fleurette bien froide
- 2 cuil. à soupe de sucre glace
- 1 cuil. à café de vanille liquide ou les graines d'une demi-gousse

MATÉRIEL

- 1 emporte-pièce circulaire de 5 cm de diamètre

Avril au marché

LES PRODUITS PHARES

L'artichaut poivrade

Plus petit et plus pointu, le poivrade demande un peu moins de travail que le camus, son cousin breton. Après avoir enlevé les deux premières couches de feuilles rigides, je coupe la queue et les extrémités, j'épluche la base et je le cuis 10 minutes dans une eau bouillante salée. Je le coupe ensuite en deux et je le fais gratiner avec des copeaux de parmesan sous le gril. J'arrose d'un filet d'huile d'olive avant de servir.

La morille

C'est surtout après la pluie que la morille sort le bout de son chapeau alvéolé. Gardez l'œil, car elle se confond avec les feuilles. Gare aux morilles crues ! Il faut impérativement les cuire 15 minutes minimum pour ne courir aucun risque d'intoxication. Pour faire durer le plaisir toute l'année, je les mets en bocal ce mois-ci, dans un bain de vin jaune.

Les chèvres frais

Quand le printemps approche, les chèvres profitent de pâturages garnis d'une toute nouvelle flore. Leur lait en devient d'autant plus riche en saveurs ! En cette saison, j'ai toujours un petit chèvre frais au réfrigérateur, à démouler pour une quiche ou même pour une base de cheesecake décorée des toutes premières fraises. Pour plus de caractère, tournez-vous vers les chèvres cendrés : selles-sur-cher, bûche sainte-maure ou valençay, trois Berrichons pour vous servir.

CHEZ LE MARAÎCHER

Les légumes

Morille
Artichaut poivrade
Radis
Ail nouveau
Cerfeuil
Chou-rave
Chou vert
Champignon
Cresson
Échalote
Épinard
Fève
Laitue
Oignon
Oseille
Pissenlit

Les fruits

Pamplemousse
Orange
Banane
Fraise
Avocat

CHEZ LE POISSONNIER

Saumon, carpe, dorade, merlan, truite, lotte, maquereau, sardine, hareng.

CHEZ LE FROMAGER

Selles-sur-cher, camembert, mimolette, coulommiers, chèvres frais.

1er Jeudi avril

CURRY DE CABILLAUD au lait de coco

POUR 4 PERSONNES
PRÉPARATION : 15 MIN
CUISSON : 15 MIN

- 4 pavés de cabillaud de 150 g pièce
- 1 cuil. à soupe de pâte de curry vert
- 400 ml de lait de coco
- 2 carottes nouvelles
- 200 g de haricots plats
- 2 cm de gingembre frais
- 1 cuil. à café d'huile de colza
- 1 citron vert
- 2 tiges de coriandre
- Sel et poivre

1. Épluchez les carottes et coupez-les en bâtonnets (de 3 cm de long). Rincez les haricots plats et coupez-les en trois. Pelez le gingembre et hachez-le.
2. Dans une grande sauteuse, faites revenir le gingembre et le curry dans l'huile quelques secondes. Ajoutez les carottes et salez. Versez un fond d'eau et laissez cuire 7 minutes à couvert. Ajoutez les haricots plats et prolongez de 2 minutes.
3. Versez le lait de coco, posez les pavés de cabillaud sur les légumes, couvrez et laissez cuire 5 à 6 minutes.
4. Transférez délicatement les légumes dans quatre assiettes creuses et posez un pavé de cabillaud par-dessus. Nappez de sauce, puis pressez le jus du citron vert par-dessus. Salez et poivrez.
5. Effeuillez la coriandre pour décorer et servez avec un bon riz thaï.

Mieux connaître

Les pâtes de curry

Emblématiques de la Thaïlande, elles sont composées d'un mélange d'épices, mais aussi de condiments frais broyés (citronnelle, ail, piment, galanga…), contrairement au curry indien, réalisé à partir d'ingrédients secs.
• Pâte de curry jaune : peu épicée mais très parfumée. Les feuilles de curry et le curcuma lui donnent sa jolie couleur.
• Pâte de curry rouge : plus relevée, elle contient des feuilles de citron kaffir et du piment rouge.
• Pâte de curry vert : la plus forte, à base de piment vert, mais aussi de basilic thaï, de citronnelle et de coriandre. Pour un public averti !

EXPRESS

Vendredi 2 avril

Boulettes D'AVRIL

Hier, on faisait des farces ; aujourd'hui, place aux boulettes ! Moelleuses et parfumées, elles se dégustent avec leur sauce et un riz parfumé. Les enfants adorent !

POUR 4 PERSONNES
PRÉPARATION : 15 MIN
CUISSON : 8 MIN

- □ 400 g de cabillaud
- □ 1 oignon
- □ 2 cm de gingembre frais
- □ 130 g de pain rassis
- □ 1 œuf
- □ ½ bouquet de coriandre
- □ Huile de colza
- □ Sel et poivre

POUR LA SAUCE

- □ 2 cuil. à soupe de sauce soja
- □ 4 cuil. à soupe d'huile de sésame
- □ 1 cuil. à café de miel
- □ 1 pointe de piment de Cayenne

1. Épluchez l'oignon et pelez le gingembre. Râpez-les au travers d'une râpe à gros trous. Faites tremper le pain rassis dans de l'eau quelques secondes, puis essorez-le.
3. Détaillez le filet de poisson en gros morceaux. Mixez-les avec l'oignon, le gingembre, le pain et l'œuf, salez et poivrez. Effeuillez la coriandre, ajoutez-la au mélange et mixez de nouveau.
5. Formez des boulettes de poisson entre vos mains farinées. Faites chauffer 1 cm d'huile de colza dans une sauteuse et déposez-y les boulettes. Laissez cuire jusqu'à ce qu'elles soient bien colorées (8 minutes) en les retournant régulièrement.
7. Mélangez tous les ingrédients de la sauce et dégustez-la avec les boulettes de poisson.

VEGGIE

GRAND CLASSIQUE

Gratin dauphinois

Qu'est-ce que j'aime ce plat ! Voici la recette dans les règles de l'art pour accompagner l'épaule d'agneau de demain… Et pas de blague : comme pour la quiche lorraine, pas de fromage râpé par-dessus !

POUR 4 PERSONNES
PRÉPARATION : 15 MIN
CUISSON : 50 MIN

- 800 g de grosses pommes de terre (type bintje ou agata)
- 1 l de crème liquide
- 1 gousse d'ail
- Beurre
- Noix de muscade moulue
- Sel et poivre du moulin

1. Préchauffez le four à 170 °C (th. 5-6).
2. Pelez et écrasez la gousse d'ail. Frottez-la sur toute la surface du plat à gratin et beurrez-le.
3. Pelez et lavez les pommes de terre. Émincez-les en fines rondelles (à la mandoline). Disposez-les dans le plat sur plusieurs couches ; salez, poivrez et parsemez de noix de muscade entre les couches.
4. Versez la crème et parsemez de noisettes de beurre. Couvrez la préparation d'une feuille de papier cuisson et enfournez pour 40 minutes. Lorsque les pommes de terre sont cuites, retirez le papier cuisson et laissez gratiner quelques minutes.
5. Dégustez chaud, idéalement en accompagnement de l'épaule d'agneau de demain !

ÉPAULE D'AGNEAU *et son jus*

Pour Pâques, je vous propose de cuisiner le traditionnel agneau, mais un morceau qui change du gigot : de l'épaule, aussi savoureuse – et moins chère ! Pour l'accompagner : un jus court dont je vous donne les secrets de fabrication !

POUR 4 PERSONNES
PRÉPARATION : 30 MIN
CUISSON : 2 H

- ◻ 1 épaule d'agneau de lait de 1 kg dégraissée par le boucher
- ◻ 1 collier d'agneau de lait coupé en morceaux
- ◻ 1 carotte
- ◻ 1 oignon
- ◻ 4 gousses d'ail
- ◻ 1 branche de thym
- ◻ 1 branche de romarin
- ◻ Huile de pépins de raisin
- ◻ Sel et poivre du moulin

1. Préchauffez le four à 150 °C (th. 5). Salez la viande.
2. Dans une cocotte, chauffez un peu d'huile et colorez l'épaule sur toutes ses faces. Débarrassez sur une assiette. Ajoutez les morceaux de collier et colorez-les.
3. Épluchez la carotte, pelez l'oignon et émincez-les. Ajoutez-les au collier et laissez cuire 3 à 4 minutes. Déposez les gousses d'ail en chemise éclatées, le thym et le romarin.
4. Déglacez la cocotte avec 10 cl d'eau froide et grattez les sucs à l'aide d'une spatule en bois. Laissez à nouveau caraméliser l'ensemble avant de mouiller avec 50 cl d'eau.
5. Ajoutez l'épaule d'agneau, poivrez, couvrez et enfournez pour 1 h 30.
6. Débarrassez la viande et couvrez-la de papier aluminium. Faites réduire le jus à feu vif jusqu'à ce que sa consistance soit sirupeuse et filtrez-le au-dessus de l'épaule d'agneau.

Entre nous

Si, pour vous, le gigot est vraiment un morceau incontournable – et que vous avez du temps ! –, rendez-vous le 18 avril pour un beau gigot de 7 heures.

VEGGIE

SALADE DE RADIS
et navets nouveaux

POUR 4 PERSONNES
PRÉPARATION : 15 MIN
CUISSON : 15 À 20 MIN

- ½ botte de radis roses
- 2 bottes de navets nouveaux
- 2 pincées de sucre en poudre
- 50 g de grosse semoule de blé
- 1 bouquet de menthe fraîche
- ½ citron
- Huile d'olive
- Sel et poivre du moulin

1. Coupez les navets en deux ou en quartiers suivant leur grosseur. Rincez tous les légumes. Laissez-leur 1 cm de fanes.
2. Faites chauffer 5 cl d'huile d'olive dans une sauteuse, ajoutez les légumes, le sucre, et versez de l'eau à mi-hauteur. Salez, poivrez et laissez cuire 15 à 20 minutes à demi-couvert. Une fois l'eau évaporée, roulez les légumes dans le fond d'huile d'olive.
3. Pendant la cuisson des légumes, versez la semoule dans un bol et recouvrez-la de 10 cl d'eau bouillante salée. Laissez-la gonfler 15 minutes. Versez un filet d'huile d'olive et égrainez à l'aide d'une fourchette. Ciselez la menthe.
4. Rassemblez les légumes dans un plat, parsemez-les de semoule et de menthe, ajoutez quelques gouttes de jus de citron et servez.

MON TRUC ANTIGASPI

Je conserve les fanes des radis et des jeunes navets, soit pour agrémenter une salade, soit pour en faire un potage allongé avec un peu de crème. Ce serait dommage de s'en priver !

GRAND CLASSIQUE

Fondant
au chocolat

Ce dessert simple est devenu un classique dont chaque famille a sa recette. Je vous livre la mienne, mais n'oubliez pas : le plus important, c'est de choisir des ingrédients de qualité, à commencer par un bon chocolat !

POUR 6 À 8 PERSONNES
PRÉPARATION : 15 MIN
CUISSON : 25 MIN
RÉFRIGÉRATION : 2 H

- 200 g de chocolat noir à 65 % de cacao minimum
- 200 g de beurre + un peu pour le moule
- 50 g de farine + un peu pour le moule
- 150 g de sucre de canne
- 5 œufs
- 10 carrés de chocolat blanc

1. Préchauffez le four à 170 °C (th. 5-6).
2. Beurrez et chemisez de farine un moule à manqué.
3. Faites fondre le beurre avec le chocolat. Ajoutez le sucre et laissez tiédir.
4. Incorporez les œufs un à un en remuant après chaque ajout. Versez la farine tamisée. Mélangez à nouveau.
5. Versez dans le moule à manqué, posez dessus les carrés de chocolat blanc et enfournez pour 25 minutes : le gâteau devra être encore tremblotant au milieu.
6. Laissez-le refroidir complètement et réservez-le 2 heures dans le réfrigérateur avant de le démouler. Dégustez à température ambiante.

MON CONSEIL

Lisez bien les étiquettes des tablettes de chocolat : un bon chocolat contient du pur beurre de cacao, et non de l'huile de palme, du beurre de karité ou que sais-je encore…

7 Mercredi avril

COLIN au basilic

Aujourd'hui, Journée mondiale de la santé, faisons-nous du bien avec des petits légumes de printemps et un poisson de saison. Parce que prendre soin de soi et de ses proches, c'est d'abord manger sainement tous ensemble.

POUR 4 PERSONNES
PRÉPARATION : 20 MIN
CUISSON : 6 À 10 MIN

- □ 4 pavés de colin de 180 g chacun
- □ 200 g de pois gourmands
- □ 8 petites carottes nouvelles
- □ 1 botte de radis rouges ronds
- □ Sel et poivre du moulin

POUR LA SAUCE

- □ 1 bouquet de basilic
- □ 1 gousse d'ail
- □ Le jus de ½ citron
- □ 10 cl d'huile d'olive

1. Épluchez, puis rincez les légumes en laissant 1 cm de fanes sur les carottes et les radis. Coupez les carottes en deux dans la longueur.
2. Faites chauffer l'eau d'un cuit-vapeur (ou une casserole d'eau sur laquelle vous disposerez un panier vapeur). Posez les pavés de colin entourés des légumes et laissez cuire 6 à 10 minutes. Salez et poivrez.
3. Pendant ce temps, pilez dans un mortier les feuilles de basilic avec l'ail pelé et le jus de citron. Versez l'huile d'olive pour obtenir une sauce lisse. Salez, poivrez.
4. Nappez de sauce le fond de quatre assiettes, disposez au centre de chacune un pavé de colin, entouré de petits légumes et dégustez aussitôt.

Les Français et l'alimentation

En France, les autorités de santé préconisent d'augmenter notre consommation de fruits et de légumes, de privilégier le fait maison, de préférer les produits bio, de saison, et de consommer des poissons gras ou maigres. En suivant ces recommandations, on pourrait éviter 35 000 morts prématurées chaque année et diminuer de moitié notre impact environnemental. Ça vaut le coup d'essayer, non ?

8 Jeudi avril

ZÉRO GASPI

POLENTA *à la pancetta*

POUR 4 PERSONNES
PRÉPARATION : 20 MIN
CUISSON : 8 À 10 MIN

- □ 250 g de polenta précuite
- □ 8 tranches de pancetta
- □ 3 feuilles de sauge
- □ 40 g de pignons de pin
- □ 1,25 l de bouillon de volaille
- □ 30 g de beurre
- □ 3 cuil. à soupe de crème fraîche
- □ 50 g de fromage de chèvre frais
- □ 2 poignées de roquette
- □ 1 cuil. à soupe d'huile d'olive
- □ Sel et poivre du moulin

1. Versez l'huile d'olive dans une poêle chaude et faites revenir les tranches de pancetta avec les feuilles de sauge. Ajoutez les pignons et faites-les dorer. Réservez.
2. Faites chauffer le bouillon de volaille dans une cocotte et versez la polenta en pluie. Faites cuire sans cesser de mélanger selon le temps indiqué sur le paquet. Ajoutez le beurre, la crème fraîche, le fromage de chèvre émietté et la roquette. Salez, poivrez et mélangez bien.
3. Répartissez la polenta dans des assiettes creuses, déposez 2 tranches de pancetta sur chacune et parsemez de pignons de pin. Dégustez chaud.

Mieux cuire *la polenta*

- Je ne chauffe pas trop le bouillon pour éviter un choc de température.
- Je ne quitte pas ma polenta des yeux et de ma spatule : sinon elle accroche au fond de la cocotte et je risque des projections bouillantes.
- Je sais que ma polenta est cuite quand elle se détache des parois de la cocotte.

ANTIGASPI

S'il me reste de la polenta, je la transfère dans un plat carré : rendez-vous demain pour des frites de polenta !

Vendredi 9 avril

VEGGIE

Frites de polenta

AU THYM, CONDIMENT À LA TOMATE

POUR 4 PERSONNES
PRÉPARATION : 10 MIN
RÉFRIGÉRATION : 30 MIN
CUISSON : 17 MIN

- □ 250 g de polenta cuite (voir recette du 8 avril)
- □ 1 cuil. à café de thym séché

POUR LE CONDIMENT À LA TOMATE

- □ 100 g de tomates confites à l'huile d'olive
- □ 100 g de pulpe de tomates en boîte
- □ 1 échalote
- □ Huile d'olive
- □ Sel et poivre du moulin

1. Préchauffez le four à 220 °C (th. 7).
2. Découpez des rectangles de 1,5 cm sur 5 cm de côté, enduisez-les d'huile d'olive sur toutes les faces et disposez-les sur une feuille de papier cuisson. Saupoudrez de thym et enfournez pour 15 minutes.
3. Pendant ce temps, pelez et émincez l'échalote. Faites-la revenir 2 minutes dans une petite casserole avec 1 cuillerée à soupe d'huile d'olive, ajoutez les tomates confites, la pulpe de tomates, salez et poivrez. Portez à ébullition et mixez.
4. Dégustez les frites de polenta accompagnées du condiment à la tomate.

Pickles de morilles
AU VIN JAUNE

Si vous avez la chance de ramasser des morilles, faites durer le plaisir avec ces bocaux au vin jaune. On va les cuisiner avec des pâtes (recette du 13 avril), mais vous pouvez aussi les conserver pour accompagner une belle poularde (recette du 24 décembre).

POUR 2 OU 3 PETITS POTS
PRÉPARATION : 10 MIN
CUISSON : 10 MIN
REPOS : 3 JOURS

- 500 g de morilles fraîches
- 50 cl de vin jaune du Jura
- 50 cl de vinaigre d'alcool
- 1 bouquet d'estragon
- 3 clous de girofle
- 2 cuil. à soupe de graines de moutarde
- 1 cuil. à café rase de sel fin

MATÉRIEL

- Des pots en verre hermétiques

1. Nettoyez soigneusement les morilles : grattez la terre des pieds et rincez-les dans un bain d'eau vinaigrée, plusieurs fois si nécessaire. Épongez-les bien.
2. Faites chauffer le vin et le vinaigre, plongez-y les morilles et laissez cuire 10 minutes à petits bouillons.
3. Pendant ce temps, répartissez les aromates dans les pots bien propres préalablement ébouillantés. Ajoutez les morilles, puis couvrez-les du liquide. Fermez aussitôt les pots hermétiquement.
4. Avant de déguster les pickles, conservez-les 3 jours minimum dans un endroit frais et sec.

MON FRAISIER *simplifié*

Les premières fraises françaises arrivent sur les étals ! Je les utilise nature dans ce fraisier revisité et simplifié. Et pour renforcer la fraîcheur, j'ai choisi de la brousse, ce fromage typique du Sud-Est de la France, ou du brocciu corse, si vous en trouvez !

POUR 6 PERSONNES
PRÉPARATION : 35 MIN
CUISSON : 25 MIN
RÉFRIGÉRATION : 2 H

POUR LE BISCUIT PAIN DE GÊNES

- 150 g de pâte d'amandes à 50 % de fruit
- 150 g d'œufs entiers
- 50 g de beurre
- 30 g de fécule de maïs
- 3 g de levure chimique
- 30 g d'amandes effilées

POUR LA GARNITURE

- 500 g de fraises gariguettes
- 300 g de brousse
- 50 g de sucre glace + 1 cuil. à soupe pour le décor
- 40 g de crème fraîche épaisse fermière

1. Préchauffez le four à 160 °C (th. 5-6).
2. Préparez le pain de Gênes. Faites tiédir la pâte d'amandes dans un bain-marie quelques secondes. Fouettez-la avec les œufs dans la cuve d'un robot pendant 10 minutes. Faites fondre le beurre et ajoutez-le encore chaud au mélange. À l'aide d'une maryse, ajoutez la fécule et la levure mélangées. Mélangez. Versez dans un moule à cake beurré tapissé d'amandes effilées. Enfournez pour 25 minutes.
3. Pendant ce temps, égouttez la brousse dans un saladier, puis écrasez-la à la fourchette avec le sucre glace et la crème épaisse.
4. Coupez les fraises en deux dans la hauteur.
5. Une fois le pain de Gênes refroidi et démoulé, tranchez-le en deux dans l'épaisseur. Sur la base, étalez une fine couche de brousse, puis disposez les demi-fraises debout tout autour, faces tranchées vers l'extérieur. Remplissez le centre du restant de brousse et de fraises, égalisez. Couvrez cette base de l'autre moitié de biscuit et appuyez délicatement.
6. Laissez reposer 2 heures au frais. Au moment de déguster, saupoudrez de sucre glace.

12 Lundi avril

Asperges blanches
sauce grenobloise

VEGGIE

POUR 4 PERSONNES
PRÉPARATION : 15 MIN
CUISSON : 20 MIN

- □ 20 asperges blanches
- □ Sel

POUR LA SAUCE GRENOBLOISE

- □ 1 citron
- □ 4 tranches de pain de mie
- □ 100 g de beurre
- □ 40 g de petites câpres
- □ 3 tiges de persil plat

1. Épluchez les asperges à l'aide d'un économe et coupez la partie dure des tiges. Faites-les cuire 12 minutes dans de l'eau bouillante salée.
2. Pendant ce temps, préparez la sauce grenobloise. Pelez à vif le citron, prélevez les suprêmes et taillez-les en dés. Coupez les tranches de pain de mie en petits cubes et faites-les dorer dans 20 grammes de beurre. Débarrassez sur du papier absorbant et posez le reste du beurre dans la poêle. Lorsqu'il devient noisette, ajoutez hors du feu le citron, les câpres, le persil effeuillé, et mélangez.
3. Égouttez les asperges et disposez-les sur une assiette.
4. Arrosez-les de sauce grenobloise et répartissez les croûtons de pain dessus.

Mieux choisir

RÈGLE N° 1 : pour choisir une bonne asperge, l'acheter en saison ! C'est-à-dire en avril, mai ou juin, ni avant ni après.
RÈGLE N° 2 : au toucher, elle doit être à la fois ferme et souple.
RÈGLE N° 3 : son talon ne doit pas être sec.
RÈGLE N° 4 : les écailles du bourgeon doivent être bien serrées.
RÈGLE N° 5 : elles doivent crisser quand on les frotte les unes aux autres !

PENNE AU POULET
et aux morilles

Je prépare ce plat complet et rapide avec les morilles que j'ai mises en bocal samedi 10 avril. Comme elles doivent mariner au moins trois jours, c'est tout pile !

POUR 4 PERSONNES
PRÉPARATION : 15 MIN
CUISSON : 20 MIN

- □ 400 g de penne
- □ 2 blancs de poulet
- □ 200 g de morilles fraîches
- □ 2 échalotes
- □ 10 g de beurre
- □ ½ citron
- □ 4 cuil. à soupe de crème liquide entière
- □ 2 brins de cerfeuil
- □ Sel et poivre

1. Égouttez les morilles (rincez-les si elles n'ont pas été mises en bocal par vos soins) et coupez-les en deux ou en quatre. Taillez les blancs de poulet en gros dés.
2. Pelez les échalotes et ciselez-les. Faites-les revenir dans une grande casserole avec le beurre jusqu'à ce qu'elles deviennent translucides. Ajoutez les morilles et le poulet et citronnez-les. Faites cuire encore 8 minutes. Versez la crème liquide, portez à ébullition, puis laissez frémir 2 minutes à feu doux.
3. Pendant ce temps, faites cuire les pâtes dans de l'eau bouillante salée selon le temps indiqué sur le paquet. Égouttez-les, puis plongez-les dans la casserole de sauce. Mélangez bien, dressez dans les assiettes et décorez de pluches de cerfeuil.

À LA PLACE

Si vous ne trouvez pas de morilles fraîches, des sèches feront l'affaire : comptez alors 50 grammes de champignons déshydratés et laissez-les gonfler 1 heure dans de l'eau tiède.

VEGGIE

SALADE DE QUINOA aux légumes nouveaux

POUR 4 PERSONNES
PRÉPARATION : 15 MIN
CUISSON : 15 À 20 MIN

- 150 g de quinoa
- 2 carottes nouvelles
- 1 botte de radis
- 2 bottes d'oignons nouveaux
- ½ bouquet de ciboulette
- ½ bouquet de coriandre

POUR LA VINAIGRETTE

- 6 cuil. à soupe d'huile d'olive
- 3 cuil. à soupe de vinaigre de vin
- 1 cuil. à café de pâte de curry jaune
- Sel

1. Rincez le quinoa, faites-le cuire le temps indiqué sur l'emballage et égouttez-le.
2. Lavez tous les légumes et taillez les fanes. Coupez en fines rondelles les carottes et les radis. Émincez les herbes et le vert des oignons. Coupez en deux les bulbes.
3. Préparez la vinaigrette : mélangez l'huile d'olive, le vinaigre et la pâte de curry. Salez.
4. Mélangez le quinoa aux légumes et aux herbes, assaisonnez de vinaigrette et dégustez aussitôt.

Ça m'énerve

Avec le boom du quinoa ces dernières années (6 000 tonnes consommées en France en 2017), de nombreux pays d'Europe et d'Amérique se sont mis à en produire de façon intensive en l'aspergeant de pesticides. Une absurdité quand on sait que cette petite graine contient sa propre défense, la saponine, qui éloigne les insectes et les oiseaux en dégageant une saveur amère. Alors un peu de bon sens : le quinoa, c'est bio ou ce n'est pas !

15 Jeudi avril

Houmous
de betterave, grenailles et haddock

POUR 4 PERSONNES
PRÉPARATION : 30 MIN
CUISSON : 30 MIN
REPOS : 5 MIN

- 300 g de pommes de terre grenailles
- 2 filets de haddock
- 50 cl de lait
- 1 cuil. à soupe de graines de sésame torréfiées
- Sel et poivre du moulin

POUR LE HOUMOUS DE BETTERAVE

- 250 g de pois chiches cuits
- 1 betterave cuite
- 1 gousse d'ail
- 1 cuil. à soupe de tahini
- Le jus de ½ citron

1. Lavez les pommes de terre et placez-les dans une casserole d'eau salée. Portez à ébullition et laissez cuire 25 minutes.
2. Pendant ce temps, mixez les pois chiches égouttés et rincés, la betterave coupée en morceaux, l'ail pelé et dégermé, le tahini et le jus de citron. Salez et poivrez.
3. Dans une casserole, portez à ébullition le lait avec 30 cl d'eau. Dès les premiers bouillons, coupez le feu et immergez les filets de haddock. Couvrez et laissez reposer 5 minutes. Égouttez et rincez les filets. Effeuillez-les grossièrement à la main.
4. Déposez dans le fond de chaque assiette un peu de houmous, puis quelques pommes de terre grenailles, du haddock, et parsemez de graines de sésame.

Le saviez-vous ?

La grenaille, c'est une histoire de taille !

Le terme « grenaille » ne désigne pas une variété mais un calibre de pomme de terre, inférieur à 35 mm parce qu'elle a été récoltée avant maturité. « Nouvelle » ou « primeur », c'est en ce moment qu'on la récolte, et jusqu'au mois de juillet selon les régions.

Pommes grenailles sautées, foies de volaille et cresson

POUR 4 PERSONNES
PRÉPARATION : 15 MIN
CUISSON : 30 MIN

- ☐ 400 g de pommes de terre grenailles
- ☐ 200 g de foies de volaille
- ☐ ½ botte de cresson
- ☐ Fleur de sel et poivre du moulin

POUR LA SAUCE

- ☐ 1 petite échalote
- ☐ 1 cuil. à soupe de vinaigre balsamique
- ☐ Huile d'olive

1. Préchauffez le four à 210 °C (th. 7).
2. Lavez les pommes de terre et coupez-les en deux. Disposez-les dans un plat allant au four, arrosez-les d'un filet d'huile d'olive, parsemez de fleur de sel et poivrez. Enfournez pour 25 minutes.
3. Coupez les foies de volaille en deux, retirez la veine centrale et la petite poche verte contenant le fiel sans la percer. Faites-les revenir dans un filet d'huile d'olive pendant 5 minutes, salez et poivrez.
4. Rincez, effeuillez et égouttez le cresson.
5. Préparez la sauce : pelez et ciselez l'échalote, puis mélangez-la au vinaigre et à 3 cuillerées à soupe d'huile d'olive.
6. Répartissez tous les ingrédients dans quatre assiettes, versez la sauce et servez aussitôt.

Mieux choisir

Veillez à choisir des foies de volaille bio ou Label Rouge, car les foies sont des organes filtres qui retiennent pesticides, médicaments et métaux lourds.

Carpaccio
de kiwis

POUR 4 PERSONNES
PRÉPARATION : 30 MIN
CONGÉLATION : 2 H

- □ 5 kiwis
- □ 200 g de fraises
- □ Le jus de ½ citron
- □ Quelques gouttes de vinaigre balsamique vieux (6 à 10 ans d'âge)
- □ 1 cuil. à soupe de sucre glace

1. Lavez et épluchez tous les kiwis. Enveloppez-en un dans du film alimentaire et placez-le dans le congélateur pour 2 heures.
2. Taillez ensuite les quatre autres en tranches fines, au couteau ou à la mandoline, puis arrosez-les de quelques gouttes de citron. Disposez-les en forme de rosace sur quatre assiettes.
3. Lavez et équeutez les fraises. Taillez-les en petits cubes, placez-les dans un bol, arrosez d'un filet de vinaigre balsamique et ajoutez le sucre glace, puis mélangez.
4. Disposez du tartare de fraises au centre de chaque assiette de kiwis. Râpez le kiwi congelé en gros filaments sur le dôme de fraises. Dégustez aussitôt.

GRAND CLASSIQUE

GIGOT de 7 heures

POUR 6 À 8 PERSONNES
PRÉPARATION : 30 MIN
CUISSON : 7 H
REPOS : 40 MIN

- 1 gigot d'agneau de 2,5 kg environ
- 1 grosse carotte
- 2 oignons
- 1 bouquet de thym frais
- 2 feuilles de laurier
- 1 tête d'ail
- 1 cuil. à café de poivre noir en grains
- 25 cl de vin blanc sec
- 50 cl de fond de veau
- Huile d'olive
- Fleur de sel

POUR LA PÂTE À LUTER

- 200 g de farine
- Sel fin

1. Préparez la pâte à luter en malaxant la farine, du sel et de l'eau ajoutée au fur et à mesure.
2. Épluchez et coupez en gros cubes la carotte et les oignons.
3. Préchauffez le four à 120 °C (th. 4).
4. Faites colorer le gigot sur toutes les faces dans une cocotte avec un peu d'huile d'olive. Débarrassez-le, dégraissez la cocotte, et faites revenir la carotte et les oignons dans les sucs de cuisson.
5. Posez le gigot sur cette garniture, saupoudrez de fleur de sel, ajoutez le thym, le laurier, la tête d'ail entière, les grains de poivre, le vin blanc et le fond de veau.
6. Fermez la cocotte hermétiquement avec la pâte à luter et enfournez pour 7 heures. Laissez reposer 40 minutes avant d'ouvrir la cocotte.
7. Passez le jus à travers une passoire fine. Tranchez le gigot et dégustez-le aussitôt.

MON CONSEIL

Je préfère cuire le gigot avec une tête d'ail entière, qui va elle aussi rôtir et embaumer délicatement la cocotte, plutôt que de piquer la viande avec des gousses d'ail comme on le fait parfois. La tête d'ail va parfumer le jus de cuisson plus subtilement. Vous pouvez récupérer la chair de l'ail confit et la mixer pour en faire un condiment relevé.

PÂTES FARCIES *printanières*

VEGGIE

POUR 4 PERSONNES
PRÉPARATION : 20 MIN
CUISSON : 30 MIN

- 24 conchiglioni à farcir
- 300 g d'épinards frais
- 1 gousse d'ail
- 200 g de fromage de chèvre frais
- ½ botte de radis roses
- 500 g de coulis de tomates
- 1 branche de thym
- 1 feuille de laurier
- 1 cuil. à soupe d'huile d'olive
- Sel

Aujourd'hui, c'est le printemps à l'italienne avec des pâtes farcies tout en fraîcheur ! Radis roses, épinards et fromage de chèvre frais vont faire connaissance dans une jolie coquille de pâtes.

1. Préchauffez le four à 180 °C (th. 6).
2. Faites cuire les conchiglioni dans de l'eau bouillante salée pendant 10 minutes. Égouttez-les et réservez.
3. Lavez et hachez grossièrement les épinards. Épluchez l'ail et hachez-le, puis faites-le revenir dans l'huile d'olive. Ajoutez les épinards et faites cuire 3 à 4 minutes. Ajoutez le fromage de chèvre émietté, mélangez et salez. Râpez 3 radis et mélangez-les à la farce.
4. Faites chauffer le coulis de tomates avec le thym, le laurier déchiré et 1 pincée de sel pendant 3 à 4 minutes.
5. Versez la sauce tomate dans le fond d'un plat à gratin, garnissez les conchiglioni de farce aux épinards à l'aide d'une cuillère à café et déposez-les sur la sauce.
6. Posez une feuille de papier aluminium par-dessus et enfournez pour 15 minutes. Servez aussitôt.

CROQUE au morbier

EXPRESS

POUR 4 PERSONNES
PRÉPARATION : 10 MIN
CUISSON : 10 MIN

- 8 tranches de pain de campagne
- 300 g de morbier
- 40 g de beurre demi-sel
- 4 tranches de jambon blanc
- Poivre

1. Préchauffez le four à 180 °C (th. 6).
2. Beurrez les tranches de pain d'un seul côté. Coupez le fromage en tranches.
3. Posez 4 tranches de pain côté non beurré face à vous et couvrez-les de tranches de morbier. Poivrez, ajoutez le jambon, encore du morbier, puis recouvrez d'une deuxième tranche de pain, côté beurré vers l'extérieur.
4. Posez les sandwichs sur la plaque du four et enfournez pour 10 minutes.
5. Dès la sortie du four, tranchez les croques au morbier en deux dans la diagonale et servez-les avec des crudités de saison.

Mieux connaître

Le morbier

La saison du morbier démarre au mois d'avril et dure jusqu'à décembre. Fabriqué dans le Jura à base de lait cru de vache, il est affiné entre 2 et 3 mois. Son signe particulier ? Il est aujourd'hui traversé par une petite ligne de charbon végétal qui rappelle son ancienne méthode de fabrication, avec de la cendre pour protéger le lait des insectes !

21 Mercredi avril

Ceviche de merlan *à la mangue*

POUR 4 PERSONNES
PRÉPARATION : 10 MIN
MARINADE : 30 MIN

- □ 1 petite mangue jaune
- □ 600 g de filets de merlan sans peau ni arêtes
- □ 3 citrons verts
- □ ½ gousse de vanille
- □ 1 ou 2 oignons nouveaux
- □ 4 à 6 radis roses
- □ ½ bouquet de coriandre
- □ Huile d'olive

1. Taillez les filets de merlan en tranches biseautées et faites-les mariner dans le jus des citrons verts avec les grains de vanille pendant 30 minutes dans le réfrigérateur.
2. Pelez la mangue et lavez les radis. Émincez les bulbes et les cives des oignons, les radis et la mangue en lamelles.
3. Disposez joliment tous les ingrédients dans quatre assiettes, ajoutez les aiguillettes de merlan égouttées, quelques feuilles de coriandre, un filet d'huile, et dégustez aussitôt.

MIEUX S'ORGANISER

J'achète une mangue de plus, pour le dessert de demain ! Je vais aussi me servir de l'autre moitié de la gousse de vanille !

Jeudi
avril **22**

Panna cotta
au coulis de mangue

1 PRODUIT 2 RECETTES

POUR 4 PERSONNES
PRÉPARATION : 10 MIN
RÉFRIGÉRATION : 3 H

- □ 50 cl de crème liquide entière
- □ 2 feuilles de gélatine
- □ 80 g de sucre en poudre
- □ ½ gousse de vanille

POUR LE COULIS

- □ 1 mangue bien mûre

1. Faites ramollir la gélatine dans de l'eau froide.
2. Faites chauffer la crème avec le sucre et les grains de la demi-gousse de vanille. Hors du feu, ajoutez la gélatine essorée, mélangez, puis versez la préparation dans quatre verrines jusqu'à 2 cm du bord.
3. Laissez prendre 3 heures dans le réfrigérateur.
4. Pelez la mangue et taillez la moitié en petits dés. Mixez finement l'autre moitié avec 5 à 7 cl d'eau.
5. Lorsque la crème est prise, versez dessus le coulis, puis disposez des dés de mangue.

À LA PLACE

Vous pouvez remplacer la gélatine par 2 grammes d'agar-agar si vous préférez un gélifiant à base d'algues. Dans ce cas, ajoutez-le à la crème avant de la porter à ébullition.

EXPRESS

MON CHILI BLANC

Qui dit blanc ne dit pas sans saveur, loin de là !
Le piment est quand même au rendez-vous, dans cette version du chili express et surprenante !

POUR 4 PERSONNES
PRÉPARATION : 10 MIN
CUISSON : 15 MIN

- □ 600 g de viande de porc hachée
- □ 50 cl de bouillon de volaille
- □ 2 boîtes de haricots blancs (500 g poids net égoutté)
- □ 1 boîte de maïs (285 g poids net égoutté)
- □ 500 g d'oignons blancs
- □ 2 gousses d'ail
- □ 1 petit piment vert
- □ 1 botte de coriandre fraîche
- □ 3 cuil. à soupe d'huile de colza
- □ Sel et poivre

1. Pelez les oignons et l'ail et hachez-les.
2. Dans une cocotte, faites revenir le piment dans l'huile de colza et débarrassez-le. Faites revenir l'ail et les oignons sans les colorer, ajoutez la viande hachée et le bouillon de volaille. Laissez cuire 5 minutes, goûtez, salez et poivrez.
3. Ajoutez les haricots blancs et le maïs égoutté, et prolongez la cuisson de 10 minutes.
4. Rincez et effeuillez la coriandre, parsemez-en le chili, puis servez-le accompagné de riz blanc et de cheddar râpé.

FRICASSÉE D'ASPERGES
de Christian Constant

Éric Frechon, Yves Camdeborde, Christian Etchebest
et tant d'autres sont passés par les cuisines de Christian Constant,
le chef du Café Constant à Paris et du Bibent à Toulouse.
Christian incarne le Sud-Ouest comme personne, généreux et chaleureux.
J'ai eu le plaisir de l'inviter dans *Petits Plats en équilibre*
et il m'a donné la recette de cette belle fricassée printanière.
À vous de jouer et merci Christian !

POUR 6 PERSONNES
PRÉPARATION : 15 MIN
CUISSON : 20 MIN

- 1,8 kg d'asperges vertes
- 1 botte d'oignons nouveaux
- 150 g de lard fumé
- 6 œufs frais
- 1 cuil. à soupe de vinaigre balsamique
- 1 bouquet d'herbes fraîches (ciboulette, estragon, cerfeuil…)
- 3 cuil. à café d'huile d'olive
- Fleur de sel et poivre

1. Épluchez les asperges et coupez-les en bâtonnets de 3 cm de long environ. Émincez les oignons nouveaux. Débarrassez le lard de sa couenne et taillez-le en fins lardons.
2. Dans une poêle, faites suer les oignons et les lardons, ajoutez les asperges, faites cuire environ 15 minutes et réservez.
3. Faites cuire les œufs mollets 6 minutes en les plongeant dans de l'eau bouillante. Passez-les sous l'eau froide et écalez-les.
4. Dressez la fricassée d'asperges dans des assiettes creuses. Ajoutez 1 œuf mollet tiède dessus. Assaisonnez légèrement d'huile d'olive et de vinaigre balsamique, ajoutez les herbes hachées, salez et poivrez.

MILLE-FEUILLE

Il incarne dans le monde entier le symbole de la pâtisserie française, à tel point qu'on ose rarement s'y attaquer chez soi. Quel dommage ! Je vous donne ma recette de mille-feuille étape par étape et vous verrez que ce n'est pas si sorcier !

GRAND CLASSIQUE

POUR 4 À 6 PERSONNES
PRÉPARATION : 30 MIN
INFUSION : 10 MIN
CUISSON : 1 H
RÉFRIGÉRATION : 1 H

- 500 g de pâte feuilletée du boulanger (ou 3 pâtes pur beurre prêtes à dérouler)
- 25 cl de crème fleurette bien froide
- 100 g de sucre glace

POUR LA CRÈME PÂTISSIÈRE (POUR 1,2 KG)

- 1 l de lait
- 1 gousse de vanille
- 6 jaunes d'œufs
- 250 g de sucre en poudre
- 100 g de farine

1. Préchauffez le four à 200 °C (th. 6-7).
2. Étalez finement la pâte feuilletée à l'aide d'un rouleau à pâtisserie et coupez 3 rectangles de 24 × 9 cm. Piquez-les avec une fourchette et faites-les cuire un à un pendant 20 minutes sur une plaque recouverte de papier cuisson.
3. Pendant ce temps, préparez la crème pâtissière. Faites bouillir le lait dans une casserole avec la gousse de vanille fendue. Laissez infuser 10 minutes hors du feu, puis ôtez la gousse.
4. Fouettez les jaunes d'œufs avec le sucre jusqu'à ce que le mélange blanchisse. Ajoutez la farine et mélangez bien. Versez le lait sur les jaunes d'œufs en deux fois en fouettant. Reversez ce mélange dans la casserole et laissez cuire à feu doux sans cesser de mélanger, jusqu'à épaississement. Laissez refroidir.
5. Montez la crème fleurette en chantilly. Mélangez la crème pâtissière délicatement, puis incorporez-la à la chantilly. Laissez raffermir 1 heure au réfrigérateur.
6. Sur le premier rectangle de pâte feuilletée, étalez une couche de crème pâtissière de 1,5 à 2 cm d'épaisseur. Déposez le deuxième rectangle de pâte feuilletée, puis renouvelez l'opération en terminant avec le rectangle de feuilletage le plus régulier. Appliquez le reste de crème pâtissière sur les côtés et lissez avec une spatule.
7. Coupez des parts régulières dans le mille-feuille à l'aide d'une scie à pain et saupoudrez chaque part de sucre glace.
8. Dégustez le jour même !

26 Lundi avril

VEGGIE

Riz de Camargue
sauté aux fruits secs

POUR 4 PERSONNES
PRÉPARATION : 15 MIN
CUISSON : 20 MIN

- 300 g de riz de Camargue blanc, à longs grains
- 200 g d'oignons nouveaux (½ botte)
- 2 cuil. à soupe de farine
- 10 cl d'huile de tournesol
- 50 g de pistaches décortiquées
- 60 g de canneberges séchées (baies de cranberry)
- 4 cuil. à soupe de sauce soja
- ½ botte de coriandre
- Sel

1. Ôtez les enveloppes fatiguées des oignons nouveaux et le pédoncule, puis taillez-les en rondelles. Mélangez-les à la farine pour les en enrober. Faites chauffer l'huile dans une sauteuse et, quand elle est bien chaude, faites-y frire les oignons pendant 3 minutes. Débarrassez-les sur du papier absorbant.
2. Ôtez une grande partie de l'huile de la sauteuse et faites-y revenir le riz jusqu'à ce que les grains soient translucides. Ajoutez 4,5 cl d'eau bouillante salée, couvrez et laissez cuire 15 minutes environ, jusqu'à ce que l'eau soit totalement absorbée.
3. Augmentez le feu, versez un peu d'huile et faites sauter le riz 2 à 3 minutes. Ajoutez les pistaches, les canneberges, la sauce soja, les oignons frits, et mélangez bien.
4. Servez ce riz parsemé de feuilles de coriandre et dégustez aussitôt.

Mieux connaître

Il existe de nombreuses variétés de riz de Camargue, où on le cultive depuis le XIIIe siècle !
- les riz longs blanchis, les plus rapides à cuire ;
- les riz très longs, très parfumés ;
- les riz ronds, adaptés au risotto et au riz au lait ;
- les riz colorés (bruns, noirs, rouges), complets, qui cuisent plus longuement mais sont aussi les plus riches en vitamines, minéraux et acides aminés.

Sur le territoire camarguais, 200 riziculteurs produisent 80 000 tonnes de riz par an, soit 30 % de la consommation annuelle de riz des Français.

Ma salade de Pintade
À L'ESTRAGON

1. Lavez et effeuillez l'estragon, conservez les queues.
2. Dans une sauteuse, versez le bouillon de volaille, ajoutez les queues d'estragon, salez et poivrez. Portez à ébullition.
3. Déposez les blancs de pintade dans le bouillon, réduisez le feu, couvrez et comptez 5 minutes de cuisson. Laissez refroidir dans le bouillon.
4. Pendant ce temps, épluchez et ciselez les échalotes. Placez-les dans un bol, versez le vinaigre de cidre, salez, poivrez et mélangez. Ajoutez l'huile de tournesol, mélangez à nouveau. Ciselez les feuilles d'estragon, émincez les cornichons et ajoutez à la sauce.
5. Sortez la viande du bouillon. Émincez-la en lamelles et disposez-les au fond d'un ravier.
6. Recouvrez de sauce et laissez mariner au moins 2 heures avant de déguster, le temps de rejoindre votre lieu de pique-nique !

POUR 4 PERSONNES
PRÉPARATION : 15 MIN
CUISSON : 5 MIN
MARINADE : 2 H

- ☐ 4 blancs de pintade
- ☐ 1 botte d'estragon
- ☐ 20 cl de bouillon de volaille
- ☐ 4 échalotes
- ☐ 5 cl de vinaigre de cidre
- ☐ 10 cl d'huile de tournesol bio
- ☐ 4 petits cornichons
- ☐ Sel et poivre du moulin

MON TRUC ANTIGASPI

Je congèle le bouillon de pintade dans un bac à glaçons pour ne pas en perdre une goutte ! Je m'en servirai pour cuire des petits légumes, pour parfumer une sauce de pâtes…

28 Mercredi avril

VEGGIE

BEIGNETS DE BROCOLI

et raïta de radis roses

POUR 4 PERSONNES
PRÉPARATION : 15 MIN
CUISSON : 25 MIN

POUR LES BEIGNETS

- 1 brocoli (environ 500 g)
- 6 cuil. à soupe de farine
- 4 œufs
- 1 cuil. à soupe de curry
- Huile de tournesol
- Sel et poivre

POUR LE RAÏTA DE RADIS ROSES

- 200 g de yaourt grec
- ½ botte de radis roses
- 1 gousse d'ail
- 1 cuil. à café de cumin moulu
- 2 brins de menthe

1. Rincez le brocoli, ôtez les feuilles et détaillez-le en fleurettes. Faites-le cuire à la vapeur 15 à 20 minutes. Égouttez-le bien, écrasez-le à la fourchette, puis ajoutez la farine, les œufs et le curry. Salez et poivrez.
2. Couvrez la surface d'une grande poêle de 1 cm d'huile de tournesol et faites-la chauffer. À l'aide d'une cuillère à soupe, formez des petits tas de brocoli et donnez-leur la forme d'une galette. Faites cuire 3 minutes de chaque côté et égouttez sur du papier absorbant.
3. Préparez le raïta. Pelez et hachez la gousse d'ail. Lavez et équeutez les radis roses. Râpez-les et mélangez-les au yaourt. Salez, poivrez, puis ajoutez le cumin, l'ail et la menthe ciselée.
4. Dégustez les beignets de brocoli trempés dans le raïta de radis roses.

MIEUX S'ORGANISER

J'utilise l'autre moitié de ma botte de radis demain dans un tartare… tout rose !

Tartare TOUT ROSE

POUR 4 PERSONNES
PRÉPARATION : 15 MIN

- □ 600 g de filets de saumon sans peau ni arêtes
- □ ½ botte de radis roses
- □ 4 tiges de ciboulette
- □ 1 cuil. à soupe de baies roses
- □ 1 citron
- □ Huile d'olive
- □ Sel et poivre du moulin

1. Vérifiez que les filets de saumon ne contiennent pas d'arêtes. Taillez-les en petits dés. Rincez les radis rose, puis taillez-les en très petits dés.
2. Ciselez la ciboulette et concassez les baies roses à l'aide d'un mortier. Rassemblez le tout avec le saumon dans un saladier. Assaisonnez d'huile d'olive, salez et poivrez. Réservez dans le réfrigérateur jusqu'au moment de servir.
3. Disposez le tartare de saumon au centre des assiettes et servez avec des quartiers de citron, accompagné de crudités de saison.

Mieux choisir

Saumon d'élevage ou saumon sauvage ?

Le saumon sauvage a une chair plus savoureuse, moins grasse et plus riche en acides gras oméga-3 que son homologue d'élevage, mais il est victime de la pollution, de la destruction de son habitat, et de la surpêche.Pour baisser les prix, le saumon d'élevage contient la plupart du temps pesticides et antibiotiques, et sa production consomme plus de poissons qu'elle n'en produit. Il faut de 2,5 à 5 kg de poissons sauvages pour obtenir 1 kg de saumon ! Choisissez-le bio ou Label Rouge.

30 Vendredi avril

VEGGIE

TARTE AUX JEUNES POIREAUX *et au chèvre frais*

Avec leur saveur délicate, les poireaux primeurs méritent bien leur surnom d'« asperges du pauvre ». À l'approche du week-end, j'en fais une tarte que l'on peut même emporter en pique-nique.

POUR 4 PERSONNES
PRÉPARATION : 10 MIN
CUISSON : 35 MIN

- 200 g de pâte feuilletée pur beurre
- 10 jeunes poireaux
- 200 g de fromage de chèvre frais
- 1 œuf
- 10 cl de crème liquide
- 1 cuil. à café de graines de cumin
- Gros sel

1. Préchauffez le four à 180 °C (th. 6).
2. Foncez un moule à tarte avec la pâte et réservez-la dans le réfrigérateur le temps de continuer la recette.
3. Lavez soigneusement les poireaux. Faites-les cuire 5 minutes dans un grand volume d'eau bouillante fortement salée (ils doivent rester fermes). Égouttez-les bien en fin de cuisson.
4. Incorporez l'œuf et la crème au fromage de chèvre. Ajoutez les graines de cumin.
5. Étalez la préparation sur le fond de tarte. Disposez les poireaux en quinconce, bien serrés les uns contre les autres, sur le fond de tarte. Enfournez pour 30 minutes.

Mai
au marché

LES PRODUITS PHARES

L'asperge blanche

Elle est l'un de mes rendez-vous préférés et je suis loin d'être le seul ! Pour changer de la cuisson à l'eau bouillante et profiter de son croquant, je la dore à la poêle ! Faites mousser une noix de beurre avec un filet d'huile d'olive, roulez-y vos tiges épluchées pendant 6 à 8 minutes à feu moyen, déposez-les dans une assiette avec quelques tranches de jambon cru, puis titillez-les avec du parmesan en copeaux.

La brousse du Rove

Le petit village du Rove, dans les Bouches-du-Rhône, conserve sa tradition de brousse fabriquée uniquement avec du lait de chèvre. Les chèvres du Rove caracolent dans les collines pour se nourrir de genêt et de garrigue. Légèrement grumeleux, vendu dans un cylindre fin, ce fromage frais fait des émules sur les marchés marseillais ! La brousse se mange en dessert avec un filet de miel ; les anciens la fendaient en deux et ne manquaient pas d'y jeter une goutte de rhum avec un peu de sucre.

L'oseille

L'oseille est un légume-feuille, comme l'épinard – d'ailleurs, ils se ressemblent. Pour les différencier : la tige de l'oseille vire au rouge et sa saveur est plus acidulée. Pierre Troisgros, le chef de file de la nouvelle cuisine, a donné ses lettres de noblesse à cette petite feuille en l'associant au saumon en 1962, une recette devenue culte. Si vous apercevez du poisson ce mois-ci, tendez l'oseille, car c'est un mariage très heureux.

CHEZ LE MARAÎCHER

Les légumes

Petit pois

Ail nouveau

Artichaut poivrade

Asperge

Carotte

Cerfeuil

Chou-rave

Cresson

Échalote

Épinard

Fenouil

Fève

Frisée

Laitue

Navet

Oignon

Persil

Pomme de terre nouvelle

Pissenlit

Radis

Roquette

Les fruits

Fraise

Cerise

Rhubarbe

Banane

CHEZ LE FROMAGER

Neufchâtel, saint-marcellin, morbier, saint-nectaire, cantal, mozzarella, sainte-maure-de-touraine.

CHEZ LE POISSONNIER

Saint-pierre, maquereau, merlu, églefin, hareng, dorade grise, sardine, crevettes, lieu noir, tourteau.

1er Samedi mai

Fête du Travail/ Jour férié

TARTE aux fraises

C'est un jour férié et c'est le week-end ! Vous allez bien trouver le temps de réaliser ce grand classique du printemps. Allez, au travail !

POUR 6 À 8 PERSONNES
PRÉPARATION : 20 MIN
CUISSON : 25 À 30 MIN

- 1 pâte sablée pur beurre (voir recette de la pâte sablée maison page 302)
- 500 g de fraises
- Sucre glace

POUR LA CRÈME PÂTISSIÈRE

- ½ gousse de vanille
- 30 cl de lait entier
- 70 g de sucre en poudre
- 3 jaunes d'œufs
- 30 g de fécule de maïs
- 30 g de beurre

1. Préchauffez le four à 200 °C (th. 6-7).
2. Abaissez la pâte sur un plan de travail légèrement fariné, puis foncez un moule à tarte. Recouvrez la pâte de papier cuisson, puis de billes ou de haricots secs. Enfournez et faites cuire la pâte à blanc pendant 20 minutes. Retirez les billes de cuisson et laissez refroidir.
3. Pendant ce temps, préparez la crème pâtissière. Fendez et grattez la demi-gousse de vanille, puis ajoutez-la au lait. Faites chauffer le lait dans une casserole avec la moitié du sucre.
4. Fouettez le reste du sucre avec les jaunes d'œufs dans un saladier jusqu'à ce que le mélange blanchisse. Ajoutez la fécule de maïs et mélangez de nouveau. Versez la moitié du lait chaud dessus, fouettez, puis versez dans la casserole contenant le reste du lait. Remettez à feu doux et remuez sans cesse avec un fouet jusqu'à épaississement. Portez à ébullition pendant 2 minutes environ, puis retirez du feu. Ajoutez le beurre froid en petits morceaux et mélangez.
5. Versez la crème pâtissière dans un saladier. Couvrez de film alimentaire au contact et laissez refroidir à température ambiante.
6. Garnissez le fond de tarte de crème pâtissière. Équeutez les fraises, coupez-les en deux dans la longueur et disposez-les en rosace sur la crème pâtissière. Saupoudrez de sucre glace et servez.

Fricassée DE CANARD

Profitons du week-end pour faire un petit tour en Vendée et cuisiner le canard de Challans. Il est réputé pour sa chair fine et je le cuisine en cocotte : rien de tel pour une volaille, pas vrai ?

POUR 6 À 8 PERSONNES
PRÉPARATION : 30 MIN
CUISSON : 1 H 10

- □ 1 gros canard de Challans coupé en morceaux
- □ 3 gousses d'ail
- □ 10 cl de vin rouge
- □ 4 grosses carottes jaunes
- □ 4 navets de Nancy
- □ 4 échalotes « cuisses de poulet »
- □ ¼ de botte de persil plat
- □ Huile de tournesol
- □ Sel et poivre du moulin

1. Dans une cocotte avec un filet d'huile chaude, faites dorer les morceaux de canard. Réservez le coffre (la poitrine). Dégraissez partiellement, ajoutez les gousses d'ail éclatées et le vin. Versez un verre d'eau, salez, poivrez, couvrez et faites cuire 30 minutes.
2. Lavez et épluchez les légumes. Coupez les carottes en biseaux et les navets en quartiers. Pelez les échalotes et laissez-les entières. Ôtez le couvercle de la cocotte, placez les légumes sur les cuisses de canard et disposez les morceaux du coffre sur le tout.
Couvrez et faites cuire 40 minutes à feu moyen.
3. Débarrassez les morceaux de canard et les légumes dans un plat. Filtrez le jus de cuisson et versez-le sur la viande et les légumes. Parsemez de persil concassé.

3 Lundi mai

ARTICHAUTS vinaigrette

VEGGIE

POUR 4 PERSONNES
PRÉPARATION : 20 MIN
CUISSON : 20 MIN

- 4 beaux artichauts camus
- 1 jus de citron
- Gros sel gris

POUR LA VINAIGRETTE

- Quelques branches d'estragon
- 1 cuil. à soupe de moutarde à l'estragon
- 3 cuil. à soupe de vinaigre de cidre
- 6 cuil. à soupe d'huile de pépins de raisin
- 3 cuil. à soupe d'huile de colza
- Sel et poivre du moulin

1. Dans un faitout, mettez à bouillir une grande quantité d'eau bien salée et le jus de citron.
2. Lavez les artichauts. Sectionnez la tige d'un coup sec (afin d'extraire les possibles fils) et ôtez les petites feuilles.
3. Plongez les artichauts dans le faitout d'eau bouillante, maintenez-les immergés avec un objet lourd (une passoire, par exemple) et laissez cuire 20 minutes. Puis égouttez-les.
4. Pendant ce temps, lavez, effeuillez et ciselez l'estragon. Puis préparez la vinaigrette en fouettant vivement tous les ingrédients dans un bol pour les émulsionner.
5. Séchez les artichauts. Ouvrez-les délicatement par le centre en veillant à ce que les feuilles restent accrochées entre elles. Ôtez la partie contenant le foin avec une cuillère.
6. Versez la vinaigrette dans le creux, dressez sur un plat et dégustez.

Un peu d'histoire

L'artichaut était le péché mignon de Louis XIV, qui l'appréciait tellement qu'il en faisait cultiver cinq espèces différentes dans son potager versaillais : le blanc, le vert, le violet, le rouge et le sucré de Gênes. Pas étonnant pour le Roi-Soleil, qui était un vrai cœur d'artichaut !

Merlu au beurre *d'estragon*

Le secret du goût incomparable de cette recette ?
Les arêtes ! La queue du merlu rôtie avec son arête dorsale, qui renforce sa saveur. Rassurez-vous : je l'enlève au moment de servir et je la remplace par un savoureux beurre d'estragon. Surprise garantie !

POUR 4 PERSONNES
PRÉPARATION : 20 MIN
CUISSON : 20 MIN

- □ 1 queue de merlu de 1 kg
- □ 1 oignon rouge
- □ 1 fenouil
- □ 10 cl d'huile d'olive
- □ 1 citron jaune non traité
- □ ½ verre de vin blanc
- □ Piment d'Espelette
- □ Sel et poivre du moulin

POUR LE BEURRE D'ESTRAGON

- □ ½ botte d'estragon
- □ 100 g de beurre à température ambiante
- □ Sel et poivre du moulin

1. Préchauffez le four à 150 °C (th. 5).
2. Épluchez et émincez l'oignon et le fenouil en fines rondelles. Huilez un plat à gratin et déposez-y les légumes. Salez, poivrez et ajoutez un peu de piment d'Espelette.
3. Lavez et taillez le citron en tranches, déposez-les sur les légumes. Disposez la queue de merlu, badigeonnez d'huile d'olive, salez et saupoudrez de piment d'Espelette. Versez le vin blanc et enfournez pour 20 minutes.
4. Lavez, effeuillez et ciselez l'estragon. Mélangez au beurre, salez et poivrez.
5. Sortez le merlu du four. Ôtez l'arête dorsale à l'aide d'un couteau et remplacez-la par le beurre d'estragon à l'aide d'une cuillère. Servez aussitôt avec un riz de Camargue.

Mes spritz

C'est mercredi ! Et si on se lançait dans un atelier spritz avec les enfants ? L'industrie agroalimentaire a repris la recette de ces biscuits originaires d'Alsace-Lorraine et on les trouve dans les rayons de tous les supermarchés. Mais vous allez voir, rien ne vaut la version maison !

POUR 4 PERSONNES
PRÉPARATION : 15 MIN
CUISSON : 15 MIN
RÉFRIGÉRATION : 30 MIN

- □ 200 g de beurre à température ambiante
- □ 100 g de sucre glace
- □ 1 pincée de sel
- □ 1 cuil. à café de vanille liquide
- □ 30 g de blanc d'œuf
- □ 250 g de farine
- □ 100 g de chocolat au lait

MATÉRIEL

- □ 1 poche à douille munie d'une douille cannelée de 13 mm de diamètre minimum

1. Préchauffez le four à 160 °C (th. 5-6).
2. Coupez le beurre en morceaux et mélangez-les avec le sucre glace.
3. Ajoutez 1 pincée de sel et la vanille liquide, puis le blanc d'œuf. Mélangez et versez la farine à l'aide d'une maryse.
4. Répartissez la pâte en deux fois dans la poche à douille et dressez les biscuits en forme de « I » sur une plaque recouverte de papier cuisson.
5. Enfournez pour 15 minutes, sortez du four et laissez refroidir.
6. Faites fondre le chocolat au lait au bain-marie. Trempez les biscuits refroidis jusqu'à leur moitié dans le chocolat fondu, replacez sur le papier cuisson et laissez figer au réfrigérateur pendant 30 minutes.

MON ASTUCE

Avant d'enfourner les biscuits, je les laisse 1 bonne heure à température ambiante pour qu'ils puissent former une belle croûte à la cuisson.

6 Jeudi mai

VEGGIE

QUICHE ASPERGE VERTE, *polenta et comté*

POUR 4 À 6 PERSONNES
PRÉPARATION : 40 MIN
CUISSON : 1 H

POUR LA PÂTE

- 70 g de polenta à cuisson rapide
- 130 g de beurre demi-sel
- 180 g de farine
- Sel

POUR LA GARNITURE

- 500 g d'asperges vertes
- 200 g de vieux comté
- 3 œufs
- 30 cl de crème liquide entière
- 1 pincée de muscade moulue
- Sel et poivre du moulin

1. Préchauffez le four à 180 °C (th. 6).
2. Préparez la pâte. Dans la cuve d'un robot ou dans un grand saladier, mélangez le beurre coupé en morceaux avec la farine et la polenta. Ajoutez peu à peu 5 cl d'eau bien froide, salez. Lorsque tous les ingrédients sont incorporés, formez une boule.
3. Sur un plan de travail légèrement fariné, étalez-la sur une épaisseur de 3 à 5 mm. Foncez un moule à tarte. Couvrez de papier cuisson, puis de billes de cuisson ou de haricots secs et enfournez pour 15 minutes.
4. Ôtez les billes de cuisson ou les haricots et enfournez de nouveau pour 15 minutes.
5. Préparez la garniture. Battez les œufs avec la crème, salez, poivrez et ajoutez la muscade. Râpez le comté et versez-le dans l'appareil à quiche.
6. Garnissez la pâte de cette préparation et enfournez pour 30 minutes. Laissez tiédir et dégustez.

MON CONSEIL

J'ajoute de la polenta dans la pâte de ma quiche, cela lui donne du croquant et une jolie couleur. Attention, elle sera un peu plus friable ; c'est pourquoi mieux vaut ne pas l'étaler trop finement. Je garde ainsi de la consistance et du croquant !

Riz cantonais

POUR 4 PERSONNES
PRÉPARATION : 30 MIN
CUISSON : 25 À 30 MIN

- □ 300 g de riz thaï parfumé
- □ 250 g petits pois frais (100 g sans les cosses)
- □ 400 g de poitrine de porc fraîche en tranches
- □ 4 jeunes carottes
- □ 1 oignon
- □ 1 gousse d'ail
- □ 3 œufs fermiers
- □ 3 cuil. à soupe de nuoc-mâm
- □ ½ botte de coriandre
- □ ½ botte de ciboulette
- □ 3 cuil. à soupe d'huile de tournesol
- □ Poivre

1. Écossez les petits pois.
2. Faites cuire le riz à couvert dans deux fois son volume d'eau froide jusqu'à ce que celle-ci soit totalement absorbée (15 à 20 minutes). Au bout de 10 minutes de cuisson, ajoutez les petits pois.
3. Découpez la poitrine de porc en allumettes. Épluchez les carottes, l'oignon et l'ail. Ciselez finement l'oignon et les carottes, hachez l'ail.
4. Faites chauffer l'huile de tournesol dans une sauteuse, ajoutez la poitrine de porc et les légumes, puis faites revenir 5 minutes en remuant bien.
5. Cassez les œufs dans un bol et battez-les légèrement. Faites-les cuire dans un coin de la sauteuse, éparpillez l'omelette en morceaux et mélangez au reste des ingrédients.
6. Versez le riz et les petits pois, le nuoc-mâm, et poivrez. Mélangez bien.
7. Ciselez la ciboulette et les feuilles de coriandre, ajoutez-les au riz, servez et dégustez aussitôt.

À la place

En épicerie asiatique, vous trouverez peut-être des petites saucisses de porc fumées chinoises, parfois à la citronnelle. N'hésitez pas à remplacer la poitrine de porc par ces saucisses ! Elles parfument délicieusement le riz cantonais. Un régal !

8 Samedi mai

Jour férié

GRAND CLASSIQUE Mon poulet rôti

Rôtir un poulet, c'est tout un art. Je reviens sur quelques étapes importantes, pour vous permettre d'obtenir une cuisson homogène et une peau croustillante, comme on l'aime !

POUR 6 PERSONNES
PRÉPARATION : 20 MIN
CUISSON : 1 H 30
REPOS : 15 MIN

- 1 poulet fermier de 1,8 kg prêt à cuire
- 3 gousses d'ail
- 1 branche de romarin
- 2 branches de thym
- 30 g de beurre
- 2 cuil. à soupe d'huile de tournesol ou de pépins de raisin
- Gros sel gris
- Poivre noir en grains
- Sel fin et poivre du moulin

1. Sortez le poulet du réfrigérateur 1 heure avant de démarrer la cuisson.
2. Préchauffez le four à 180 °C (th. 6).
3. Éclatez les gousses d'ail en chemise et glissez-les à l'intérieur du poulet, avec le romarin et le thym. Ajoutez 1 cuillerée à café de gros sel gris et 1 demi-cuillerée de poivre noir en grains.
4. Salez et poivrez le poulet sur toute sa surface. Arrosez-le d'huile et disposez dessus quelques morceaux de beurre.
5. Déposez le poulet sur son coffre dans un plat à gratin. Enfournez dans le haut du four pour une première cuisson de 45 minutes, en arrosant toutes les 15 minutes.
6. Retournez le poulet sur le dos, arrosez et remettez au four pour 45 minutes, en arrosant à nouveau toutes les 15 minutes.
7. Sortez le poulet du four. Dégraissez légèrement le plat et laissez reposer le poulet « tête en bas » pendant 15 minutes, recouvert de papier cuisson doublé de papier aluminium, afin que le jus se répande bien dans toute la chair.
8. Découpez le poulet en commençant par les cuisses, puis par les flancs. Enlevez les aromates et servez aussitôt dans le plat de cuisson avec le jus. Accompagnez-le de pommes de terre grenailles.

Ma salade César

Tous les chemins mènent à la romaine !
Brunch du dimanche ou pique-nique :
c'est vous qui choisissez comment
vous allez en croquer avec César.

POUR 4 PERSONNES
PRÉPARATION : 20 MIN
CUISSON : 10 MIN

- □ 1 salade romaine
- □ 4 tranches de pain de campagne
- □ 3 gousses d'ail
- □ 2 noix de beurre
- □ 1 citron
- □ 3 filets d'anchois à l'huile
- □ 1 cuil. à soupe de sauce Worcestershire
- □ 1 jaune d'œuf
- □ 6 cuil. à soupe d'huile d'olive
- □ 40 g de parmesan en bloc
- □ 2 blancs de poulet fermier
- □ Sel et poivre

1. Coupez le pain en petits croûtons. Pelez et écrasez les gousses d'ail. Faites fondre 1 noix de beurre à feu vif dans une poêle avec la moitié de l'ail et faites dorer les croûtons.
2. Pressez le citron et réservez le jus. Écrasez les filets d'anchois avec l'ail restant. Ajoutez la sauce Worcestershire, le jus de citron, le jaune d'œuf, et mélangez. Versez ensuite l'huile en fin filet en fouettant sans cesse.
3. Râpez le parmesan et ajoutez-en la moitié à la sauce.
4. Faites cuire les blancs de poulet coupés en morceaux à la poêle avec le reste du beurre, du sel et du poivre pendant 5 minutes environ.
5. Lavez la salade, essorez-la et déchirez les feuilles. Mettez-les dans un saladier avec la moitié de la sauce et mélangez.
6. Répartissez la salade dans quatre assiettes, ajoutez les morceaux de poulet, les croûtons, et arrosez avec le reste de sauce. Parsemez du reste de parmesan.

10 Lundi mai

Bouillon de champignons

Parfumé et diététique, un bon bouillon de temps en temps fait du bien ! Je me suis inspiré d'une recette japonaise pour préparer celui-ci, avec des produits faciles à trouver.

POUR 6 PERSONNES
PRÉPARATION : 30 MIN
CUISSON : 30 MIN

- 500 g de shiitakés ou lentins du chêne
- 2 cuil. à soupe d'huile de pépins de raisin
- 2 cuil. à soupe de sauce soja tamari
- 1 l de bouillon de bœuf
- 1 botte d'oignons nouveaux
- 1 cm de gingembre frais
- ¼ de botte d'estragon
- Sel et poivre du moulin

1. Ôtez la base des champignons et nettoyez-les. Dans une grande casserole, faites chauffer l'huile et poêlez les shiitakés. Déglacez avec la sauce soja et mouillez avec le bouillon de bœuf. Portez à ébullition et laissez frémir pendant 10 minutes à couvert.
2. Lavez et émincez finement les oignons nouveaux. Pelez le gingembre. Effeuillez et ciselez l'estragon.
3. Ôtez le couvercle de la casserole, râpez le gingembre au-dessus, ajoutez les oignons et l'estragon.
4. Rectifiez l'assaisonnement et servez dans des bols.

ANTIGASPI

S'il vous reste des champignons et du bouillon, tant mieux ! Préparez ce soir les œufs « nitamago » (marinés à la japonaise) qui accompagnent ces beaux restes pour faire durer le plaisir des repas nippons !

Mardi
mai **11**

VEGGIE

Rāmen
aux œufs nitamago

Aujourd'hui, j'ai envie de vous faire découvrir les « nitamago », ces œufs mollets marinés à la japonaise.

POUR 4 PERSONNES
PRÉPARATION : 20 MIN
CUISSON : 15 MIN
RÉFRIGÉRATION : 12 H

POUR LES ŒUFS NITAMAGO

- □ 4 œufs extra frais
- □ 1 cm de gingembre frais
- □ 10 cl de sauce soja tamari
- □ 10 cl de saké (ou de vin blanc)
- □ 2 cuil. à soupe de sucre de canne
- □ 1 gousse d'ail

POUR LES RĀMEN

- □ 4 paquets de rāmen instantanés
- □ 200 g de shiitakés ou lentins du chêne
- □ 1 l de bouillon de légumes
- □ 2 oignons nouveaux

1. La veille, préparez la marinade des œufs nitamago. Pelez et râpez le gingembre. Dans une casserole, versez la sauce soja, le saké et le sucre, ajoutez le gingembre, l'ail écrasé, 30 cl d'eau, et portez à ébullition.
2. Lorsque le sucre s'est bien dissous, placez délicatement les œufs dans la marinade. Laissez cuire 7 minutes. Plongez les œufs dans de l'eau glacée pour stopper leur cuisson, puis écalez-les. Versez la marinade dans un saladier, laissez refroidir, puis déposez-y les œufs. Entreposez 1 nuit dans le réfrigérateur.
3. Le jour même, émincez les shiitakés et faites-les cuire dans le bouillon en ébullition pendant 5 minutes. Ajoutez les rāmen, versez la moitié de la marinade des œufs et prolongez la cuisson de 3 minutes.
4. Ciselez le vert des oignons nouveaux et coupez les œufs en deux dans la largeur.
5. Servez les rāmen dans des bols avec un peu de bouillon, les moitiés d'œufs, et parsemez d'oignons frais.

12 Mercredi mai

CAROTTES-DOGS

Quand j'ai imaginé cette recette, j'avais envie de rendre hommage au fameux hot-dog, version végé. Succès garanti, et je suis sûr que cette sauce relish, typique du hot-dog, y est pour beaucoup !

VEGGIE

POUR 4 PERSONNES
PRÉPARATION : 30 MIN
CUISSON : 40 À 45 MIN

- 4 carottes fanes
- 1 cuil. à café de paprika nature ou fumé
- 2 oignons nouveaux
- 2 cornichons malossol
- 2 baguettes viennoises
- 1 cuil. à soupe de moutarde douce (type Savora®)
- 2 cuil. à soupe d'huile d'olive
- Sel

POUR LA RELISH

- 2 oignons rouges
- 50 g de miel toutes fleurs
- 1 cuil. à café de paprika nature ou fumé
- 50 ml de vinaigre de cidre
- 2 cuil. à soupe d'huile d'olive
- Sel et poivre du moulin

1. Préparez la relish. Épluchez et émincez les oignons rouges. Dans une cocotte, versez l'huile et faites cuire les oignons 5 minutes à couvert, puis salez-les. Ajoutez le miel, le paprika et le vinaigre. Laissez compoter à feu doux pendant 20 minutes. Poivrez en fin de cuisson.
2. Pendant ce temps, lavez et épluchez les carottes. Taillez-les en deux. Dans une cocotte, faites chauffer l'huile, puis ajoutez les carottes avec 1 pincée de sel et le paprika. Couvrez, baissez le feu, versez un demi-verre d'eau et laissez cuire 15 à 20 minutes selon la taille des carottes.
3. Préchauffez le four à 100 °C (th. 3-4). Taillez les oignons nouveaux et les cornichons en biseau.
4. Faites chauffer les baguettes viennoises au four pendant 1 à 2 minutes. Coupez-les en deux dans la longueur d'un seul côté et tartinez de moutarde.
5. Garnissez avec la relish, puis disposez les carottes. Recouvrez d'oignons nouveaux, de cornichons, et dégustez.

13 Jeudi mai

Ascension / Jour férié

Bœuf et fèves *façon kébab*

POUR 4 PERSONNES
PRÉPARATION : 20 MIN
CUISSON : 20 MIN

- ☐ 300 g de bœuf haché
- ☐ 500 g de fèves fraîches (200 g écossées)
- ☐ 1 oignon
- ☐ 1 cuil. à café de cumin moulu
- ☐ 4 pains pitas

POUR LA SAUCE AU YAOURT

- ☐ 150 g de yaourt grec
- ☐ 1 citron jaune non traité
- ☐ 2 brins de menthe
- ☐ Sel et poivre

1. Préchauffez le four à 200 °C (th. 6-7).
2. Écossez les fèves et faites-les cuire 5 minutes dans de l'eau bouillante salée. Égouttez-les et retirez leur pellicule.
3. Pelez et ciselez l'oignon. Mélangez-le au bœuf haché, ajoutez les fèves, salez, poivrez et ajoutez le cumin. Répartissez ce mélange dans les pains pitas, huilez-les des deux côtés et déposez-les sur une plaque allant au four. Enfournez pour 15 minutes et retournez-les à mi-cuisson.
4. Mélangez le yaourt, le jus et le zeste du citron et la menthe ciselée. Salez et poivrez.
5. Dégustez les pains pitas coupés en deux, accompagnés de sauce au yaourt.

À LA PLACE

Vous pouvez remplacer les pains pitas par des pains à burger. Dans ce cas, pressez bien le bœuf haché entre vos mains pour lui donner une forme de steak et faites-le cuire à votre goût dans une poêle huilée.

Mes samoussas TERRE-MER

J'appelle ça « ma cuisine du placard rafraîchie » : le fromage de chèvre s'acoquine avec la sardine en boîte et le cresson dans des samoussas qui vont surprendre votre tablée. À servir en entrée ou à l'apéritif !

POUR 4 PERSONNES (12 PETITS SAMOUSSAS)
PRÉPARATION : 20 MIN
CUISSON : 15 MIN

- □ 1 botte de cresson
- □ 2 boîtes de sardines à l'huile d'olive
- □ 1 fromage de chèvre frais (150 g)
- □ 6 feuilles de brick
- □ Sel et poivre

1. Préchauffez le four à 180 °C (th. 6).
2. Lavez et effeuillez le cresson. Égouttez les sardines et conservez l'huile d'olive de la boîte.
3. Écrasez le fromage de chèvre frais avec les sardines à la fourchette, salez, poivrez et ajoutez le cresson. Mélangez bien.
4. Coupez les feuilles de brick en deux et repliez chaque moitié sur elle-même, côté arrondi vers l'intérieur. Placez 1 cuillerée à soupe de préparation à l'extrémité de la bande de brick et rabattez en angle droit chaque côté plusieurs fois de suite, pour obtenir un triangle. Terminez en glissant le dernier bout de feuille de brick dans le triangle, pour fermer le samoussa.
5. Enduisez les samoussas de l'huile d'olive des sardines à l'aide d'un pinceau et enfournez-les pour 15 minutes de cuisson. Dégustez avec des crudités de saison.

15 Samedi mai

Navarin d'agneau

GRAND CLASSIQUE

POUR 6 PERSONNES
PRÉPARATION : 40 MIN
CUISSON : 1 H 25

- 600 g d'épaule d'agneau coupée en cubes de 4 cm de côté
- 600 g de collier coupé en 6 morceaux
- 600 g de poitrine coupée en cubes de 4 cm de côté
- 1 cuil. à soupe de farine
- 3 tomates épépinées (en conserve)
- 10 cl de vin blanc sec
- 1 bouquet garni (thym, laurier, queues de persil)
- 6 petites carottes fanes
- 6 petits navets fanes
- 6 oignons nouveaux
- 300 g de petits pois écossés
- 300 g de pois gourmands
- 6 gousses d'ail nouveau
- Huile d'olive
- Sel et poivre

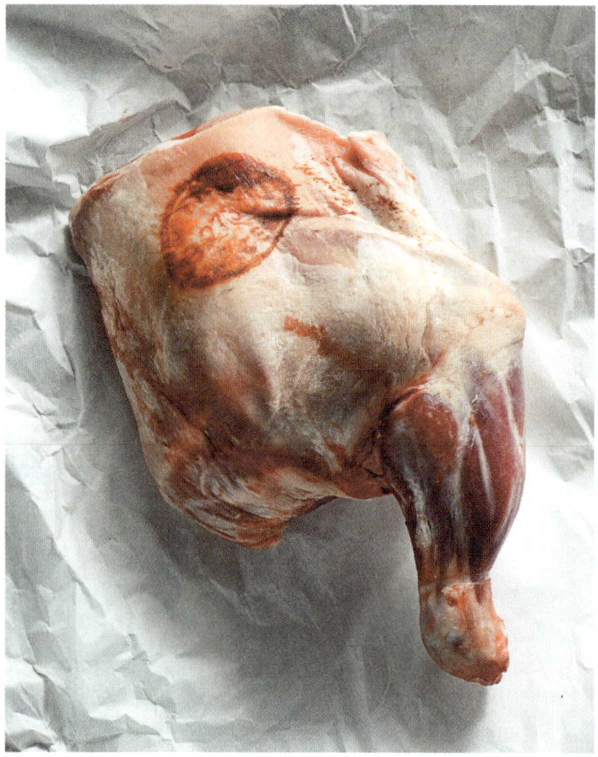

1. Faites chauffer une grande cocotte avec un filet d'huile d'olive et faites-y colorer les morceaux de viande par petites quantités. Salez et poivrez.
2. Dégraissez la cocotte, remettez tous les morceaux de viande, saupoudrez-les de farine et faites cuire 1 minute en mélangeant.
3. Ajoutez les tomates épépinées, le vin blanc, et laissez réduire 1 minute. Couvrez le tout d'eau bouillante, ajoutez le bouquet garni et laissez mijoter à couvert 30 minutes à feu doux.
4. Pendant ce temps, parez les légumes en laissant 3 cm de fanes et de tige aux oignons nouveaux. Brossez les carottes et les navets sous un filet d'eau froide. Ajoutez-les dans la cocotte avec les oignons, puis glissez l'ail en chemise entre les morceaux de viande. Poursuivez la cuisson 30 minutes.
5. Ajoutez les petits pois, les pois gourmands, et laissez cuire 4 à 5 minutes. Retirez le bouquet garni et servez en cocotte.

Mieux connaître

L'alimentation et l'âge de l'agneau sont déterminants dans la qualité de sa viande.

L'agneau « de lait » est âgé de moins de 90 jours, essentiellement nourri au lait maternel. Les agneaux de 8 à 11 semaines sont dits « laitons ». Leur chair blanche, à la saveur peu prononcée, est fine et tendre. L'agneau de pré-salé, lui, est un broutard : il doit avoir profité de l'herbe des prés pendant 4 à 6 mois pour que sa saveur soit aboutie avec sa chair rouge et juteuse. On le consomme lorsqu'il a de 6 mois à 1 an, de juin-juillet jusqu'à Noël.

Île flottante

POUR 4 PERSONNES
PRÉPARATION : 30 MIN
CUISSON : 30 MIN

- 5 œufs à température ambiante
- 1 gousse de vanille
- 50 cl de lait entier
- 160 g de sucre de canne blond
- 20 g de beurre
- 1 citron vert non traité

MATÉRIEL

- 1 moule à soufflé

1. Préchauffez le four à 160 °C (th. 5-6).
2. Préparez la crème anglaise. Incisez et grattez la gousse de vanille. Déposez-la dans une casserole contenant le lait et faites chauffer. Séparez les blancs d'œufs des jaunes. Dans un saladier, fouettez les jaunes avec 80 grammes de sucre jusqu'à ce que la préparation double de volume. Ôtez la gousse de vanille du lait chaud, versez-le sur les jaunes, mélangez, puis reversez dans la casserole. Faites cuire à feu doux en remuant à l'aide d'une cuillère en bois : la crème anglaise est cuite lorsqu'elle nappe la cuillère.
3. Dans un autre saladier, montez les blancs en neige bien ferme en ajoutant peu à peu le reste du sucre. Transférez dans un moule à soufflé beurré, lissez et enfournez au bain-marie pour 15 minutes. Sortez et laissez refroidir complètement.
4. Versez la crème anglaise dans un plat creux, puis renversez l'île flottante au centre. Zestez du citron vert par-dessus.

Le saviez-vous ?

L'île flottante cuit au bain-marie, au four, tandis que les œufs à la neige sont pochés dans de l'eau ou du lait frémissant. Ça, c'est pour la version légère ! D'après Auguste Escoffier, au début des années 1900, l'île flottante était un biscuit de Savoie imbibé de kirsch, couvert de confiture d'abricots, de raisins de Corinthe et d'amandes hachées, masqué par une crème fouettée sucrée et vanillée, le tout entouré de crème anglaise vanillée et de sirop de framboises. Un peu sucré, peut-être ?

Tarte fine aux légumes crus d'Yves Camdeborde

VEGGIE

Chef de file de la bistronomie, mon camarade Yves Camdeborde m'a confié cette recette végétarienne qui déroule le tapis rouge aux légumes de saison. Parfaite à l'apéro ou en entrée, rapide et facile à préparer. Merci l'ami !

POUR 6 PERSONNES
PRÉPARATION : 20 MIN
CUISSON : 15 MIN

- 1 pâte feuilletée pur beurre
- 150 g de fromage frais de brebis ou de chèvre frais
- 1 pincée de curry
- 6 asperges vertes
- 1 courgette primeur
- ½ botte de radis roses
- 12 olives vertes
- 1 poignée de roquette
- Le jus de 1 citron vert
- Huile d'olive
- Sel et poivre

1. Préchauffez le four à 150 °C (th. 5).
2. Placez la pâte feuilletée recouverte de papier cuisson entre 2 plaques pour qu'elle ne gonfle pas et enfournez-la pour 15 minutes.
3. Mélangez le fromage frais avec un peu d'huile d'olive et le curry. Salez, poivrez. Tartinez la pâte feuilletée de ce mélange.
4. Lavez et taillez tous les légumes en tranches très fines, huilez-les et répartissez-les sur la pâte. Dispersez les olives par-dessus et terminez par la roquette. Arrosez de jus de citron et servez.

Retrouvez une autre recette d'Yves Camdeborde le 27 mai ! Express, savoureuse et diablement régressive !

Fish & chiches

Chiche, on se la joue 100 % pois chiches ! Un filet de lieu noir pané à la farine de pois chiches, accompagné d'une salade de… pois chiches ! Voilà une version saine et équilibrée du fameux fish & chips.

POUR 4 PERSONNES
PRÉPARATION : 20 MIN
CUISSON : 6 À 8 MIN

- □ 4 filets de lieu noir de 150 g pièce et sans peau ni arêtes
- □ 40 g de farine de pois chiches
- □ 400 g de pois chiches en bocal
- □ 1 œuf
- □ 8 tomates confites
- □ ½ citron
- □ Huile de tournesol
- □ Sel et poivre du moulin

POUR LA SAUCE TARTARE ALLÉGÉE

- □ 1 cuil. à café de petites câpres
- □ 1 cornichon
- □ 4 brins d'estragon
- □ 4 brins de ciboulette
- □ 1 yaourt grec
- □ 1 cuil. à café de moutarde
- □ 1 cuil. à café de vinaigre de vin
- □ 1 pincée de sel fin

1. Préparez la sauce. Hachez les câpres et le cornichon. Rincez et ciselez les herbes fraîches. Mélangez tous les ingrédients de la sauce en fouettant bien et réservez-la au frais.
2. Trempez les filets de lieu noir un à un, et sur chaque face, dans une assiette creuse contenant l'œuf battu. Passez ensuite les deux faces dans la farine de pois chiches.
3. Faites chauffer de l'huile de tournesol dans une sauteuse et panez les filets de poisson à feu moyen, 3 à 4 minutes par face (selon leur épaisseur). Salez et poivrez.
4. Émincez les tomates confites et ajoutez-les aux pois chiches rincés. Ajoutez la moitié de la sauce tartare et mélangez bien. Versez le jus du demi-citron et mélangez de nouveau.
5. Servez le poisson pané avec la salade de pois chiches et la sauce tartare à côté.

19 Mercredi mai

Asperges rôties AU PARMESAN

EXPRESS

On les connaît cuites à l'eau, ficelées en botte, à la vapeur…
Pour changer, je vais rôtir les asperges blanches à la poêle !
C'est ma cuisson préférée, car elles sont al dente,
comme disent les Italiens !

POUR 4 PERSONNES
PRÉPARATION : 15 MIN
CUISSON : 6 À 8 MIN

- 16 asperges blanches
- 100 g de parmesan en bloc
- 25 g de beurre
- 2 cuil. à soupe d'huile d'olive
- 150 g d'un bon jambon cru taillé en fines tranches (Bayonne, Serrano)
- Poivre du moulin

1. Épluchez les asperges de haut en bas. Coupez la base et conservez-la pour un velouté.

2. Faites chauffer le beurre et l'huile d'olive dans une poêle. Ajoutez-y les asperges et faites-les rôtir à feu doux-moyen 6 à 8 minutes en les retournant régulièrement afin de bien les colorer (elles doivent rester un peu fermes). Poivrez en fin de cuisson.

3. Disposez les asperges dans un plat. Prélevez des copeaux de parmesan à l'aide d'un économe et disposez-les par-dessus. Posez le jambon cru en chiffonnade sur les asperges et servez.

PETITS POIS

à la française

GRAND CLASSIQUE

Cette garniture est un classique de la cuisine française.
J'en propose une version simplifiée pour la refaire plus souvent !

POUR 4 PERSONNES
PRÉPARATION : 20 MIN
RÉFRIGÉRATION : 30 MIN
CUISSON : 25 MIN

- 300 g de petits pois frais écossés (1 kg avec les cosses)
- 1 cœur de laitue
- 8 oignons nouveaux
- ½ bouquet de cerfeuil
- 1 cuil. à café de sucre en poudre
- 30 g de beurre à température ambiante
- Sel et poivre du moulin

1. Coupez le cœur de laitue en quatre dans la hauteur, sans détacher les feuilles. Écossez les petits pois. Lavez et coupez en deux les oignons nouveaux. Ciselez le cerfeuil.
2. Dans un grand saladier, réunissez les petits pois, les oignons nouveaux, les morceaux de laitue, 1 cuillerée à café de sel fin, le sucre et 20 grammes de beurre. Enrobez les légumes de beurre et de sucre, ajoutez le cerfeuil. Couvrez et réservez au frais 30 minutes.
3. Dans une grande casserole, versez 2 cuillerées à soupe d'eau, ajoutez la préparation de petits pois. Couvrez la casserole d'une assiette creuse remplie d'eau froide. Laissez cuire 20 minutes à feu doux. Égouttez avec une écumoire pour conserver le jus de cuisson. Faites-le réduire de moitié, puis ajoutez le reste du beurre en fouettant.
4. Répartissez les légumes dans quatre assiettes et arrosez-les du jus de cuisson beurré. Salez, poivrez et servez aussitôt.

MON ASTUCE

Je couvre la casserole d'une assiette remplie d'eau froide pour retenir la vapeur d'eau et éviter que les petits pois ne se dessèchent.

21 Vendredi mai

Magrets à la rhubarbe
et carottes glacées

POUR 4 PERSONNES
PRÉPARATION : 15 MIN
CUISSON : 35 MIN

- 2 magrets de canard (de 400 g pièce environ)
- 400 g de rhubarbe
- 500 g de carottes fanes
- 15 g de beurre
- 2 cuil. à soupe de sucre en poudre
- 8 cuil. à soupe de miel
- 1 cuil. à soupe de sauce soja
- Sel et poivre du moulin

1. Rincez et grattez les carottes, taillez les fanes. Coupez les carottes en quatre dans la longueur et glacez-les dans une sauteuse avec 10 grammes de beurre, le sucre et un peu d'eau (elles doivent être cuites et bien brillantes). Couvrez et réservez au chaud.
2. Coupez la rhubarbe en tronçons de 5 cm. Faites-les cuire 5 minutes dans le reste du beurre, salez et poivrez.
3. Mélangez le miel et la sauce soja.
4. Quadrillez la peau des magrets et poêlez-les 10 minutes côté peau, puis 5 minutes côté chair. 2 minutes avant la fin de la cuisson, versez la sauce au miel.
5. Coupez les magrets et servez-les avec la sauce, les tronçons de rhubarbe et les carottes.

Un peu d'histoire

C'est André Daguin, le chef gersois doublement étoilé, qui a rendu célèbre, en 1965, le magret de canard en le faisant griller, alors que ce morceau maigre (et si !) n'intéressait personne. En le cuisinant, rendons hommage à ce grand manitou de la cuisine du Sud-Ouest.

MIEUX S'ORGANISER

Profitons de la rhubarbe, les amis ! Ce légume se prête le plus souvent aux préparations sucrées, on le retrouve donc en dessert demain !

Samedi

mai **22**

Fraises et rhubarbe confites

POUR 4 PERSONNES
PRÉPARATION : 20 MIN
CUISSON : 30 MIN

- □ 250 g de fraises
- □ 6 tiges de rhubarbe
- □ 300 g de sucre cassonade

1. Préchauffez le four à 180 °C (th. 6).
2. Lavez les tiges de rhubarbe. Coupez-les en deux et placez-les dans un plat à gratin. Recouvrez de sucre et enfournez pour 30 minutes environ.
3. Pendant ce temps, lavez les fraises, séchez-les et équeutez-les. Coupez-les en deux et répartissez-les dans un plat de service.
4. Ôtez la rhubarbe de sa croûte de sucre. Taillez-la en biseau et disposez-la entre les fraises.

ANTIGASPI

J'utilise le sucre qui a servi lors de la cuisson de la rhubarbe pour faire une confiture. J'ajoute au sucre 200 grammes de rhubarbe coupée en morceaux et 1 banane en rondelles, puis je laisse compoter à feu doux pendant 20 minutes avant de mettre en pot !

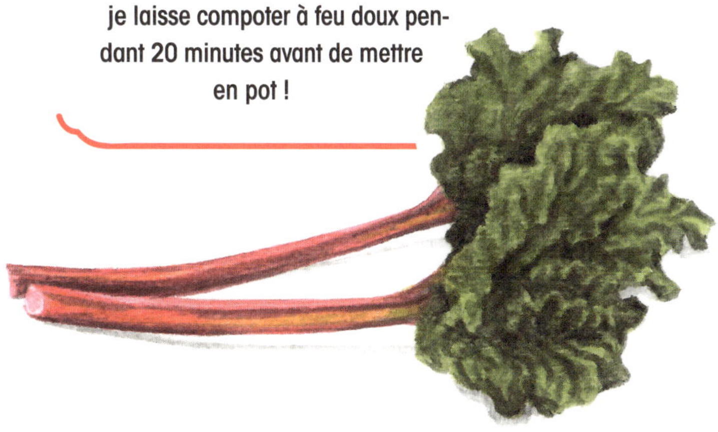

23 Dimanche mai

Dimanche de Pentecôte

MIJOTÉ DE VEAU *gremolata*

L'épaule de veau est un morceau moins cher et moins gras que la noix, mais tout aussi fondant. J'ai choisi de la revêtir de gremolata, ce condiment milanais au citron et au persil qui lui va à merveille !

POUR 4 PERSONNES
PRÉPARATION : 30 MIN
CUISSON : 1 H 20

- □ 800 g d'épaule de veau coupée en cubes de 3 cm
- □ 1 oignon
- □ 2 gousses d'ail
- □ 20 cl de vin blanc
- □ 40 cl de coulis de tomates
- □ 1 branche de thym
- □ 1 feuille de laurier
- □ 1 cuil. à soupe d'huile d'olive
- □ Sel et poivre du moulin

POUR LA GREMOLATA

- □ ½ citron non traité
- □ ½ botte de persil plat
- □ 1 gousse d'ail

1. Faites chauffer l'huile d'olive dans une cocotte, ajoutez les cubes de viande et faites-les dorer. Salez et poivrez. Débarrassez dans une assiette.
2. Émincez l'oignon et hachez l'ail. Faites-les revenir 2 minutes dans la cocotte. Remettez la viande dans la cocotte et déglacez avec le vin blanc. Laissez-le s'évaporer un peu, puis ajoutez le coulis de tomates, le thym et le laurier. Laissez mijoter 1 heure 15.
3. Pendant ce temps, préparez la gremolata. Prélevez le zeste du citron à l'aide d'un économe et hachez-le. Lavez, effeuillez et hachez le persil. Pelez et hachez finement l'ail. Mélangez l'ensemble. Parsemez le mijoté de veau de gremolata et dégustez aussitôt.

24 Lundi mai

Lundi de Pentecôte / Jour férié

EXPRESS

Linguine *aux asperges vertes*

POUR 4 PERSONNES
PRÉPARATION : 20 MIN
CUISSON : 20 MIN

- 300 g de linguine
- ½ botte d'asperges vertes (250 g)
- 150 g de lard fumé
- 50 g de parmesan en bloc
- 2 brins de basilic
- Huile d'olive
- Sel et poivre

1. Débarrassez le lard de sa couenne et détaillez-le en lardons. Épluchez les asperges, ôtez la partie dure et coupez-les en deux dans l'épaisseur, puis en 3 tronçons.
2. Faites revenir dans une poêle le lard dans un peu d'huile avec les asperges, sans les pointes, pendant 5 minutes. Ajoutez les pointes et prolongez de 5 minutes.
3. Pendant ce temps, faites cuire les pâtes dans de l'eau bouillante salée le temps indiqué sur le paquet.
4. Une fois les pâtes cuites, ajoutez un peu d'eau de cuisson dans la poêle et égouttez-les.
5. Ajoutez les pâtes au lard et aux asperges, mélangez bien et poivrez. Dressez sur des assiettes, parsemé de parmesan râpé et de feuilles de basilic. Dégustez aussitôt.

Le saviez-vous ?

Les pâtes sèches que nous consommons la plupart du temps sont fabriquées à base d'eau et de blé dur (en France, depuis les années 1980) impropre à la consommation s'il n'est pas transformé. Les pâtes fraîches sont réalisées avec une autre variété, le blé tendre, auquel on ajoute de l'eau et des œufs. C'est pourquoi elles cuisent plus rapidement et sont plus fragiles.

QUICHE AU CHÈVRE *et aux légumes*

VEGGIE

La quiche est vraiment un très beau plat familial : convivial, généreux et équilibré. Je la décline avec tous les produits de saison, et comme c'est bel et bien le printemps, j'ai décidé d'y glisser des fèves !

POUR 4 À 6 PERSONNES
PRÉPARATION : 30 MIN
CUISSON : 50 MIN

- **1 pâte à quiche (voir recette de la pâte maison page 302)**
- **1 fromage de chèvre demi-affiné de 150 g environ**
- **1 kg de fèves à écosser (300 g écossées)**
- **6 gros champignons rosés de Paris**
- **3 œufs**
- **20 cl de crème fleurette**
- **20 cl de lait entier**
- **50 g de noisettes concassées**
- **Sel et poivre du moulin**

1. Écossez les fèves et plongez-les dans une eau bouillante salée pendant 2 minutes. Rafraîchissez-les, égouttez-les et ôtez leur pellicule. Lavez et séchez les champignons, puis coupez-les en quartiers.
2. Mélangez les œufs avec la crème et le lait. Salez et poivrez.
3. Préchauffez le four à 170 °C (th. 5-6).
4. Sortez la pâte du réfrigérateur et étalez-la en rond sur 3 mm d'épaisseur. Foncez un moule à tarte beurré et fariné. Garnissez de fèves, de champignons, de noisettes et de fromage de chèvre coupé en gros morceaux. Versez le mélange aux œufs et enfournez pour 45 minutes.
5. Dégustez tiède, avec une salade de jeunes pousses.

VEGGIE

EXPRESS

1 PRODUIT 2 RECETTES

Salade de fèves ET DE FROMAGE DE CHÈVRE

POUR 4 PERSONNES
PRÉPARATION : 15 MIN
CUISSON : 5 MIN

- □ 1 kg de fèves à écosser (300 à 400 g écossées)
- □ 150 g de fromage de chèvre demi-affiné
- □ 8 à 10 feuilles de menthe fraîche
- □ Huile d'olive
- □ Fleur de sel et poivre du moulin

1. Écossez les fèves et plongez-les 5 minutes dans de l'eau bouillante salée. Rafraîchissez-les à l'eau glacée, égouttez-les et ôtez leur pellicule.
2. Ciselez la menthe. Répartissez les fèves dans quatre assiettes, parsemez-les de fromage de chèvre émietté à la main et de feuilles de menthe. Versez un filet d'huile d'olive, parsemez de fleur de sel et poivrez. Dégustez à température ambiante.

27 Jeudi mai

Viennoise de volaille

EXPRESS

Une panure pour une volaille, oui, mais inspirée par un chef inventif, mon ami Yves Camdeborde. Quand il était petit, son père, charcutier, lui cuisinait une viennoise de poulet pané aux herbes du jardin. Bravo pour ce détail qui change tout !

POUR 4 PERSONNES
PRÉPARATION : 15 MIN
CUISSON : 5 MIN

- 2 blancs de poulet
- 150 g de chapelure
- 1 cuil. à soupe rase d'amandes en poudre
- Quelques feuilles de persil, de menthe et de basilic
- 2 œufs
- 100 g de farine
- 12 pointes d'asperges vertes
- 1 courgette
- Huile d'olive
- Sel et poivre du moulin

1. Au robot, mixez la chapelure avec les amandes en poudre et les herbes. Déposez dans une assiette creuse. Battez les œufs dans une deuxième assiette creuse. Dans une troisième assiette creuse, versez la farine, salez et poivrez.
2. Tranchez les blancs de poulet en deux, de façon à obtenir quatre escalopes identiques. Salez et poivrez. Trempez-les successivement dans la farine, les œufs, puis la chapelure.
3. Dans une poêle chaude, versez un peu d'huile et faites cuire les escalopes 1 minute de chaque côté. Dans la même poêle, non lavée, faites sauter vivement les asperges et la courgette coupée en rondelles pendant 2 minutes (elles doivent rester croquantes). Répartissez la viande dans quatre assiettes, ajoutez les légumes et servez.

Flétan rôti
AU CRUMBLE DE KASHA

POUR 4 PERSONNES
PRÉPARATION : 10 MIN
CUISSON : 10 À 15 MIN

- □ 4 filets de flétan du Pacifique de 180 g chacun, sans peau
- □ 100 g de kasha (sarrasin grillé)
- □ 1 petit citron confit au sel
- □ 100 g d'olives noires dénoyautées
- □ 1 bouquet de coriandre
- □ Huile d'olive
- □ Fleur de sel et poivre du moulin

1. Préchauffez le four à 180 °C (th. 6).
2. Rincez le kasha à l'eau froide.
3. Hachez l'écorce du citron, les olives, la coriandre, et mélangez-les au kasha. Assaisonnez d'huile d'olive, de fleur de sel et de poivre (la consistance doit être légèrement pâteuse).
4. Placez le poisson dans un plat allant au four et couvrez chaque filet de préparation à base de kasha. Enfournez pour 10 à 15 minutes dans le haut du four.
5. Dégustez avec une tombée d'épinards frais.

Mieux connaître
le kasha

C'est la graine de sarrasin dont on a enlevé la peau et que l'on a grillée. Bien qu'on l'appelle « blé noir », ce n'est pas une céréale, mais elle fait partie de la même famille que l'oseille et la rhubarbe ! Sans gluten, riche en antioxydants et en protéines végétales, le sarrasin grillé réveille nos plats avec son petit goût de noisette. Miam !

29 Samedi mai

TRAVERS DE PORC
et légumes nouveaux

POUR 4 PERSONNES
PRÉPARATION : 30 MIN
CUISSON : 1 H 35

- □ 1 kg de travers de porc
- □ 3 gousses d'ail (nouveau)
- □ 300 g de petits pois avec cosses (130 g écossés)
- □ 4 carottes nouvelles
- □ 4 navets nouveaux
- □ 4 oignons nouveaux
- □ 4 tiges de sauge
- □ 2 cuil. à soupe de sauce soja
- □ 50 cl de bouillon de volaille
- □ Gros sel gris et poivre noir en grains

1. Taillez le travers de porc en morceaux de 3 à 4 cm de côté et placez-les dans une cocotte en fonte. Ajoutez l'ail en chemise écrasé, la sauge, la sauce soja, un peu de gros sel et quelques grains de poivre noir. Versez le bouillon et couvrez. Portez à ébullition, puis baissez le feu et laissez mijoter 1 heure.
2. Pendant ce temps, écossez les petits pois. Lavez les autres légumes. Taillez les carottes et les navets en deux et ajoutez-les à la cocotte au bout de 1 heure de cuisson. Laissez cuire 20 minutes, puis ajoutez les oignons entiers. Poursuivez la cuisson 10 minutes et ajoutez les petits pois.
3. Au bout de 5 minutes, stoppez la cuisson (le jus de cuisson doit avoir réduit de plus des trois quarts et être nappant). Servez dans la cocotte.

ON BOIT QUOI AVEC ?

Un saint-nicolas-de-bourgueil rouge.

GRAND CLASSIQUE

CHARLOTTE *aux fraises*

C'est la fête des Mères ! Pour leur faire plaisir et changer des fleurs, si on préparait un beau dessert ? Le goût de l'enfance et la douceur d'une maman sont réunis dans la charlotte aux fraises.

POUR 4 PERSONNES
PRÉPARATION : 20 MIN
RÉFRIGÉRATION : 3 H

- 750 g de fraises
- Le jus de 1 orange
- 4 feuilles de gélatine
- 300 g de fromage blanc à 20 % de MG
- 3 blancs d'œufs
- 50 g de sucre en poudre
- 20 boudoirs

1. Rincez les fraises, essuyez-les et équeutez-les. Coupez la moitié des fraises en lamelles et mixez l'autre moitié.
2. Faites chauffer le jus d'orange sans aller jusqu'à l'ébullition.
3. Hors du feu, mélangez les fraises mixées au jus d'orange. Réservez un peu de ce coulis pour y tremper les biscuits. Incorporez la gélatine dans la préparation encore chaude, puis mélangez jusqu'à ce qu'elle se soit complètement dissoute. Laissez refroidir et ajoutez le fromage blanc.
4. Montez les blancs en neige en versant le sucre à la fin pour bien les serrer, puis incorporez-les délicatement au mélange précédent.
5. Trempez les boudoirs dans le coulis de fraises réservé. Dans un plat à charlotte ou dans une terrine, montez la charlotte en alternant les boudoirs, la mousse de fraises et les lamelles de fraises. Placez dans le réfrigérateur pour 3 heures au moins.
6. Démoulez et servez bien frais.

31 Lundi mai

EXPRESS

Ma grande salade DE PRINTEMPS

VEGGIE

POUR 4 PERSONNES
PRÉPARATION : 15 MIN

- □ 500 g de petits pois (150 g écossés)
- □ 10 à 15 radis roses
- □ 2 carottes nouvelles
- □ 2 oignons nouveaux
- □ 2 ou 3 poignées de pousses d'épinards
- □ Huile de sésame
- □ Sel et poivre

POUR LA SAUCE

- □ 200 g de yaourt grec
- □ 1 cuil. à café de jus de citron
- □ 1 cuil. à café de moutarde
- □ 2 brins de menthe fraîche
- □ 2 brins de ciboulette

Je raffole des petits pois crus, ils me rappellent des souvenirs d'enfance, quand ma mère les écossait et que je ne pouvais pas attendre qu'ils soient cuits pour les savourer. Dans cette salade, je les marie aux légumes de la jardinière en version crue. Verdict : ils font bon ménage !

1. Lavez soigneusement les légumes, coupez les fanes des carottes, mais ne les pelez pas (réservez quelques fanes pour le décor). Émincez radis, carottes et oignons le plus finement possible, à l'aide d'une mandoline ou d'un économe. Rassemblez-les dans un saladier avec les petits pois et les pousses d'épinards. Assaisonnez d'huile de sésame, salez et poivrez.
2. Préparez la sauce : émincez les herbes fraîches (menthe et ciboulette), puis mélangez tous les ingrédients dans un bol.
3. Nappez de sauce le fond de quatre assiettes et répartissez-y les légumes joliment. Ajoutez quelques pluches de fanes de carottes et dégustez.

Juin
au marché

LES PRODUITS PHARES

La langoustine

En Bretagne, on la surnomme la demoiselle ! Les langoustines sont les petites cousines du homard, elles s'en rapprochent par le goût. Pour les pincer, on les pêche au casier ou au chalut réglementé : pas question de garder des langoustines de moins de 9 cm. Le tri à bord permet de sélectionner les plus matures pour laisser les jeunes grandir en mer. En cuisine, ne la noyez pas sous la mayo et testez-la crue en tartare ou en carpaccio pour profiter de toutes ses saveurs.

L'amande fraîche

L'amande est un fruit frais avant d'être séché ! Durant le mois de juin, vous aurez la chance d'en trouver sur les marchés. On la reconnaît tout de suite à sa coque verte et souple. Celle-ci renferme une amande laiteuse au parfum incomparable. Nous en produisons de plus en plus en France, dans le Sud surtout, car elles aiment se dorer la coque sous le soleil. Cela permet de contrecarrer l'importation de Californie, où les fruits sont cultivés dans un total irrespect de l'environnement.

La cerise

Il est venu, le temps des cerises ! Ce petit rubis de la nature se fait désirer et son prix peut vite grimper, car la cueillette est fastidieuse : comptez un rendement de 6 kg par heure seulement. Pour ne rien arranger, la mouche asiatique, bête noire de la cerise rouge depuis quelques années en France, condamne les récoltes à chacun de ses passages. Bonne nouvelle : 500 grammes de cerises suffisent largement pour le clafoutis limousin proposé ce mois-ci. Il en faut peu pour être heureux !

CHEZ LE MARAÎCHER

Les légumes

Artichaut
Asperge
Aubergine
Blette
Carotte
Concombre
Courgette
Échalote
Épinard
Estragon
Fenouil
Fève
Petit pois
Poivron

Les fruits

Abricot
Cerise
Fraise
Cassis
Groseille
Melon
Rhubarbe
Banane

CHEZ LE FROMAGER

Bleu d'Auvergne,
ricotta, pouligny-saint-pierre,
reblochon, feta,
pont-l'évêque.

CHEZ LE POISSONNIER

Brochet, dorade, merlan,
maquereau, sardine,
sole, coques, palourdes,
langoustines,
lieu jaune, lieu noir.

1er Mardi juin

VEGGIE

1 PRODUIT – 2 RECETTES

GRATIN DE RIZ et de courgettes

POUR 4 PERSONNES
PRÉPARATION : 15 MIN
CUISSON : 45 MIN

- 150 g de riz blanc
- 5 courgettes moyennes
- 2 oignons
- 50 cl de bouillon de légumes chaud
- 100 g de crème fraîche entière
- 150 g d'emmental râpé
- Huile d'olive
- Sel et poivre du moulin

1. Préchauffez le four à 180 °C (th. 6).
2. Épluchez et émincez les oignons et les courgettes. Faites fondre les oignons dans une grande sauteuse avec un filet d'huile d'olive. Dès qu'ils sont tendres, ajoutez les courgettes et le riz. Versez le bouillon de légumes, mélangez, couvrez et laissez cuire 10 minutes. Ajoutez la crème fraîche, salez et poivrez.
3. Transférez le mélange dans un plat à gratin et recouvrez d'emmental râpé. Enfournez pour 35 minutes de cuisson.
4. Dégustez bien chaud.

Mieux connaître

La courgette est un fruit (du point de vue botanique) qui nous vient du Mexique. Celles que nous voyons sur les étals des maraîchers ont été cueillies précocement, car une courgette peut peser plusieurs kilos. Un conseil : si vous ne voulez pas qu'elle rende beaucoup d'eau à la cuisson et devoir en ôter les pépins, choisissez-la petite !

MIEUX S'ORGANISER

Il vous reste une courgette ? Elle viendra se mêler à une sauce fraîche pour accompagner mon agneau demain !

Côtelettes d'agneau, SAUCE CAPRINE

Et si les côtelettes faisaient trempette dans la biquette ? Aujourd'hui, on mange de l'agneau avec les doigts et on l'accompagne d'une sauce au yaourt de chèvre. Acidulé et enrichi de courgette à la menthe, il va apporter une belle fraîcheur !

POUR 4 PERSONNES
PRÉPARATION : 15 MIN
CUISSON : 12 MIN

- □ 8 côtelettes d'agneau premières
- □ 2 yaourts au lait de chèvre de 125 g chacun
- □ 2 brins de menthe
- □ 1 courgette
- □ 1 citron non traité
- □ 1 cuil. à soupe d'huile d'olive
- □ Sel et poivre du moulin

1. Ciselez les feuilles de menthe.
2. Pelez la courgette (une lanière de peau sur deux) et coupez-la en petits cubes. Faites-les revenir 2 minutes dans une poêle avec un filet d'huile d'olive.
3. Débarrassez la courgette et faites cuire les côtelettes 5 minutes dans la poêle. Salez-les et poivrez-les. Retournez-les et poursuivez la cuisson 5 minutes.
4. Pendant ce temps, mélangez dans un bol les yaourts au lait de chèvre, la menthe ciselée, les dés de courgette, salez et poivrez. Versez l'huile d'olive, puis le zeste et le jus du citron dans la sauce au yaourt.
5. Servez les côtelettes avec leur sauce caprine, accompagnées de boulgour.

3 Jeudi juin

Asperges et gésiers des Landes de *Julien Duboué*

Pour composer cette salade printanière, j'ai invité le jeune chef Julien Duboué. Originaire des Landes, il est venu en bonne compagnie avec des asperges de chez lui et des gésiers de canards confits. Une recette simple pour une grande régalade ! Merci Julien !

POUR 4 PERSONNES
PRÉPARATION : 20 MIN
CUISSON : 5 MIN

- ☐ 12 asperges blanches (déjà cuites ou en bocal)
- ☐ 200 g de gésiers de canards confits
- ☐ 4 carottes
- ☐ 1 courgette verte
- ☐ 1 courgette jaune
- ☐ 2 piments verts
- ☐ 2 tomates vertes
- ☐ 1 brin de menthe
- ☐ Quelques brins d'aneth
- ☐ 1 branche de verveine
- ☐ Huile d'olive

POUR LA VINAIGRETTE

- ☐ 1 gousse d'ail
- ☐ 1 betterave rouge crue
- ☐ 1 citron non traité
- ☐ 5 cl d'huile d'olive
- ☐ Sel et poivre

1. Coupez les asperges et les gésiers en morceaux. Faites-les dorer à la poêle dans un peu d'huile d'olive, à feu doux, pendant 5 minutes.
2. Taillez les carottes, les courgettes et les piments en rondelles et découpez les tomates en quartiers. Effeuillez les herbes aromatiques.
3. Rassemblez les légumes, les gésiers et les herbes et répartissez-les dans des assiettes creuses.
4. Préparez la vinaigrette. Râpez la surface de la betterave dans un bol. Pelez l'ail, hachez-le et ajoutez-le dans le bol. Versez le zeste et le jus du citron, puis l'huile d'olive. Mélangez le tout, salez et poivrez.
5. Nappez les légumes et les gésiers de cette vinaigrette, c'est prêt !

Pommes de terre à la sarladaise

Lors de mon passage dans le Périgord,
je me suis remis à cuisiner ce plat traditionnel
de notre cuisine.
Un grand classique assurément !

POUR 4 À 6 PERSONNES
PRÉPARATION : 15 MIN
CUISSON : 35 MIN

- □ 1 kg de pommes de terre primeurs
- □ 3 cuil. à soupe de graisse d'oie
- □ 4 gousses d'ail
- □ Quelques tiges de persil plat
- □ Sel et poivre du moulin

1. Lavez les pommes de terre et séchez-les dans un torchon propre, puis taillez-les en rondelles épaisses.
2. Faites fondre la graisse d'oie dans une poêle à fond épais et faites-y revenir les pommes de terre à feu moyen pendant 10 à 12 minutes sans cesser de les retourner. Salez et poivrez, puis laissez-les cuire 3 minutes sans les toucher. Faites-les ensuite sauter toutes les 2 ou 3 minutes. Comptez 20 minutes de cuisson en tout.
3. Pendant ce temps, pelez l'ail et hachez-le avec le persil. Ajoutez-les à la poêle et mélangez. Couvrez la poêle et laissez étuver 15 minutes à feu doux.
4. Dégustez en accompagnement d'une viande ou avec une salade verte.

MON TRUC EN +

Pour accentuer le moelleux des pommes de terre, je les laisse reposer 5 minutes à couvert dans la poêle, sur le feu éteint.

5 Samedi juin

Clafoutis du Limousin

GRAND CLASSIQUE

Juin sonne le temps des cerises et leur courte saison. Préparer un clafoutis est pour moi un rituel incontournable. Attention : si vous laissez les noyaux, prévenez vos invités !

POUR 6 PERSONNES
PRÉPARATION : 15 MIN
CUISSON : 40 MIN

- ☐ 500 g de grosses cerises (bigarreaux)
- ☐ 100 g de sucre en poudre + un peu en fin de cuisson
- ☐ 3 œufs
- ☐ 100 g de farine
- ☐ 30 cl de lait entier
- ☐ Beurre pour le moule
- ☐ 1 pincée de sel fin

1. Lavez et équeutez les cerises. Laissez les noyaux…, ou non, c'est à vous de voir !
2. Battez le sucre et les œufs, puis ajoutez la farine et le sel. Versez peu à peu le lait sans cesser de mélanger pour obtenir une pâte lisse comme une pâte à crêpes.
3. Préchauffez le four à 180 °C (th. 6).
4. Disposez les cerises dans un plat creux beurré, puis versez la pâte sur les cerises. Enfournez le clafoutis pour 40 minutes environ.
5. Lorsqu'il est doré et légèrement tremblotant au centre, sortez-le du four et saupoudrez-le aussitôt d'un peu de sucre. Laissez-le tiédir avant de le déguster.

TRUITES FUMÉES MAISON *au barbecue*

J'ai reçu à La Table des Bons Vivants, sur Europe 1, la cheffe américaine Cathleen Clarity. En Californie, on cuisine sain, des produits bruts. Elle nous a donné la recette de son saumon d'Alaska fumé maison, que j'ai adaptée avec un poisson de chez nous : la truite des Pyrénées !

POUR 6 PERSONNES
PRÉPARATION : 15 MIN
MARINADE : 15 MIN
TREMPAGE : 2 H
CUISSON : 13 À 15 MIN
REPOS : 5 MIN

- □ 900 g de filets de truites des Pyrénées (avec la peau)
- □ 1 citron non traité
- □ 1 cuil. à soupe de moutarde à l'ancienne en grains
- □ 2 cuil. à soupe de miel
- □ 1 branche de romarin

MATÉRIEL

- □ 1 planche de cèdre (ou de chêne) non traitée trempée 2 heures

1. Faites tremper la planche de bois dans de l'eau, totalement immergée, pendant 2 heures.
2. Prélevez le zeste du citron. Mélangez-le à la moutarde, au miel et au romarin effeuillé. Enduisez le poisson de ce mélange et laissez mariner 15 minutes à température ambiante.
3. Préparez votre barbecue : la flamme doit être moyenne si vous utilisez un barbecue au charbon, mais forte s'il est au gaz.
4. Ouvrez la prise d'air du bas. Posez le poisson côté peau sur la planche. Déposez la planche sur la grille et refermez le couvercle du barbecue.
5. Laissez les filets de truites cuire jusqu'à ce que les côtés commencent à griller (13 à 15 minutes). S'il y a trop de flammes, vaporisez de l'eau pour les éteindre.
6. Laissez ensuite le poisson reposer sur la planche 5 minutes avant de le servir.

7 Lundi juin

VEGGIE

PAS CHER

Salade de carottes À LA CHERMOULA

Aujourd'hui, direction le Maghreb ! Je revisite la chermoula, cette sauce fraîche d'Afrique du Nord, pour accompagner des carottes de saison. Pour une belle entrée ou avec une viande blanche.

POUR 4 PERSONNES
PRÉPARATION : 30 MIN
CUISSON : 20 MIN
REPOS : 1 H

- □ 1 botte de carottes fanes
- □ 10 cl d'huile d'olive
- □ 1 cuil. à café de cumin moulu
- □ 1 cuil. à café de paprika
- □ 2 gousses d'ail
- □ ¼ de botte de persil
- □ Le jus de 1 citron jaune
- □ Gros sel gris
- □ Sel et poivre du moulin

1. Lavez les carottes et les fanes. Réservez quelques fanes. Pelez les carottes et coupez-les en biseaux.
2. Dans une cocotte, faites chauffer la moitié de l'huile d'olive, puis faites-y revenir les épices et 1 gousse d'ail pelée et râpée. Ajoutez les carottes et mélangez. Salez, poivrez et ajoutez un verre d'eau. Couvrez et laissez cuire 15 minutes à couvert, à feu moyen, en remuant de temps en temps.
3. Lavez et équeutez le persil. Dans un pilon, écrasez la deuxième gousse d'ail avec 1 demi-cuillerée à café de gros sel. Ajoutez le persil, les fanes de carottes réservées, et écrasez à nouveau. Complétez avec le reste d'huile d'olive.
4. Au terme de la cuisson des carottes, ôtez le couvercle et laissez réduire le jus s'il y en a. Ajoutez le hachis d'herbes et d'ail, et mélangez. Versez le jus de citron et mélangez à nouveau.
5. Laissez refroidir au moins 1 heure avant de déguster pour que les arômes se diffusent.

Mes burgers
À LA TOMME DE BREBIS

POUR 4 PERSONNES
PRÉPARATION : 30 MIN
CUISSON : 6 MIN

- □ 4 pains à burger
- □ 500 g de bœuf haché
- □ 1 gros oignon rouge
- □ 1 tomate type marmande
- □ 4 feuilles de salade sucrine
- □ 2 cuil. à soupe de mayonnaise
- □ 2 cuil. à soupe de sauce basque
- □ 200 g de tomme de brebis en tranches
- □ Sel fin gris et poivre du moulin

1. Préchauffez la plancha à 200 °C.
2. Épluchez l'oignon rouge, puis taillez 4 belles tranches et hachez les parures.
3. Mélangez dans un saladier l'oignon haché avec la viande de bœuf, salez et poivrez. Formez 4 steaks avec ce mélange.
4. Lavez la tomate et coupez-la en 4 tranches. Lavez et séchez la salade.
5. Coupez en deux les pains à burger. Déposez les steaks sur votre plancha et laissez colorer 3 minutes. Retournez-les, ajoutez autour les rondelles d'oignon ainsi que les pains burgers, côté tranché sur la plancha, puis déposez quelques lamelles de tomme de brebis sur les steaks. Laissez de nouveau 3 minutes. Débarrassez le tout sur un plat.
6. Mélangez la mayonnaise avec la sauce basque. Déposez un peu de cette sauce sur le fond des pains, puis ajoutez une feuille de sucrine, une rondelle de tomate et une rondelle d'oignon caramélisée. Déposez ensuite un steak à la tomme de brebis. Terminez par un peu de sauce, puis recouvrez du chapeau de pain.
7. Si besoin est, piquez d'une petite pique à brochette et dégustez sans attendre.

9 Mercredi juin

CHEESECAKE CHÈVRE FRAIS,
coulis de framboises

Florence et Gilles Gros élèvent leurs chèvres et leurs brebis du côté de Fouliouze, dans le Périgord. Après avoir promené le troupeau, c'est opération traite matin et soir. J'ai assisté à la fabrication de leur tomme mi-chèvre mi-brebis et de leur fromage frais, d'où l'idée d'un cheesecake tout doux.

POUR 6 À 8 PERSONNES
PRÉPARATION : 15 MIN
CUISSON : 30 MIN
RÉFRIGÉRATION : 1 H

- 200 g de fromage de chèvre frais
- 180 g de chocolat blanc
- 4 œufs
- 1 noix de beurre pour le moule

POUR LE COULIS DE FRAMBOISES

- 200 g de framboises + 50 g pour le décor
- 3 cuil. à soupe de sucre de canne
- Le jus de ½ citron

MATÉRIEL

- 1 moule à manqué de 16 cm de diamètre

1. Préchauffez le four à 160 °C (th. 5-6).
2. Séparez les jaunes d'œufs des blancs. Faites fondre le chocolat blanc au bain-marie. Versez le chocolat fondu dans un saladier, incorporez le fromage de chèvre et les jaunes d'œufs, et fouettez jusqu'à obtenir un mélange bien lisse.
3. Montez les blancs en neige et incorporez-les à la préparation au fromage en trois fois.
4. Versez dans un moule à manqué beurré. Enfournez pour 15 minutes. Baissez le thermostat à 140 °C (th. 4-5) et poursuivez la cuisson 15 minutes. Laissez refroidir et placez pour 1 heure dans le réfrigérateur.
5. Préparez le coulis. Mixez les framboises avec le sucre et le jus de citron. Passez au travers d'un tamis.
6. Décorez le cheesecake de framboises entières, puis servez-le avec son coulis.

ROULEAUX DE PRINTEMPS au confit de canard

Un vent de fraîcheur printanière souffle sur le confit de canard, cette conserve incontournable de nos placards. Le confit ne se mange pas uniquement avec des pommes de terre… La preuve avec ces crudités bien roulées.

POUR 4 PERSONNES
PRÉPARATION : 20 MIN
CUISSON : 10 MIN

- □ 2 cuisses de canard confites
- □ 1 petite courgette jaune
- □ 4 petits oignons nouveaux
- □ 50 g de roquette
- □ Piment d'Espelette
- □ 4 feuilles de riz
- □ 1 cuil. à soupe de moutarde à l'ancienne
- □ 2 cuil. à soupe d'huile de sésame grillé
- □ Sel fin

1. Dans une poêle chaude, faites colorer les cuisses de canard. Pendant ce temps, lavez tous les légumes, rincez et essorez la roquette.
2. Taillez la courgette en bâtonnets, émincez les oignons. Réunissez tous les légumes dans un saladier, salez et parsemez de piment d'Espelette.
3. Débarrassez les cuisses sur une assiette, effilochez la chair et ajoutez-la aux légumes. Versez la moutarde, l'huile de sésame grillé, et mélangez.
4. Trempez brièvement les feuilles de riz dans de l'eau tiède. Déposez-les par deux sur un linge légèrement humide en les faisant se chevaucher à moitié. Disposez un peu de roquette sur la partie inférieure, recouvrez d'un quart de la farce. Roulez l'ensemble sur lui-même en serrant bien. Faites de même pour les trois autres rouleaux.
5. Coupez chaque rouleau en deux et disposez-les sur un plat de service.

11 Vendredi juin

EXPRESS

1 PRODUIT – 2 RECETTES

Salade
de pousses d'épinards

POUR 4 PERSONNES
PRÉPARATION : 15 MIN

- 4 poignées de pousses d'épinards
- 10 radis
- 4 cuil. à soupe de pistaches
- ½ bouquet de coriandre
- 150 g de tomates confites
- 1 ou 2 cuil. à café de graines de cumin
- 3 cuil. à soupe d'huile d'olive
- 1 cuil. à soupe de vinaigre balsamique
- Fleur de sel et poivre du moulin

1. Décortiquez et concassez les pistaches.
2. Lavez soigneusement les pousses d'épinards et les radis et conservez les plus belles fanes. Émincez les radis. Effeuillez la coriandre.
3. Rassemblez tous les ingrédients dans un saladier et mélangez bien.
4. Disposez la salade au centre de quatre assiettes et dégustez avec des tranches de pain grillées.

Le saviez-vous ?

Les jeunes pousses d'épinards sont très peu caloriques, pleines de vitamine C, de carotène et de minéraux. Et ce n'est pas tout ! Leurs fibres, douces et très tendres, sont particulièrement digestes. Parfaites pour une petite diète !

MIEUX S'ORGANISER

Aujourd'hui, les pousses d'épinards se mangent crues. Demain, je les fais tomber (dans une poêle, je vous rassure !).

Galettes de sarrasin, haddock et pousses d'épinards

POUR 4 PERSONNES
PRÉPARATION : 20 MIN
CUISSON : 5 MIN

- □ 8 galettes de sarrasin
- □ 200 g de filets de haddock sans peau
- □ 90 g de pousses d'épinards
- □ 20 g de beurre demi-sel
- □ 4 cuil. à soupe de crème fraîche entière

1. Détaillez le haddock en tranches fines. S'il est très salé, pochez les tranches 10 minutes dans une casserole remplie pour moitié d'eau et pour moitié de lait, à feu très doux.
2. Dans deux grandes poêles à revêtement antiadhésif, faites chauffer 5 grammes de beurre. Dans chacune d'elles, superposez 2 galettes de sarrasin. Garnissez-les de haddock, de pousses d'épinards, et ajoutez 1 cuillerée à soupe de crème par poêle. Faites chauffer 2 minutes. Repliez les côtés des galettes et débarrassez sur une assiette.
3. Répétez l'opération pour les 4 galettes restantes.
4. Réchauffez les premières galettes dans l'une des poêles si nécessaire. Dégustez aussitôt.

Mon astuce

Pour que ma garniture n'accroche pas à la poêle en traversant la galette, je double celle-ci, et c'est encore plus gourmand ! Tous les Bretons vous le diront : le secret d'une bonne galette, c'est de la faire revenir dans une généreuse noix de beurre… demi-sel, bien entendu !

13 Dimanche juin

EXPRESS

Mon omelette BAVEUSE

GRAND CLASSIQUE

POUR 4 PERSONNES
PRÉPARATION : 10 MIN
CUISSON : 5 MIN

- 12 œufs frais
- 50 g de beurre
- Sel et poivre du moulin

1. Fouettez les œufs à la fourchette dans un grand bol. Ne salez pas tout de suite.

2. Faites chauffer deux poêles (de préférence antiadhésives). Lorsqu'elles sont chaudes, mettez 25 grammes de beurre dans chacune d'elles. Dès qu'il mousse, répartissez les œufs dans les poêles.

3. Salez et poivrez à ce moment-là, puis, à l'aide du dos de la fourchette (attention à ne pas rayer le revêtement des poêles), faites des cercles en ramenant les bords vers le centre afin que l'omelette ne fige pas tout de suite. Restez en mouvement quelques secondes, puis faites faire des mouvements circulaires aux poêles. Lorsque le fond de l'omelette glisse de la poêle et quand le dessus est baveux, pliez-la et faites-la glisser dans un plat.

4. Dégustez aussitôt avec ma salade de pousses d'épinards (voir le 11 juin).

Mieux conserver

Non, non et non, les œufs ne se conservent pas dans le réfrigérateur ! Leur coquille est naturellement conçue pour les protéger des bactéries. En revanche, l'humidité produite par le réfrigérateur la fragilise et les microbes n'auront plus qu'à s'y faufiler.

GRAND CLASSIQUE

QUICHE LORRAINE

Pour bien démarrer la semaine, voici la recette de la quiche de mon enfance, dans les règles du lard !

POUR 6 PERSONNES
PRÉPARATION : 30 MIN
REPOS : 1 H
CUISSON : 30 À 35 MIN

- 250 g de poitrine maigre fumée
- 10 g de beurre + un peu pour le moule
- 6 œufs
- 40 cl de crème fraîche entière
- 1 pincée de noix de muscade moulue
- Sel et poivre du moulin

POUR LA PÂTE BRISÉE

- 200 g de farine
- 1 cuil. à café rase de sel
- 100 g de beurre mou

1. Préparez la pâte brisée. Disposez la farine et le sel en fontaine sur le plan de travail. Ajoutez au centre le beurre mou en morceaux. Mélangez du bout des doigts en incorporant peu à peu la farine et en ajoutant 2 ou 3 cuillerées à soupe d'eau froide. Travaillez la pâte jusqu'à ce qu'elle soit bien lisse et ne colle plus. Ramassez-la en boule et enveloppez-la dans du film alimentaire. Laissez-la reposer 1 heure au frais.
2. Préchauffez le four à 200 °C (th. 6-7).
3. Plongez la poitrine fumée dans une casserole d'eau froide, portez à frémissements, écumez et laissez blanchir 2 minutes. Rafraîchissez-la, égouttez-la et coupez-la en dés. Faites revenir légèrement les lardons dans le beurre.
4. À l'aide d'un rouleau à pâtisserie, abaissez la pâte sur un plan de travail légèrement fariné, puis tapissez-en un moule beurré. Piquez la pâte avec une fourchette et répartissez les lardons. Battez les œufs avec la crème, salez, poivrez et ajoutez la noix de muscade. Versez l'appareil sur le fond de tarte.
5. Enfournez pour 10 minutes, puis baissez la température à 180 °C (th. 6) et poursuivez la cuisson durant 20 à 25 minutes.

Salade de magrets de canard fumé aux pickles d'oignons

POUR 4 PERSONNES
PRÉPARATION : 15 MIN
CUISSON : 20 MIN

- □ 100 g de tranches de magret de canard fumé
- □ 400 g d'oignons grelots
- □ 20 cl de vin blanc doux
- □ 5 cl de vinaigre d'alcool blanc
- □ 1 cuil. à soupe de sucre en poudre
- □ 2 poignées de mesclun
- □ Huile d'olive
- □ Sel et poivre du moulin

1. Pelez les oignons grelots. Faites bouillir le vin blanc et le vinaigre avec le sucre. Ajoutez les oignons, salez, poivrez et laissez mijoter 20 minutes à feu doux, à couvert.
2. Laissez les oignons tiédir quelques instants avant de les mélanger au mesclun et au magret de canard fumé. Arrosez d'un filet d'huile d'olive et dégustez aussitôt.

ET AVEC ÇA, ON BOIT QUOI ?

Un corbières rouge.

16 Mercredi juin

VEGGIE

MA CHAKCHOUKA *verte*

ZÉRO GASPI

Dans la série des plats uniques à partager entre toute la tablée, l'hiver a la fondue, l'été, la chakchouka ! Voici ma version aux légumes verts de ce plat moyen-oriental.

POUR 4 PERSONNES
PRÉPARATION : 20 MIN
CUISSON : 18 MIN

- □ 500 g d'épinards frais
- □ 500 g de petits pois frais (ou 150 g écossés)
- □ 300 g de haricots verts
- □ 2 oignons
- □ 1 brocoli
- □ 6 tiges de persil plat
- □ 2 cuil. à soupe de mascarpone
- □ 2 cuil. à café de cumin moulu
- □ 4 gros œufs fermiers
- □ Huile d'olive
- □ Sel et poivre

1. Équeutez et rincez les épinards. Écossez les petits pois et équeutez les haricots verts. Pelez et ciselez les oignons. Effeuillez le persil et ciselez-en la moitié.
2. Faites blanchir les petits pois et les haricots verts dans une grande casserole d'eau bouillante pendant 5 minutes.
3. Pendant ce temps, détaillez le brocoli en fleurettes et coupez-les en deux. Ajoutez-les dans la casserole et poursuivez la cuisson 3 minutes. Plongez les légumes dans un saladier rempli d'eau glacée, puis égouttez-les bien.
4. Dans un large poêlon, faites revenir les oignons dans un filet d'huile d'olive jusqu'à les attendrir. Ajoutez tous les légumes, le persil non ciselé, le mascarpone, le cumin, salez et poivrez. Laissez cuire 5 minutes à couvert.
5. Cassez les œufs un à un sur les légumes, aux quatre coins du poêlon, comme pour un œuf au plat, couvrez et laissez cuire pour que les œufs soient juste pris. Parsemez-les de persil ciselé et servez à même le poêlon, avec des tranches de pain frais ou des pains pitas.

ANTIGASPI

Surtout, ne jetez pas pas les cosses des petits pois ! On va en faire un délicieux velouté demain.

VEGGIE

ZÉRO GASPI

Soupe de cosses DE PETITS POIS

POUR 4 PERSONNES
PRÉPARATION : 15 MIN
CUISSON : 22 MIN

- ☐ 400 g de cosses de petits pois
- ☐ 2 oignons
- ☐ 400 g de pommes de terre
- ☐ 2 cuil. à soupe d'huile d'olive
- ☐ 1 feuille de laurier
- ☐ ½ cuil. à café de gros sel

1. Épluchez les oignons et pelez les pommes de terre. Émincez les oignons et coupez les pommes de terre en cubes. Rincez bien les cosses de petits pois à l'eau claire.
2. Faites colorer les oignons dans l'huile d'olive pendant 2 minutes, puis ajoutez les pommes de terre, la feuille de laurier déchirée et les cosses de petits pois.
3. Assaisonnez de gros sel et couvrez de 1 litre d'eau bouillante.
4. Laissez cuire 20 minutes, ôtez la feuille de laurier et mixez dans un blender.
5. Passez au travers d'un tamis, versez dans des assiettes creuses et dégustez aussitôt avec des croûtons de pain grillés.

Mieux s'organiser

Je prépare dès ce soir le sirop au basilic pour mon sorbet de demain, pour qu'il ait le temps d'infuser et de refroidir.

Sorbet FRAISE-BASILIC

POUR 6 PERSONNES
PRÉPARATION : 15 MIN
CUISSON : 10 MIN
CONGÉLATION : 4 H
RÉFRIGÉRATION : 10 À 15 MIN

- □ 500 g de fraises parfumées (ciflorette, charlotte…)
- □ ½ botte de basilic frais
- □ 80 g de sucre de canne
- □ Le jus de ½ citron

1. La veille, préparez un sirop. Portez le sucre et 10 cl d'eau à ébullition avec les feuilles de basilic jusqu'à ce que le sucre se soit totalement dissout (10 minutes). Laissez refroidir.
2. Le jour même, rincez et équeutez les fraises. Placez-les dans le bol d'un mixeur. Versez le sirop au basilic à travers un tamis, puis versez le jus de citron.
3. Mixez jusqu'à obtenir une préparation lisse et versez dans un moule à cake à travers un tamis. Placez au congélateur pour 3 heures.
4. Démoulez le sorbet et mixez-le de nouveau pour éliminer les cristaux. Replacez-le dans le moule à cake, recouvrez de film alimentaire et remettez-le au congélateur pour 1 heure.
5. Entreposez le sorbet dans le réfrigérateur 10 à 15 minutes avant de le déguster.

MON CONSEIL

Ce sorbet est idéal en accompagnement de la tarte fine à la rhubarbe du 27 juin !

19 Samedi juin

POMMES DE TERRE DE NOIRMOUTIER *aux palourdes*

POUR 4 PERSONNES
PRÉPARATION : 30 MIN
CUISSON : 30 MIN
DÉGORGEAGE : 2 H

- 800 g de pommes de terre nouvelles de Noirmoutier
- 1 kg de palourdes
- 2 gousses d'ail
- Piment d'Espelette
- 1 verre de vin blanc sec
- ¼ de botte de persil plat
- 50 g de beurre doux
- 2 cuil. à soupe d'huile d'olive
- Gros sel gris de Noirmoutier

1. Laissez tremper les palourdes dans de l'eau fortement salée pendant 2 heures en changeant l'eau trois fois afin d'ôter le sable.
2. Lavez les pommes de terre nouvelles. Placez-les dans une casserole d'eau froide salée et portez à ébullition. Laissez-les cuire 20 minutes.
3. Faites chauffer l'huile d'olive dans une large poêle munie d'un couvercle. Ajoutez l'ail écrasé avec 1 pincée de piment d'Espelette. Faites-le colorer légèrement, puis ajoutez les palourdes égouttées. Remuez, versez le vin blanc, couvrez et laissez chauffer 2 à 3 minutes.
4. Effeuillez et concassez le persil, coupez le beurre en morceaux et ajoutez-les aux palourdes. Mélangez.
5. Égouttez les pommes de terre, coupez-les en deux, ajoutez-les aux palourdes et mélangez.
6. Dressez dans des assiettes creuses et dégustez aussitôt.

Mieux connaître

La pomme de terre nouvelle de Noirmoutier est ramassée à la main, car sa peau très fine la rend fragile. On la récolte entre mai et juillet. C'est le climat, doux et iodé, et la terre sableuse qui lui donnent ce petit goût de noisette et de châtaigne que j'adore. Bonne nouvelle : on peut la manger avec la peau !

PAS CHER
- de 3 euros / personne

Pulled pork

Pulled pork signifie « porc effiloché », car on effiloche la viande à la fourchette, tant elle est fondante, confite dans sa sauce. Une sauce barbecue maison, bien sûr, qui vous resservira pour les barbecues de l'été, j'en suis certain !

POUR 6 PERSONNES
PRÉPARATION : 15 MIN
CUISSON : 3 H

- □ 1 échine de porc fermier de 1,8 kg
- □ 2 oignons rouges
- □ Huile de tournesol
- □ Sel et poivre du moulin

POUR LA SAUCE BARBECUE MAISON

- □ 30 cl de ketchup bio
- □ 1 cuil. à café de paprika
- □ 1 cuil. à soupe de moutarde
- □ 5 cl de vinaigre de vin
- □ 10 cl de sauce Worcestershire
- □ 3 cuil. à soupe de miel

1. Préchauffez le four à 160 °C (th. 5-6).
2. Préparez la sauce barbecue en mélangeant tous les ingrédients.
3. Faites chauffer l'huile dans la cocotte et faites-y colorer la viande sur toutes ses faces. Épluchez et émincez les oignons, ajoutez-les dans la cocotte. Mélangez.
4. Ajoutez la sauce barbecue, versez 2 verres d'eau et couvrez. Enfournez pour 3 heures de cuisson en retournant la viande à mi-cuisson.
5. Sortez la cocotte du four, effilochez la viande à l'aide d'une fourchette et mélangez-la bien à la sauce barbecue. Servez avec des frites maison ou des pommes de terre cuites en robe des champs.

21 Lundi juin

Été/Fête de la Musique

TARTE FINE
de courgettes multicolores

VEGGIE

En ce jour de fête de la Musique, je vous propose de jouer de la mandoline pour tailler les courgettes de notre tarte. Si vous n'en avez pas, jouez de l'économe, ça marche aussi !

POUR 6 PERSONNES
PRÉPARATION : 30 MIN
CUISSON : 25 MIN

- 1 disque de pâte feuilletée
- 2 courgettes vertes
- 2 courgettes jaunes
- 10 cl d'huile d'olive
- 1 dizaine de feuilles de basilic
- 2 gousses d'ail
- 2 fromages de chèvre frais (de 200 g chacun)
- Fleur de sel
- Sel et poivre du moulin

1. Préchauffez le four à 170 °C (th. 5-6) – ou préchauffez votre BBQ.
2. Disposez la pâte feuilletée entre deux feuilles de papier cuisson, puis en deux plaques de cuisson, et enfournez pour 20 minutes.
3. Lavez les courgettes, ôtez les extrémités, retirez le cœur et réservez ce dernier. Taillez-les en fines lamelles à la mandoline. Réservez dans un saladier, salez, arrosez d'huile et parsemez de feuilles de basilic.
4. Hachez le cœur réservé des courgettes. Épluchez et hachez l'ail. Passez-les ensemble vivement à la plancha ou dans une poêle bien chaude.
5. Mélangez votre hachis de courgettes aux fromages de chèvre frais et tapissez-en le fond de pâte feuilletée.
6. Recouvrez de tagliatelles de courgettes marinées. Arrosez d'huile d'olive et assaisonnez de fleur de sel et de poivre.

EXPRESS

Tajine de poulet

POUR 4 PERSONNES
PRÉPARATION : 15 MIN
CUISSON : 15 MIN

- □ 400 g d'aiguillettes de poulet
- □ 2 courgettes
- □ 1 oignon
- □ 2 abricots frais
- □ 1 gousse d'ail
- □ 1 cuil. à soupe de raisins secs blonds
- □ 2 pincées de cumin moulu
- □ 50 g d'olives violettes
- □ ½ bouquet de coriandre
- □ Huile d'olive
- □ Sel et poivre du moulin

1. Épluchez et émincez les courgettes et l'oignon. Rincez les abricots, dénoyautez-les et coupez-les en quartiers. Pelez et hachez l'ail.
2. Faites chauffer un wok ou une sauteuse avec un filet d'huile d'olive. Faites sauter les aiguillettes de poulet 2 minutes à feu vif.
3. Quand elles sont dorées, ajoutez l'oignon et l'ail et faites-les sauter 1 minute. Ajoutez les courgettes, les quartiers d'abricots, les raisins secs, le cumin et les olives, et faites sauter le tout 1 minute. Versez un verre d'eau et laissez cuire 10 minutes à feu moyen.
4. Rectifiez l'assaisonnement, versez la préparation dans un plat de service, parsemez de coriandre effeuillée et posez au centre de la table.

Ça m'énerve

Les produits ultratransformés (nuggets de volaille, plats cuisinés, etc.) poussent à manger plus, car ils ne laissent pas le temps à notre corps de signaler au cerveau la sensation de satiété. C'est ce que révèle une étude américaine. Pourquoi ? Parce qu'ils sont plus riches en lipides et en glucides (matières grasses et sucre), mais pauvres en fibres et en protéines. Il faut donc en manger davantage pour se nourrir. Oublions-les et cuisinons pour rester en bonne santé !

23 Mercredi juin

Financier aux cerises
à partager

S'il y a un dessert rapide et facile pour un jour de semaine, c'est bien le financier. J'en fais une version XXL, idéale à partager, et j'y ajoute des cerises – c'est de saison !

POUR 6 PERSONNES
PRÉPARATION : 10 MIN
CUISSON : 25 MIN

- 12 cerises
- 150 g de beurre demi-sel + 5 g pour le moule
- 120 g d'amandes en poudre
- 100 g de sucre de canne
- 50 g de farine
- 4 blancs d'œufs

1. Préchauffez le four à 170 °C (th. 5-6).
2. Dénoyautez les cerises.
3. Faites fondre le beurre jusqu'à ce qu'il soit noisette et laissez-le tiédir.
4. Dans un saladier, mélangez les amandes en poudre, le sucre et la farine. Ajoutez le beurre noisette passé au tamis pour filtrer les impuretés et mélangez. Ajoutez les blancs d'œufs légèrement battus, mélangez et versez dans un moule beurré.
5. Disposez les cerises régulièrement sur le dessus du financier et enfournez pour 20 minutes. Laissez refroidir avant de démouler et de déguster.

SOLE MEUNIÈRE

« Sol-do-ré, fa-si-la préparer », chantent en chœur les musiciens et les cuisiniers ! La chair raffinée de ce poisson l'a haussé au rang des grands classiques de la cuisine française. Alors, musique, maestro !

POUR 4 PERSONNES
PRÉPARATION : 10 MIN
CUISSON : 10 MIN

- 4 soles portions (sans la peau noire)
- 8 brins de persil plat
- 6 cuil. à soupe de farine fluide
- 100 g de beurre demi-sel
- 4 cuil. à soupe d'huile de tournesol
- 1 citron
- Sel et poivre du moulin

1. Rincez et concassez le persil. Salez et poivrez l'intérieur et l'extérieur des soles. Passez-les rapidement dans la farine et tapotez-les pour en retirer l'excédent.
2. Dans deux grandes poêles, faites chauffer un tiers du beurre avec l'huile de tournesol jusqu'à ce que le beurre colore.
3. Faites dorer 2 soles à la fois dans chacune des poêles, 5 minutes sur chaque face, côté peau blanche en premier.
4. Lorsque les soles sont cuites, déposez-les dans un plat de service, arrosez-les de jus de citron et parsemez-les de persil concassé.
5. Mettez le reste du beurre à fondre dans une poêle. Lorsqu'il prend une couleur noisette, arrosez-en les soles.
6. Servez-les immédiatement, accompagnées de pommes vapeur.

25 Vendredi juin

1 PRODUIT 2 RECETTES

Keftedes et boulgour *à la grecque*

Les keftedes sont des boulettes de viande de bœuf, mais aussi d'agneau ou de veau (et parfois même les trois mélangés) dont chaque famille grecque a le secret. Voici ma version !

POUR 4 PERSONNES
PRÉPARATION : 20 MIN
CUISSON : 20 MIN

- □ 600 g de viande de bœuf hachée
- □ 240 g de boulgour
- □ 4 brins d'origan frais
- □ 4 brins de thym frais
- □ ½ bouquet de menthe fraîche
- □ 1 oignon
- □ 120 g de chapelure
- □ 1 œuf
- □ 5 cuil. à soupe de farine
- □ 1 boîte de pulpe de tomates (400 g net)
- □ Huile d'olive
- □ Sel et poivre du moulin

1. Effeuillez et ciselez les herbes aromatiques. Épluchez et râpez l'oignon. Mélangez-le à la viande hachée et à la moitié des herbes. Versez la chapelure, ajoutez l'œuf, salez et poivrez. Mélangez bien tous les ingrédients afin d'obtenir une préparation homogène. Formez des boulettes de la taille d'une noix et passez-les dans la farine.
2. Dans une grande casserole d'eau bouillante salée, faites cuire le boulgour 12 minutes.
3. Pendant ce temps, faites chauffer 2 cm d'huile d'olive dans une grande sauteuse, puis faites-y frire les boulettes 5 à 7 minutes en les tournant régulièrement. Égouttez-les sur du papier absorbant.
4. Égouttez le boulgour et versez-le dans la sauteuse avec la pulpe de tomates. Ajoutez le reste des herbes aromatiques et réchauffez pendant 2 minutes. Salez et poivrez. Transférez dans un plat de service et ajoutez les boulettes. Servez aussitôt.

MIEUX S'ORGANISER

On retrouvera demain les saveurs de la Grèce et le boulgour, en version végétarienne !

VEGGIE

Gratin de boulgour à la feta

POUR 4 PERSONNES
PRÉPARATION : 20 MIN
CUISSON : 40 MIN

- □ 240 g de boulgour
- □ 200 g de feta grecque AOP
- □ 2 brins d'origan frais
- □ 2 brins de thym frais
- □ ½ bouquet de menthe fraîche
- □ 2 courgettes
- □ Huile d'olive
- □ 1 boîte de pulpe de tomates (400 g net)
- □ Sel et poivre du moulin

1. Préchauffez le four à 210 °C (th. 7).
2. Effeuillez et ciselez les herbes aromatiques. Pelez et râpez les courgettes. Faites-les revenir dans une sauteuse avec un filet d'huile d'olive pendant 3 à 5 minutes. Versez la pulpe de tomates, ajoutez les herbes aromatiques, couvrez et laissez compoter.
3. Pendant ce temps, faites cuire le boulgour dans une grande quantité d'eau bouillante salée pendant 12 minutes. Égouttez-le, puis ajoutez-le aux courgettes. Salez et poivrez.
4. Transférez dans un plat à gratin et parsemez de feta émiettée. Enfournez pour 15 minutes, puis dégustez bien chaud.

ANTIGASPI

J'utilise l'autre moitié de mon bouquet de menthe fraîche, la même quantité de boulgour et de tomates que la veille. Une touche de vert avec les courgettes, de la feta pour gratiner,et voilà un plat rapide qui sent bon l'été !

TARTE FINE *à la rhubarbe*

PAS CHER

POUR 4 PERSONNES
PRÉPARATION : 15 MIN
CUISSON : 30 À 35 MIN

- □ 8 épaisses tiges de rhubarbe
- □ 1 pâte feuilletée pur beurre
- □ 50 g de beurre
- □ 80 g de sucre de canne blond

1. Préchauffez le four à 170 °C (th. 5-6).
2. Déposez le disque de pâte feuilletée sur une plaque de cuisson, recouvrez d'une feuille de papier cuisson, puis d'une autre plaque. Enfournez pour 15 à 20 minutes.
3. Lavez les tiges de rhubarbe, puis enlevez les extrémités. Détaillez-les en fines tranches à la mandoline ou à l'aide d'un économe.
4. Faites fondre le beurre. Nappez de beurre au pinceau le disque de pâte précuit. Saupoudrez de la moitié du sucre. Déposez les lamelles de rhubarbe en ligne en les faisant se chevaucher.
5. Coupez les excédents de rhubarbe du pourtour du disque (conservez-les pour une compote). Nappez-les du reste de beurre et saupoudrez du reste de sucre.
6. Enfournez pour 15 minutes. Laissez tiédir avant de déguster.

Mon astuce

C'est la fin de la saison de la rhubarbe, avant qu'on ne la retrouve dans les potagers en septembre puisque c'est un légume remontant. Si vous la trouvez un peu filandreuse, ôtez les fils à l'aide d'un économe ou d'un petit couteau en partant d'une extrémité jusqu'à l'autre.

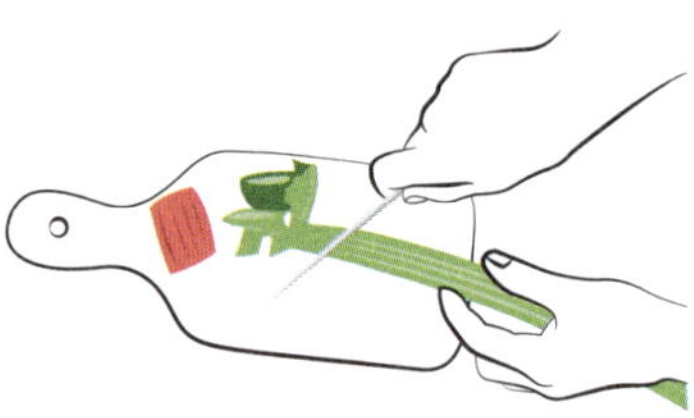

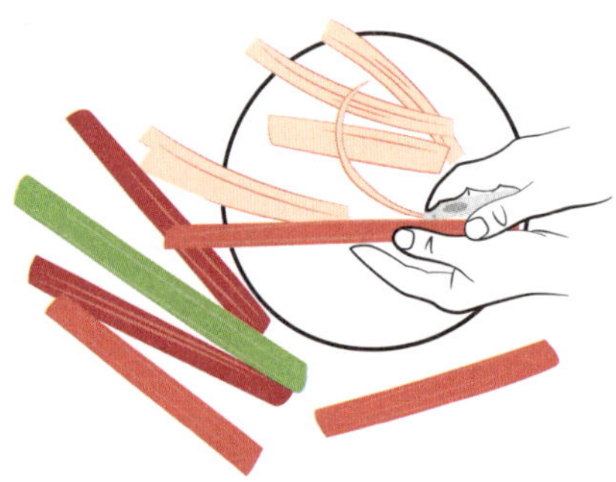

28 Lundi juin

MES HARICOTS VERTS en bocaux

VEGGIE

Faire ses propres conserves, ce n'est pas sorcier. Et quel plaisir de retrouver de beaux haricots verts tout au long de l'année ! Il n'y a plus qu'à trouver la main-d'œuvre pour les équeuter…

POUR 2 BOCAUX D'UNE CONTENANCE DE 1 LITRE
PRÉPARATION : 20 MIN
CUISSON : 1 H 20

- 1 kg de haricots verts extra-fins
- 2 poivrons rouges
- 6 gousses d'ail
- Sel

1. Équeutez les haricots verts. Rincez et épépinez les poivrons rouges, coupez-les en gros cubes. Pelez les gousses d'ail et tranchez-les en deux.
2. Plongez les poivrons et les haricots verts 5 minutes dans une grande casserole d'eau bouillante salée, puis refroidissez-les dans un grand saladier rempli d'eau froide. Égouttez-les.
3. Rangez-les à la verticale dans les bocaux en les serrant bien, puis répartissez les gousses d'ail et les cubes de poivrons. Couvrez d'eau bouillante salée (20 grammes/litre) jusqu'à 2 cm du bord. Fermez les bocaux.
4. Placez un torchon dans le fond d'une Cocotte-Minute (ou d'une grande marmite), calez les bocaux pour qu'ils ne se retournent pas et recouvrez-les d'eau (au moins 2 cm au-dessus de leurs couvercles). Comptez 1 heure 15 de cuisson à partir du frémissement de la soupape de la Cocotte-Minute.
5. Laissez les bocaux refroidir et conservez-les dans un endroit frais et sec, à l'abri de la lumière (jusqu'à 12 mois).

MIEUX S'ORGANISER

J'achète le double de haricots verts frais pour en faire une salade demain. Profitons de leur fraîcheur et de leur croquant, la saison est courte !

Salade de haricots verts À L'HUILE DE NOIX

POUR 4 PERSONNES
PRÉPARATION : 20 MIN
CUISSON : 15 À 20 MIN

- 600 g de haricots verts
- 1 oignon rouge
- 4 cuil. à soupe de vinaigre de cidre
- 1 cuil. à café de sucre
- 8 fines tranches de poitrine fumée
- 5 cuil. à soupe d'huile de noix
- Fleur de sel

1. Équeutez les haricots verts et plongez-les dans une grande casserole d'eau bouillante salée. Faites-les cuire 7 à 8 minutes.
2. Pendant ce temps, épluchez et émincez l'oignon rouge. Disposez-le dans un petit bol avec le vinaigre et le sucre. Laissez macérer le temps que les haricots verts cuisent.
3. Plongez les haricots verts dans un saladier rempli d'eau glacée. Égouttez-les. Posez les tranches de poitrine fumée sur la plancha ou dans une poêle à feu vif et faites-les griller 5 minutes. Retournez-les et poursuivez la cuisson 5 minutes. Égouttez-les sur du papier absorbant.
4. Dans un saladier, mélangez les haricots verts à l'oignon rouge vinaigré, versez l'huile de noix, ajoutez 2 pincées de fleur de sel et mélangez. Laissez reposer à température ambiante.
5. Au moment de servir, décorez de chips de tranches de poitrine fumée.

Mieux choisir

Bacon ou poitrine fumée ?

Je préfère la poitrine fumée (poitrine de porc saumurée taillée en tranches fines) au bacon (filet de porc désossé, dégraissé et fumé), que l'on trouve surtout en grande surface et qui est bourré d'additifs. En général, votre boucher ne vend pas de bacon… C'est un signe !

OYAKO DONBURI
(omelette de poulet à la japonaise)

En japonais, *oyako* signifie « parents et enfants ». L'oyako donburi est en effet composé de poulet (« parents ») et d'œufs (« enfants »), le tout servi sur un grand bol de riz (donburi). J'ai adapté la recette de ce plat populaire japonais avec des ingrédients accessibles à tous.

POUR 4 PERSONNES
PRÉPARATION : 10 MIN
CUISSON : 20 MIN

- 6 œufs
- 250 g de blancs de poulet
- 400 g de riz japonais ou italien à grains ronds
- 2 jeunes poireaux
- 2 cuil. à soupe de saké (ou de vin blanc)
- 3 cuil. à café de sucre
- 6 cuil. à soupe de sauce soja
- 4 brins de ciboulette

1. Faites cuire le riz dans une fois et demie son volume d'eau froide, à couvert.
2. Lavez et émincez finement les poireaux. Coupez les blancs de poulet en tranches très fines. Dans une grande poêle, portez à ébullition le saké (ou le vin blanc) avec le sucre et un verre d'eau. Ajoutez les poireaux, le poulet et la sauce soja, couvrez et faites cuire 3 à 4 minutes.
3. Battez légèrement les œufs et versez-les sur le poulet. Couvrez et faites chauffer 2 minutes ; veillez à ne pas trop cuire les œufs.
4. Répartissez le riz dans les bols, garnissez du poulet aux œufs et décorez avec de la ciboulette ciselée.

Juillet
au marché

LES PRODUITS PHARES

Le coco de Paimpol

Il est reconnaissable à ses petits grains blancs enveloppés dans une cosse jaune marbrée de violet. Récolté de juillet à octobre, c'est un haricot mi-sec : la gousse est sèche, mais à l'intérieur, les petits grains sont encore frais et tendres ! Un marin, envoyé en Amérique du Sud, a rapporté une poignée de graines de cocos en 1928. Elles furent semées à Paimpol (Côtes-d'Armor) et les cocos se sont si bien acclimatés qu'ils ont obtenu une AOC en 1998.

La salade d'été

De la fraîcheur, on en veut en été ! Allez faire un tour du côté des salades : la batavia et la romaine aiment se prélasser au soleil et poussent très bien dans le Sud. Rien ne vaut une belle salade entière et vous y gagnerez : les salades emballées coûtent trois fois plus cher que celles du marché, il faut le savoir ! Lors de mon émission du samedi sur Europe 1, j'ai même découvert une laitue hors norme, tout en longueur, dont la tige se poêle comme une asperge.

La framboise

J'en pince pour la framboise, mais pas trop fort, pour ne pas l'abîmer ! C'est un fruit fragile, mais prolifique : certaines variétés remontantes sont capables de donner deux fois durant la même année. Le chef créatif Alexandre Gauthier troque le vinaigre pour la framboise dans ses vinaigrettes, je vous en parlerai au mois d'août. Ce mois-ci, retrouvez la framboise dans un gâteau glacé au yaourt prêt en quelques gestes !

CHEZ LE MARAÎCHER

Les légumes

Ail
Aneth
Artichaut
Aubergine
Basilic
Blette
Ciboulette
Concombre
Coriandre
Cornichon
Courgette
Échalote
Épinard
Estragon
Fenouil
Fève
Haricot vert
Laitue
Laurier
Menthe
Origan
Oseille
Persil
Petit pois
Poivron
Pomme de terre
Radis
Romarin
Salade
Thym
Tomate

Les fruits

Abricot
Brugnon
Cassis
Cerise
Framboise
Groseille
Melon
Mûre
Myrtille
Nectarine
Pastèque
Pêche
Banane

CHEZ LE POISSONNIER

Thon blanc, lieu jaune, langoustines, dorade grise, églefin, maquereau, sardine, rouget, homard, tacaud.

CHEZ LE FROMAGER

Saint-nectaire, emmental, beaufort d'été, tomme de Savoie, mimolette, rocamadour.

MERLU À L'ESPAGNOLE
à la plancha

POUR 4 PERSONNES
PRÉPARATION : 20 MIN
CUISSON : 15 À 20 MIN

- 4 filets de merlu avec la peau
- 200 g de fèves
- 8 gousses d'ail
- 10 cl d'huile d'olive
- 10 cl de vinaigre de xérès
- Persil plat
- Piment d'Espelette
- Sel et poivre du moulin

1. Écossez les fèves. Passez rapidement les filets de merlu sous l'eau froide pour les nettoyer. Réservez-les sur du papier absorbant.
2. Pelez l'ail et émincez-le. Faites-le frire dans l'huile d'olive. Lorsque les lamelles d'ail sont dorées, ajoutez le vinaigre hors du feu en le versant doucement, puis laissez réduire à feu très doux.
3. Huilez une plancha bien chaude, posez dessus une feuille de papier cuisson et faites-y cuire les filets de merlu, côté peau, avec les fèves pendant 7 à 10 minutes. Salez et poivrez.
4. Ciselez le persil. Disposez les filets de merlu dans un plat de service et arrosez-les de sauce au vinaigre à l'ail. Parsemez le tout de persil, saupoudrez de piment d'Espelette et servez aussitôt, accompagné de pommes vapeur.

EXPRESS

GRAND CLASSIQUE

Salade niçoise

C'est plus que jamais le moment de préparer une salade niçoise : avec les premières tomates et les dernières fèves. Règle d'or à respecter, les amis : tout y est cru, sauf les œufs ! Oubliez donc les haricots verts, le riz et les pommes de terre.

POUR 4 PERSONNES
PRÉPARATION : 15 MIN
CUISSON : 9 MIN

- 6 tomates moyennes
- 2 œufs durs
- 1 concombre
- 1 poivron vert
- 4 jeunes oignons cébettes
- 1 gousse d'ail
- 200 g d'anchois frais
- 150 g de fèves écossées
- 100 g d'olives niçoises
- 2 cl d'huile d'olive
- 4 feuilles de basilic
- Sel et poivre

1. Coupez les tomates et les œufs en quartiers. Salez les tomates. Taillez en rondelles le concombre, le poivron et les oignons.
2. Frottez le saladier avec l'ail, mettez tous les ingrédients dedans sauf les tomates, les œufs et les anchois, mélangez.
3. Disposez ces trois ingrédients en dernier sur la niçoise, versez l'huile en filet, parsemez de basilic et poivrez.

ONGLETS DE BŒUF
sauce satay

POUR 4 PERSONNES
PRÉPARATION : 15 MIN
CUISSON : 15 MIN
REPOS : 5 MIN

- □ 4 onglets de bœuf

POUR LA SAUCE SATAY

- □ 100 g de cacahuètes grillées salées
- □ ½ boîte de lait de coco (12 cl)
- □ 1 cuil. à soupe de sucre de canne
- □ Le jus de 1 citron vert
- □ ½ cuil. à café de piment en poudre
- □ Huile d'arachide
- □ 4 tiges de coriandre fraîche
- □ Fleur de sel et poivre du moulin

1. Sortez la viande du réfrigérateur 30 minutes avant de la faire cuire. Mixez les cacahuètes pour les réduire en une poudre fine.
2. Dans une casserole, faites chauffer le lait de coco, ajoutez-y la poudre de cacahuètes, le sucre et le jus de citron, puis le piment. Mélangez sans cesse, jusqu'à ce que la sauce épaississe. Réservez au chaud.
3. Dans une poêle ou sur une plancha huilée, faites chauffer l'huile d'arachide. Saisissez les onglets (3 à 5 minutes par face pour une cuisson saignante). Débarrassez, salez et poivrez. Laissez-les reposer 5 minutes sous une feuille de papier aluminium.
4. Servez les onglets parsemés de feuilles de coriandre, avec la sauce satay et accompagnés d'un riz thaï ou basmati.

Mieux connaître

La sauce satay est originaire d'Asie du Sud-Est. On peut aussi l'écrire « saté ». Quoi qu'il en soit, c'est la cacahuète qui donne le caractère de ce condiment et un goût de « reviens-y ».

ANTIGASPI

Faites cuire votre riz dans une eau mélangée avec le reste du lait de coco.

Dimanche 4 juillet

Tarte
À LA CERISE

Pour changer du clafoutis, réalisé le 5 juin, je suis revenu à l'essentiel : une pâte brisée, un peu de sucre et des cerises. Une recette rustique avec l'astuce de la semoule, qui absorbe le jus et dont le goût se rapproche étonnamment de celui des amandes en poudre.

POUR 6 PERSONNES
PRÉPARATION : 30 MIN
CUISSON : 40 À 50 MIN

- 1 disque de pâte brisée pur beurre
- 1 kg de cerises
- 50 g de semoule fine
- 80 g de sucre de canne blond
- Beurre et farine pour le moule

1. Préchauffez le four à 170 °C (th. 5-6).
2. Beurrez et farinez un moule à tarte à fond amovible ou en porcelaine. Foncez le moule avec le disque de pâte brisée. Piquez-le avec une fourchette et entreposez-le dans le réfrigérateur.
3. Lavez et équeutez les cerises. À l'aide d'un couteau, coupez-les en deux en extrayant le noyau.
4. Sortez le moule, parsemez la pâte de semoule fine, puis de 50 grammes de sucre. Rangez les cerises en rosace, bien serrées les unes contre les autres. Saupoudrez du reste de sucre. Enfournez pour 40 à 50 minutes de cuisson.
5. Laissez refroidir avant de déguster.

5 Lundi juillet

Melons et granité DE MONBAZILLAC

Ils partagent la même sucrosité :
le melon et le monbazillac sont faits pour s'entendre !

VEGGIE

POUR 4 PERSONNES
PRÉPARATION : 20 MIN
CONGÉLATION : 4 H

- 2 melons du Quercy
- 50 cl de monbazillac
- 10 cl de sirop de sucre de canne
- 2 tiges de menthe fraîche

MATÉRIEL

- 1 cuillère parisienne

1. Coupez les melons en deux, ôtez les pépins et faites le maximum de billes en creusant la chair à l'aide d'une cuillère parisienne.
2. Raclez le reste de chair avec le jus et réservez-le dans bol. Réservez les 4 coques de melons évidées. Versez le sirop de sucre de canne sur la chair râclée et mixez à l'aide d'un mixeur plongeant. Versez dans un plat, ajoutez le monbazillac et placez au congélateur pour 1 heure.
3. Grattez ensuite la surface à l'aide d'une fourchette pour obtenir un granité, puis recommencez l'opération une fois par heure pendant 3 heures. Le mélange doit être entièrement transformé en paillettes.
4. Au moment de servir, répartissez la moitié du granité de monbazillac dans les coques de melons évidées, recouvrez de billes de melon, puis répartissez le reste de granité à la surface. Décorez de feuilles de menthe et dégustez sans attendre.

GRAND CLASSIQUE

Mes croque-monsieur

Vous le savez, un grand classique se distingue par la qualité de ses ingrédients, or le croque-monsieur en est le meilleur exemple. Allez chez votre boucher, votre primeur et votre boulanger : vous verrez que ce casse-croûte n'aura plus rien d'ordinaire !

POUR 4 PERSONNES
PRÉPARATION : 15 MIN
CUISSON : 10 À 12 MIN

- 8 grandes tranches de pain de mie du boulanger
- 50 g de beurre à température ambiante
- 2 grandes tranches de jambon blanc
- 4 gros champignons de Paris
- 8 tranches fines d'emmental
- Poivre

POUR LA BÉCHAMEL

- 20 g de beurre
- 20 g de farine
- 25 cl de lait
- Sel et poivre
- Noix de muscade moulue

1. Préchauffez le four à 200 °C (th. 6-7).
2. Préparez la béchamel. Faites fondre le beurre dans une casserole, ajoutez la farine et mélangez 3 minutes. Ajoutez le lait et mélangez à l'aide d'un fouet, sur le feu, jusqu'à ce que la préparation épaississe. Assaisonnez de sel, de poivre et de noix de muscade. Réservez.
Tartinez généreusement les tranches de pain de mie de beurre mou sur une face (côté extérieur). Tartinez de béchamel l'autre face (côté intérieur). Coupez le jambon à la taille des tranches de pain. Émincez finement les champignons et réservez les plus belles lamelles pour la salade. Disposez sur 4 tranches de pain (côté béchamel) 1 tranche d'emmental, des lamelles de champignon, 1 demi-tranche de jambon et terminez par 1 tranche d'emmental. Couvrez le tout avec les autres tranches de pain de mie (béchamel en dessous).
3. Enfournez les croques pour 10 à 12 minutes. Dégustez-les bien chauds, avec une salade de roquette mêlée aux restes de champignons.

LINZERTORTE
à la rhubarbe

La linzertorte est originaire de la ville de Linz, en Autriche ; habituellement garnie de confiture de groseilles, je bouscule gentiment les traditions avec ma version à la rhubarbe.

POUR 6 À 8 PERSONNES
PRÉPARATION : 20 MIN
REPOS : 1 H
CUISSON : 30 MIN

- 250 g de confiture de rhubarbe
- 125 g de beurre
- 250 g de farine
- 1 pincée de levure chimique
- 1 cuil. à café de cannelle moulue
- 80 g de noisettes en poudre
- 2 œufs entiers + 1 jaune pour la dorure
- 4 cuil. à soupe de sucre de canne

MATÉRIEL

- 1 moule de 28 à 30 cm de diamètre

1. Préchauffez le four à 170 °C (th. 5-6).
2. Dans la cuve d'un robot, mélangez le beurre coupé en dés, la farine, la levure chimique, la cannelle et les noisettes en poudre. Ajoutez les 2 œufs et terminez par le sucre. Travaillez la pâte jusqu'à ce qu'elle soit homogène. Laissez-la reposer 1 heure minimum au frais.
3. Réservez un tiers de la pâte pour les croisillons. Étalez les deux tiers restants sur un plan de travail légèrement fariné, puis foncez un moule beurré.
4. Étalez au rouleau la pâte restante, puis découpez au couteau des bandes de 1,5 cm de large et d'une longueur égale au diamètre de votre moule.
5. Garnissez le fond de tarte de confiture de rhubarbe. Déposez dessus les bandes de pâte, régulièrement espacées, puis dans la diagonale opposée pour obtenir des croisillons. Dorez la pâte avec le jaune d'œuf battu avec un peu d'eau.
6. Enfournez pour 30 minutes de cuisson et laissez refroidir avant de déguster.

Gaspacho
DE BETTERAVES NOUVELLES

POUR 4 PERSONNES
PRÉPARATION : 20 MIN
CUISSON : 1 H
RÉFRIGÉRATION : 1 H

- 2 betteraves jeunes
- 1 petit concombre
- 100 g de pain rassis
- 50 cl de bouillon de légumes
- 1 trait de vinaigre de xérès
- 4 cuil. à soupe d'huile d'olive
- 1 poignée de graines de betterave germées (facultatif)
- 40 g de noisettes torréfiées
- Sel et poivre du moulin

1. Coupez les feuilles des betteraves et réservez-les. Faites cuire les betteraves à la vapeur ou à la Cocotte-Minute pendant 1 heure : leur peau est toute fripée lorsqu'elles sont cuites. Épluchez les betteraves et le concombre. Coupez-les en cubes.
2. Faites tremper le pain dans le bouillon de légumes. Mixez ensemble les betteraves, le concombre, le pain et son bouillon, le vinaigre et l'huile d'olive. La préparation doit être bien lisse. Salez et poivrez. Réservez au moins 1 heure dans le réfrigérateur.
3. Concassez les noisettes. Rincez les feuilles de betterave et ciselez-les si elles sont trop grandes… Dressez le gaspacho dans des assiettes creuses, décorez de feuilles de betterave, de graines germées, et parsemez de noisettes torréfiées.
4. Servez bien frais.

À LA PLACE

La saveur des betteraves nouvelles est douce et délicate, mais pour gagner du temps, vous pouvez utiliser des betteraves déjà cuites, ça marche aussi !

9 Vendredi juillet

Focaccia
aux herbes de Provence

VEGGIE

Pour changer du sandwich baguette à emporter en vadrouille, je me laisse tenter par le moelleux de la focaccia, une base à garnir avec ce que vous avez sous la main cet été. Elle est aussi idéale pour accompagner un caviar d'aubergines (voir recette le 25 juillet) !

POUR 6 PERSONNES
PRÉPARATION : 15 MIN
REPOS : 1 H + 30 MIN
CUISSON : 15 MIN

- 400 g de farine T55
- 1 cuil. café d'herbes de Provence + 1 pincée pour le décor
- 15 g de sel fin gris
- 1 pincée de piment d'Espelette
- 15 g de levure fraîche de boulanger
- 15 cl d'huile d'olive
- 1 cuil. à café de polenta
- Fleur de sel

1. Dans un grand saladier ou dans la cuve d'un robot, tamisez la farine, ajoutez le sel fin, le piment d'Espelette et les herbes de Provence. Faites un puits avec les doigts.
2. Délayez la levure dans 2 cuillerées à soupe d'eau tiède et versez-la dans le saladier ou la cuve du robot. Ajoutez 25 cl d'eau fraîche et 10 cl d'huile d'olive. Mélangez doucement (à l'aide de la feuille du robot) jusqu'à l'obtention d'une pâte homogène. Filmez et laissez pousser 1 heure dehors s'il fait chaud.
3. Rabattez la pâte avec la paume d'une main farinée. Étalez une feuille de papier cuisson et recouvrez-la de polenta, puis déposez la pâte dessus. Étalez-la en forme de rectangle. Laissez pousser 30 minutes à température ambiante.
4. Préchauffez le four à 220 °C (th. 7-8).
5. Faites quelques empreintes avec un doigt, parsemez d'herbes de Provence, arrosez du reste d'huile d'olive et enfournez pour 15 minutes. Saupoudrez de fleur de sel et servez.

10 Samedi juillet

EXPRESS

ORANAIS

Cette viennoiserie se fait de plus en plus rare dans les vitrines de nos boulangers, quel dommage ! Profitons de la saison des abricots frais pour la remettre au goût du jour et la savourer à toute heure de la journée !

POUR 4 PERSONNES
PRÉPARATION : 10 MIN
CUISSON : 30 MIN

- 4 abricots mûrs
- 40 g de beurre à température ambiante
- 40 g de sucre en poudre + 10 g pour le décor
- 1 cuil. à café d'eau de fleur d'oranger
- 1 œuf entier + 1 jaune pour la dorure
- 40 g d'amandes en poudre
- 1 pâte feuilletée pur beurre

1. Préchauffez le four à 180 °C (th. 6).
2. Préparez la crème d'amandes. Mélangez le beurre coupé en cubes, le sucre, la fleur d'oranger et l'œuf entier jusqu'à ce que la préparation soit homogène. Terminez par les amandes en poudre.
3. Coupez les abricots en deux et ôtez le noyau. Coupez la pâte feuilletée en 4 carrés de taille égale.
4. Étalez de la crème d'amandes dans la diagonale des carrés. Posez 2 oreillons d'abricot, face bombée vers le haut. Repliez l'un sur l'autre les coins opposés, puis collez avec un peu d'eau. Dorez avec le jaune d'œuf dilué dans un peu d'eau. Saupoudrez de sucre.
5. Enfournez pour 30 minutes de cuisson.

MIEUX S'ORGANISER

On retrouve nos abricots demain, en version sucrée-salée, enfilés sur des brochettes !

1 PRODUIT

2 RECETTES

Dimanche 11 juillet

Brochettes de magret de canard AUX ABRICOTS

POUR 4 PERSONNES
PRÉPARATION : 10 MIN
MARINADE : 1 H
CUISSON : 10 MIN

- 2 magrets de canard (de 400 g pièce)
- 6 abricots mûrs

POUR LA MARINADE

- 4 branches de romarin
- 1 orange à jus
- 3 cuil. à soupe de miel
- 1 cuil. à soupe de sauce soja
- Sel et poivre du moulin

1. Quadrillez la peau des magrets à l'aide d'un couteau bien aiguisé et coupez chaque magret en 8 morceaux de taille égale. Ôtez les feuilles des branches de romarin et conservez-les pour la marinade.
2. Pressez l'orange. Mélangez le miel, la sauce soja, les feuilles de romarin, le jus d'orange, salez et poivrez. Placez les cubes de magret dans la marinade et entreposez-les au frais pendant 1 heure au moins.
3. Rincez les abricots, coupez-les en deux et dénoyautez-les. Piquez les cubes de magret sur des piques à brochette en alternant avec les moitiés d'abricots (3 par brochette).
4. Placez les brochettes sur le barbecue et faites cuire une dizaine de minutes en les retournant à mi-cuisson.

Mon astuce

Pour réunir l'abricot et le magret de canard, deux ingrédients chéris des Français, je les embroche sur une pique à brochette naturellement aromatique : une branche de romarin !

VEGGIE

EXPRESS

TOMATES CAPRESE *sans la peau*

POUR 4 PERSONNES
PRÉPARATION : 30 MIN

- 6 tomates anciennes de plusieurs couleurs
- 1 cm de gingembre frais
- 10 cl d'huile d'olive + 1 filet pour servir
- 5 tiges de basilic frais
- 300 g de burrata ou de mozzarella de bufflonne
- Fleur de sel et poivre du moulin

1. Portez une casserole d'eau à ébullition et préparez un saladier d'eau bien froide à côté.
2. Lavez les tomates et ôtez le pédoncule. Passez-les 10 secondes dans l'eau bouillante, puis rafraîchissez-les immédiatement dans l'eau froide. Pelez-les, puis taillez-les en quartiers.
3. Disposez-les en rosace dans le plat de service en alternant les couleurs. Pelez le gingembre, puis râpez-le dans un bol, versez l'huile d'olive et mélangez.
4. Nappez les tomates de cette préparation. Assaisonnez de fleur de sel et de poivre. Terminez en intercalant des feuilles de basilic entre les quartiers de tomates. Déposez la burrata ou la mozzarella au centre. Arrosez-la d'huile d'olive et servez.

MON TRUC EN +

C'est Joël Robuchon qui m'a donné l'idée de râper du gingembre frais pour assaisonner la salade de tomates, car il en ajoutait à sa vinaigrette. Le résultat est là : un joli coup de peps aux tomates !

Pilons de poulet
À L'AIGRE-DOUCE

POUR 4 PERSONNES
PRÉPARATION : 20 MIN
MARINADE : 2 H
CUISSON : 50 MIN

- □ 8 pilons de poulet
- □ 2 brins de menthe
- □ Sel et poivre du moulin

POUR LA MARINADE AIGRE-DOUCE

- □ 2 cuil. à soupe de miel
- □ 1 cuil. à soupe de sauce soja
- □ 2 cuil. à soupe de vinaigre de cidre
- □ 10 cl de jus d'ananas
- □ 1 gousse d'ail

MATÉRIEL

- □ 1 sac congélation de 3 litres

Cette sauce aigre-douce est en fait tirée d'un savoir-faire bien français : la gastrique, une sauce à base de sucre caramélisé et de vinaigre réduits, mouillés d'un fond brun lié. Je vous dis comment la préparer… à ma sauce !

1. Préparez la marinade aigre-douce. Versez le miel, la sauce soja et le vinaigre dans une casserole et portez à ébullition. Déglacez au jus d'ananas. Pelez et hachez la gousse d'ail, ajoutez-la à la sauce. Laissez celle-ci refroidir.
2. Réunissez la marinade et les pilons de poulet dans un sac congélation, enrobez-les bien et placez au réfrigérateur pour 2 heures au moins.
3. Allumez le barbecue. Égouttez les pilons de poulet et faites-les griller 50 minutes en les retournant toutes les 10 minutes et en les badigeonnant de marinade.
4. Disposez dans un plat de service et parsemez de feuilles de menthe ciselées.

MON CONSEIL

Achetez des cuisses de poulet fermier Label Rouge si vous n'en trouvez pas au détail chez votre boucher ou chez un producteur local. Conservez les hauts de cuisses pour un tajine, par exemple. Mais je vous en supplie, fuyez les pilons de poulet premier prix du supermarché !

EXPRESS

PAS CHER

GRAND CLASSIQUE

Œufs durs mayo

Pour la fête nationale, j'ai décidé de ne pas passer des heures en cuisine et de préparer la tête de liste des classiques bistrotiers. Je m'enfile un mayo, et hop, à la plage !

POUR 4 PERSONNES
PRÉPARATION : 10 MIN
CUISSON : 10 MIN

- 4 œufs frais

POUR LA MAYONNAISE

- 1 jaune d'œuf à température ambiante
- 1 cuil. à café de moutarde à température ambiante
- 25 cl d'huile de tournesol
- 1 cuil. à soupe de vinaigre de vin blanc ou de jus de citron
- Sel et poivre du moulin

1. Faites chauffer une casserole d'eau. Lorsqu'elle est bouillante, plongez-y les œufs à l'aide d'une écumoire pour qu'ils ne se cassent pas. Laissez-les cuire 10 minutes, pas une de plus !
2. Sortez les œufs durs de la casserole et plongez-les dans de l'eau froide avant de les écaler.
3. Préparez la mayonnaise. Dans un saladier ou un large bol, mélangez le jaune d'œuf avec la moutarde, du sel et du poivre. Versez peu à peu l'huile en fin filet, en fouettant constamment : commencez par verser un peu d'huile jusqu'à ce que la mayonnaise épaississe, sinon elle risque de trancher ! Lorsque la mayonnaise est bien ferme, ajoutez le vinaigre ou le jus de citron et fouettez de nouveau.
4. Coupez les œufs durs en deux dans la longueur, puis garnissez-les de mayonnaise.

Pageot et fenouil AU BBQ

POUR 4 PERSONNES
PRÉPARATION : 10 MIN
CUISSON : 30 MIN
REPOS : 10 À 15 MIN

- 1 pageot de 1,4 kg vidé (non écaillé, débarrassé de ses nageoires)
- 2 tiges de fenouil (séchées)
- 1 citron jaune
- Huile d'olive
- Gros sel gris et poivre blanc concassé

1. Préchauffez le barbecue à 170 °C.
2. Nettoyez bien l'intérieur du pageot.
3. Passez brièvement les tiges de fenouil sur le barbecue pour les « calciner » un peu afin de rendre leur arôme plus intense.
4. Taillez-les en bâtonnets plus courts et glissez-les à l'intérieur du poisson (s'il en reste, jetez-les dans le barbecue en fin de cuisson afin de parfumer l'ensemble). Ajoutez 1 cuillerée à café de gros sel de mer et 1 cuillerée à café de poivre blanc concassé.
5. Déposez le pageot sur le gril du barbecue, fermez le couvercle et comptez 15 minutes de cuisson. Retournez le poisson et prolongez la cuisson de 10 minutes à couvert.
6. Débarrassez le pageot sur un plat et couvrez-le de papier aluminium. Laissez reposer 10 à 15 minutes.
7. Servez aussitôt, arrosé de jus de citron et d'un filet d'huile d'olive.

À LA PLACE

Si votre poissonnier préféré ne propose pas de pageot, demandez-lui une daurade rose.

GÂTEAU GLACÉ au yaourt

Dans la série des desserts glacés sans sorbetière, voici mon gâteau au yaourt et aux fruits rouges, ultrasimple et sain ! Je profite des fruits rouges et des fruits noirs (à partir du mois d'août) pour faire un chassé-croisé de saveurs !

1. Mélangez le yaourt au sucre de coco et versez dans le moule.

2. Plantez dedans les fruits rouges et frappez le moule contre le plan de travail afin de bien les intégrer dans le yaourt.

3. Placez au congélateur pour 3 heures.

4. Découpez en bouchées à l'aide d'un couteau trempé dans de l'eau chaude et décorez chaque bouchée de groseilles fraîches.

POUR 4 À 6 PERSONNES
PRÉPARATION : 10 MIN
CONGÉLATION : 3 H

- 500 g de yaourt à la grecque (brassé) à 10 % de MG
- 50 g de sucre de coco
- 125 g de groseilles + quelques grappes pour le décor
- 70 g de framboises
- 100 g de fraises

Daube
à la niçoise

Au contraire de son homonyme, qui désigne un mauvais film ou que sais-je encore, la daube est une merveille dans l'assiette : une viande en sauce parfumée et longuement mijotée avec de beaux cèpes. La daube, ça se respecte !

POUR 6 PERSONNES
PRÉPARATION : 40 MIN
CUISSON : 4 H

- 1,2 kg de viande de bœuf à braiser (macreuse, gîte, paleron ou joue)
- 60 g de cèpes séchés
- 150 g d'oignons grelots
- 4 carottes
- 1 branche de céleri
- 4 gousses d'ail
- 1 bouquet garni (thym, laurier, queues de persil)
- 1 boîte de tomates concassées
- 25 cl de vin rouge (type bandol)
- 5 cl de liqueur de marc
- 6 tiges de persil plat
- Huile d'olive
- Sel et poivre du moulin

1. Réhydratez les cèpes dans de l'eau très chaude pendant 30 minutes.
2. Pendant ce temps, découpez la viande en cubes de 60 grammes chacun. Dans une cocotte, faites-les dorer à feu vif avec 1 cuillerée à soupe d'huile d'olive. Salez et poivrez. Débarrassez-les et dégraissez la cocotte.
3. Pelez les légumes (oignons, carottes, céleri) et émincez-les. Dans la même cocotte, faites-les revenir avec l'ail en chemise et le bouquet garni.
4. Ajoutez la viande, mélangez 5 minutes, puis ajoutez les tomates, le vin rouge, la liqueur de marc, et complétez avec de l'eau chaude à hauteur des ingrédients. Salez et poivrez légèrement, puis laissez mijoter 3 heures à couvert à feu très doux.
5. Égouttez les cèpes et ajoutez-les dans la cocotte. Prolongez la cuisson de 30 minutes.
6. Rectifiez l'assaisonnement, parsemez de persil frais haché. Posez la cocotte au centre de la table et dégustez la daube.

ANTIGASPI

J'utilise les restes de ma daube pour faire des petits farcis et continuer dans l'ambiance niçoise !

Dimanche
juillet
18

Petits farcis *du lendemain*

POUR 6 PERSONNES
PRÉPARATION : 20 MIN
CUISSON : 35 À 40 MIN

- □ 400 g de restes de daube à la niçoise
- □ 3 courgettes rondes
- □ 3 grosses tomates
- □ 3 gros oignons jaunes
- □ 4 brins de thym
- □ 40 g de chapelure
- □ 50 g de parmesan fraîchement râpé
- □ Huile d'olive

1. Préchauffez le four à 200 °C (th. 6-7).
2. Coupez à ras le pédoncule des courgettes. Coupez les tomates et les courgettes en deux dans l'épaisseur afin d'obtenir 6 moitiés. Pelez délicatement les oignons, tranchez-les en deux et évidez-les afin de ne garder que les peaux épaisses.
3. Évidez les courgettes et les tomates, et réservez la chair. Ciselez-la, ainsi que l'intérieur des oignons. Mélangez aux restes de daube à la niçoise.
4. Farcissez chaque moitié de légume. Disposez-les, en serrant bien, dans un plat huilé allant au four. Intercalez les branches de thym entre les légumes. Saupoudrez de chapelure et de parmesan râpé. Arrosez d'un filet d'huile d'olive.
5. Enfournez pour 35 à 40 minutes. Les légumes sont cuits lorsque la pointe d'un couteau pénètre dans leur chair sans difficulté.

RATATOUILLE niçoise

POUR 4 PERSONNES
PRÉPARATION : 25 MIN
CUISSON : 50 MIN

- □ 2 aubergines
- □ 4 courgettes
- □ 2 oignons jaunes
- □ 2 gousses d'ail
- □ 1 poivron vert
- □ 1 poivron rouge
- □ 600 g de tomates mûres
- □ 10 cl d'huile d'olive
- □ ½ cuil. à café de sucre en poudre
- □ 1 branche de thym
- □ 1 feuille de laurier
- □ Sel et poivre du moulin

1. Enlevez les extrémités des aubergines, puis coupez celles-ci en dés. Faites chauffer la moitié de l'huile d'olive dans une grande sauteuse et faites-les revenir à feu moyen jusqu'à ce qu'ils prennent une belle couleur, en mélangeant régulièrement.

2. Pendant ce temps, taillez les courgettes en dés. Pelez les oignons et l'ail, puis émincez-les. Épépinez les poivrons et détaillez-les en lanières. Ôtez le pédoncule des tomates et coupez-les en quartiers.

3. Lorsque les aubergines sont cuites, débarrassez-les sur du papier absorbant.

4. Versez ensuite le reste d'huile dans la sauteuse, puis faites revenir les dés de courgettes jusqu'à ce qu'ils s'attendrissent. Débarrassez-les dans le plat contenant les aubergines. Procédez de même pour la cuisson des poivrons, puis débarrassez-les.

5. Faites revenir à feu doux dans la sauteuse les oignons et l'ail. Lorsque le mélange blondit, ajoutez les tomates, puis tous les légumes, du sel, du poivre, le sucre, le thym et le laurier. Laissez mijoter 20 minutes à feu doux, sans couvrir et en mélangeant délicatement les légumes tout au long de la cuisson. La ratatouille est prête lorsqu'ils sont confits.

Mon astuce

Vous pouvez également cuire la ratatouille au four, pendant 1 heure à 150 °C (th. 5), après avoir rassemblé tous les légumes dans un plat.

Riz façon paella

J'ai pioché dans les influences espagnoles pour marier un reste de riz avec des fruits de mer de saison et lui donner une petite touche de soleil… et de piquant !

POUR 4 PERSONNES
PRÉPARATION : 30 MIN
CUISSON : 20 À 25 MIN

- ☐ 500 g de riz de Camargue à grains ronds
- ☐ 600 g de moules de bouchot
- ☐ 8 grosses crevettes
- ☐ 1 poivron vert
- ☐ 1 gousse d'ail
- ☐ 100 g de chorizo
- ☐ 1 citron
- ☐ 1 cuil. à café de curcuma en poudre
- ☐ 1 pincée de piment d'Espelette
- ☐ Huile d'olive
- ☐ Sel et poivre du moulin

1. Préchauffez la plancha. Mettez le riz à cuire.
2. Grattez et lavez les moules. Décortiquez les crevettes en laissant queues et têtes. Rincez, épépinez et coupez en lanières le poivron. Pelez et hachez l'ail.
3. Faites ouvrir les moules sur la plancha. Débarrassez.
4. Versez un filet d'huile d'olive et faites revenir l'ail, le chorizo tranché et le poivron en lanières pendant 5 minutes. Pendant ce temps, faites griller vos crevettes 2 minutes de chaque côté.
5. Dans un saladier, pressez le jus du citron, mélangez-le à 2 cuillerées à soupe d'huile d'olive, ajoutez le curcuma et le piment d'Espelette.
6. Débarrassez les crevettes de la plancha. Repouss toute la garniture au fond de la plancha et faites revenir le riz cuit pendant 5 minutes.
7. Réunissez tous les ingrédients, sauf les crevettes. Remuez bien, salez et poivrez.
8. Débarrassez dans un grand plat et décorez avec les crevettes.

ET AVEC ÇA, ON BOIT QUOI ?

C'est le moment de sortir du rosé !
Un bandol ou un lirac.

PAS CHER

POULET YASSA

Le Sénégal passe au barbecue avec le poulet yassa !
Un maximum de saveurs et un minimum de travail :
parfait pour régaler les amis de passage.

POUR 6 PERSONNES
PRÉPARATION : 20 MIN
CUISSON : 45 À 50 MIN

- □ 1 poulet fermier coupé en crapaudine
- □ Le jus de 4 citrons verts
- □ 4 cuil. à soupe de moutarde
- □ 1 kg d'oignons jaunes
- □ Huile d'arachide
- □ Sel et poivre du moulin

1. Ôtez la colonne vertébrale du poulet et aplatissez-le ou demandez au boucher un poulet préparé en crapaudine.
2. Mélangez le jus des citrons à la moutarde et à 10 cl d'huile d'arachide, salez et poivrez.
3. Épluchez et émincez les oignons. Mélangez-les à la moitié de la marinade. Réservez.
4. Enduisez le poulet du reste de marinade et faites-le cuire sur la grille du barbecue pendant 20 minutes à couvert. Retournez-le et poursuivez la cuisson encore 20 minutes à couvert.
5. Pendant ce temps, faites mijoter les oignons et leur marinade dans une cocotte posée sur la grille du barbecue avec 2 cuillerées à soupe d'huile d'arachide jusqu'à ce qu'ils soient bien fondants.
6. Réunissez le poulet et les oignons, et servez avec du riz.

Jeudi 22 juillet

Mes œufs au four

PAS CHER

Aujourd'hui, on va se faire cuire un œuf – au plat, bien entendu ! Et sans passer par la poêle !

POUR 4 PERSONNES
PRÉPARATION : 20 MIN
CUISSON : 15 MIN

- □ 8 œufs frais
- □ 1 gros oignon jaune
- □ 2 poivrons rouges
- □ 1 gousse d'ail
- □ Piment d'Espelette
- □ Huile d'olive
- □ Sel et poivre du moulin

1. Préchauffez le four à 180 °C (th. 6).
2. Pelez l'oignon et émincez-le. Épluchez les poivrons à l'aide d'un économe, épépinez-les et émincez-les. Pelez l'ail et hachez-le.
3. Dans une sauteuse, faites chauffer un filet d'huile d'olive et faites suer les oignons et les poivrons à feu doux, à couvert, pendant 5 minutes. Ajoutez l'ail et poursuivez la cuisson 2 minutes. Salez, poivrez et saupoudrez d'une pincée de piment d'Espelette.
4. Répartissez les légumes dans quatre plats à œufs (ou un grand plat) en faisant 8 petits nids. Cassez délicatement les œufs dans les nids. Enfournez pour 7 minutes.

23 vendredi juillet

BROWNIE AU BBQ

Un brownie au BBQ, c'est possible, je ne vous enfume pas ! Surprenant ?
Oui, et encore meilleur le lendemain !

POUR 6 À 8 PERSONNES
PRÉPARATION : 30 MIN
CUISSON : 25 À 30 MIN
REPOS : 1 H

- 120 g de chocolat noir à 70 % de cacao
- 170 g de beurre frais + 1 noix pour le moule
- 115 g de sucre cassonade
- 3 œufs
- 40 g de farine
- 10 g de cacao en poudre non sucré
- 100 g de cerneaux de noix hachés
- 115 g de sucre de canne blond + 1 pincée pour le moule
- 3 marrons cuits sous vide (facultatif)

1. Faites fondre le chocolat et le beurre au bain-marie.
2. Versez la cassonade hors du feu et mélangez. Séparez les jaunes d'œufs des blancs, incorporez les jaunes à la préparation et mélangez à nouveau jusqu'à lisser la préparation. Ajoutez la farine et le cacao tamisés, puis les noix hachées.
3. Montez les blancs d'œufs en neige avec le sucre blond et incorporez-les à la préparation. Ajoutez les marrons en brisures et mélangez.
4. Versez dans un moule beurré et sucré. Déposez le moule sur la grille du barbecue sur le mode « fumer ». Fermez le capot et laissez cuire 25 à 30 minutes.
5. Laissez refroidir une bonne heure et servez avec une boule de glace vanille.

24 Samedi juillet

Mon gratin *d'aubergines*

1 PRODUIT

2 RECETTES

POUR 6 PERSONNES
PRÉPARATION : 40 MIN
TREMPAGE : 1 H
CUISSON : 1 H

- 2 grosses aubergines
- 8 tomates cœur-de-bœuf moyennes
- 3 oignons rouges
- 3 gousses d'ail
- 300 g de bœuf haché
- 300 g d'échine de porc hachée
- 1 cuil. à soupe de concentré de tomates
- 50 g de chapelure maison à l'origan (voir ci-dessous)
- 30 cl d'huile d'olive
- Sel et poivre du moulin

1. Lavez les aubergines et coupez-les en tranches de 1 cm d'épaisseur. Mettez-les à dégorger 1 heure dans une eau froide salée.
2. Préchauffez le four à 170 °C (th. 5-6).
3. Lavez les tomates et taillez-les en cubes. Épluchez les oignons et ciselez-les. Faites-les blondir avec 2 cuillerées à soupe d'huile d'olive dans une cocotte à couvert, râpez l'ail et poursuivez la cuisson 2 minutes.
4. Ajoutez les viandes hachées et saisissez-les 5 minutes en remuant. Versez le concentré de tomates, puis les cubes de tomates, et laissez compoter 15 minutes. Salez et poivrez. Débarrassez.
5. Égouttez les tranches d'aubergines et essuyez-les. Dans la même cocotte, faites-les revenir 3 minutes de chaque côté, avec le reste d'huile d'olive.
6. Dans un plat à gratin, disposez une couche d'aubergines, recouvrez de viande à la tomate, puis parsemez de chapelure à l'origan. Renouvelez l'opération deux fois.
7. Enfournez pour 30 minutes et dégustez dès la sortie du four.

Mon truc en +
La chapelure maison à l'origan

Je détaille 2 tranches de pain rassis en cubes et je les mixe avec 2 cuillerées à soupe d'origan séché, du sel et du poivre. Voilà une belle chapelure estivale, à parsemer sur tous les gratins !

MIEUX S'ORGANISER

Après la baignade et la bronzette, l'aubergine passe sur le gril du barbecue demain, pour devenir le précieux caviar des apéros de l'été !

Caviar d'aubergines

POUR 4 PERSONNES
PRÉPARATION : 15 MIN
CUISSON : 40 À 45 MIN
ÉGOUTTAGE : 15 MIN

- 4 grosses aubergines
- 1 gousse d'ail
- 1 citron non traité
- 6 cuil. à soupe d'huile d'olive
- 2 cuil. à soupe de tahini
- Piment d'Espelette
- Sel et poivre du moulin

1. Faites de petites incisions sur la longueur des aubergines. Enveloppez-les dans du papier cuisson, puis dans une feuille de papier aluminium. Faites-les cuire 40 à 45 minutes au barbecue à chaleur modérée en les tournant régulièrement (elles doivent être totalement molles). Puis laissez-les refroidir.
2. Ouvrez-les en deux, et prélevez délicatement la chair à l'aide d'une cuillère à soupe, puis laissez-la s'égoutter pendant 15 minutes. Concassez-la, versez-la dans un bol, râpez l'ail pelé et ajoutez-le. Zestez le citron au-dessus. Versez le jus d'une moitié de citron, ajoutez l'huile d'olive et le tahini. Salez, poivrez et mélangez. Terminez par 1 pincée de piment d'Espelette.
3. Servez avec des pains pitas ou en accompagnement d'une viande, d'un poisson grillé, ou tout simplement en apéritif.

Le saviez-vous ?

On ne mixe jamais la chair de l'aubergine, car les grains qu'elle contient libèrent de l'amertume. Ce serait dommage de gâcher sa saveur si délicatement fumée !

26 Lundi juillet

WOK DE NOUILLES
à la japonaise

VEGGIE

POUR 4 PERSONNES
PRÉPARATION : 15 MIN
CUISSON : 15 MIN

- 250 g de nouilles soba
- 100 g de carottes
- 1 poivron rouge
- 100 g de pois gourmands
- 50 g de champignons shiitakés (ou de champignons de Paris)
- Huile de sésame toasté

POUR LA SAUCE

- 5 cuil. à soupe de vinaigre de riz (ou de vinaigre blanc)
- 3 cuil. à soupe de sauce soja
- 70 g de sucre en poudre
- 1 cuil. à café de piment doux en poudre

1. Préparez la sauce. Faites tiédir le vinaigre et la sauce soja. Faites cuire le sucre avec le piment jusqu'à obtenir un caramel blond. Déglacez hors du feu avec le mélange de vinaigre et de sauce soja.
2. Dans une grande casserole d'eau bouillante salée, plongez les nouilles et laissez-les cuire durant le temps indiqué sur le paquet.
3. En attendant, épluchez les carottes, épépinez le poivron, rincez tous les légumes et coupez-les en fines lamelles.
4. Dans un wok, faites chauffer l'huile de sésame et faites-y revenir les légumes pour qu'ils soient tendres mais toujours croquants. Ajoutez les nouilles, versez la sauce, mélangez bien et dégustez immédiatement.

À LA PLACE

Les nouilles soba, à base de farine de sarrasin, sont vendues dans les épiceries japonaises. Mais vous pouvez très bien les remplacer par des nouilles chinoises (à base de riz), que l'on se procure plus facilement !

Huîtres
À LA BORDELAISE

Ouvrir des huîtres sans les mains, c'est possible ! C'est au chef Stéphane Carrade, du restaurant de l'hôtel Ha(a)ïtza à Pyla-sur-Mer, en Gironde, que je dois cette astuce des huîtres au barbecue. Et, en plus, elles conservent leur saveur iodée et leur belle texture : bluffant !

POUR 4 PERSONNES
PRÉPARATION : 20 MIN
CUISSON : 8 À 12 MIN

- □ 16 huîtres n° 2 du bassin d'Arcachon
- □ 2 échalotes
- □ 10 cl de vinaigre de vin rouge
- □ 1 petite branche de romarin
- □ 200 g de chair à saucisse
- □ 1 cuil. à café de poivre noir mignonnette
- □ 1 kg de gros sel de mer (pour le service)

1. Préchauffez le barbecue à 200 °C.
2. Épluchez et ciselez les échalotes. Mettez-les à mariner dans le vinaigre de vin rouge.
3. Quand le barbecue est chaud, posez les huîtres sur le gril, fermez le couvercle et laissez cuire 3 à 5 minutes environ, afin qu'elles s'ouvrent d'elles-mêmes.
4. Hachez le romarin, ajoutez-le à la chair à saucisse dans un bol avec le poivre mignonnette et mélangez à l'aide d'une fourchette.
5. Débarrassez les huîtres ouvertes : ôtez le couvercle et récupérez l'huître à moitié cuite dans une assiette.
6. Remplissez la coquille vide de 1 cuillerée à café de farce et remettez sur le gril du barbecue. Laissez cuire à couvert pendant 5 à 7 minutes afin de bien faire griller la farce.
7. Débarrassez sur un plat de service recouvert de gros sel de mer. Déposez les huîtres sur la farce grillée et servez avec le vinaigre à l'échalote à part.

28 Mercredi juillet

Soupe froide de concombre, FETA ET MENTHE

POUR 4 PERSONNES
PRÉPARATION : 20 MIN
RÉFRIGÉRATION : 1 H

- ☐ 4 concombres
- ☐ 120 g de feta IGP
- ☐ 8 feuilles de menthe fraîche
- ☐ 2 tomates
- ☐ 1 poivron jaune
- ☐ 1 gousse d'ail
- ☐ 3 cuil. à soupe d'huile d'olive
- ☐ 1 cuil. à soupe de vinaigre de vin rouge
- ☐ Sel et poivre du moulin

1. Lavez bien tous les légumes. Épépinez les concombres, les tomates et le poivron. Réservez environ 5 cm de concombre et mixez le reste avec l'ail pelé jusqu'à ce que la préparation soit liquide. Salez, poivrez et réservez 1 heure dans le réfrigérateur.
2. Coupez en petits cubes les tomates, le poivron, le reste de concombre et la feta. Ciselez la menthe. Rassemblez le tout dans un saladier.
3. Servez la soupe de concombre dans des assiettes creuses. Déposez au centre 1 cuillerée à soupe du mélange à la feta et parsemez de menthe. Arrosez chaque assiette d'un trait d'huile d'olive et d'un trait de vinaigre. Servez aussitôt.

Mieux connaître

Il existe 3 types de concombre

- **Le concombre hollandais, de gros calibre, celui que l'on trouve le plus souvent sur nos étals, très riche en eau. Je préfère l'évider avant de l'utiliser.**
- **Le concombre épineux, ou « noa », à la peau épaisse et foncée, le plus goûteux et mon préféré. Sa peau est légèrement amère.**
- **Le mini-concombre, au goût concentré, plus difficile à trouver.**

MIEUX S'ORGANISER

Le concombre n'a pas fini de vous surprendre : demain, il se transforme en glace à l'eau !

CONCOMBRES
en esquimaux

POUR 6 PERSONNES
PRÉPARATION : 15 MIN
CUISSON : 5 MIN
CONGÉLATION : 1 NUIT (12 H)

- 2 concombres
- 10 cl d'eau minérale
- 100 g de sucre en poudre
- Le jus de 1 citron vert
- 4 tiges de menthe
- 1 cuil. à soupe d'huile d'olive

MATÉRIEL

- des moules à esquimaux

1. Préparez un sirop : faites chauffer l'eau et le sucre jusqu'à l'ébullition, stoppez le feu et laissez refroidir.
2. Lavez les concombres et épluchez-les. Épépinez-les et taillez-les en cubes. Dans un blender, rassemblez les concombres, le sirop, le jus de citron et les feuilles de menthe. Mixez.
3. Versez cette préparation dans les moules et placez dans le congélateur pour 12 heures.
4. Démoulez au moment de servir.

MON ASTUCE

Si vous n'avez pas de kit pour faire des esquimaux maison, remplacez-les par 6 petits pots de yaourt vides et propres avec 6 bâtons ! Versez la préparation dans les pots et laissez-la se solidifier pendant 3 heures au congélateur avant de planter les bâtons dans le sorbet, puis laissez prendre complètement pendant toute la nuit.

30 Vendredi juillet

GRAND CLASSIQUE

Sauce béarnaise

POUR 4 PERSONNES
PRÉPARATION : 15 MIN
CUISSON : 15 MIN

- 6 tiges d'estragon
- 1 échalote
- 5 cl de vinaigre blanc
- 1 petite cuil. à café de poivre mignonnette blanc
- 3 jaunes d'œufs
- 125 g de beurre fondu
- Sel fin

1. Hachez l'estragon. Pelez et ciselez finement l'échalote. Mettez-la dans une casserole avec le vinaigre, les deux tiers de l'estragon et le poivre mignonnette. Faites chauffer 8 à 10 minutes à feu doux jusqu'à l'évaporation du vinaigre, en mélangeant régulièrement.
2. Hors du feu, ajoutez les jaunes d'œufs battus et 1 cuillerée à café d'eau. Fouettez vivement la préparation à feu doux, sans cesse, jusqu'à obtenir la consistance d'une crème.
3. Hors du feu, ajoutez peu à peu le beurre ramolli à température ambiante en fouettant sans cesse. Passez la sauce dans une fine étamine, ajoutez le reste d'estragon et salez. Laissez la sauce refroidir afin qu'elle prenne un peu de consistance.
4. Servez-la en accompagnement d'une viande ou d'un poisson grillé.

Le saviez-vous ?

La sauce béarnaise n'a pas grand-chose à voir avec le Béarn ! Elle fut créée dans un restaurant de Saint-Germain-en-Laye, le Pavillon Henri IV, dans les Yvelines, pour rattraper une émulsion à l'échalote qui ne prenait pas. Le chef, Jean-Louis-François Collinet, ajouta un œuf pour sauver sa sauce. C'est en regardant le buste du souverain béarnais Henri IV, exposé dans le restaurant, qu'il décida de lui dédier sa création.

Aubergines à la turque
de Reine Sammut

La cheffe Reine Sammut cuisine à quatre mains avec sa fille Nadia, à l'Auberge La Fenière, dans le Luberon. Elle en connaît un rayon en matière de cuisine méditerranéenne. Elle m'a confié cette recette estivale aussi simple que savoureuse. Cinq ingrédients, et le Moyen-Orient débarque dans l'assiette. Bravo !

POUR 4 PERSONNES
PRÉPARATION : 20 MIN
CUISSON : 20 MIN

- 3 aubergines
- 50 cl d'huile d'olive
- 1 gousse d'ail
- 150 g de yaourt turc ou grec
- Quelques feuilles de menthe ou d'aneth
- Sel et poivre du moulin

1. Lavez les aubergines, épluchez-les (une bande sur deux) et coupez-les en dés.
2. Faites chauffer l'huile d'olive dans une sauteuse, puis faites-y dorer les dés d'aubergines. Égouttez-les sur du papier absorbant.
3. Hachez l'ail. Dans un bol, mélangez le yaourt avec du sel, du poivre et l'ail haché. Mélangez les dés d'aubergines refroidis avec la sauce au yaourt.
4. Décorez de quelques feuilles de menthe ou d'aneth.

Août
au marché

LES PRODUITS PHARES

La reine-claude

Elle doit son nom au botaniste Pierre Belon, qui a voulu rendre hommage à Claude de France, la femme du roi François 1er. Un nom royal pour une prune verte et joufflue dont le noyau se détache facilement à maturité. Quand elle est encore un peu ferme, direction la poêle, coupée en deux et revenue dans un beurre mousseux : à déguster encore chaude avec un fromage blanc bien frais !

Le poivron

De la même famille que la tomate et la pomme de terre, le poivron nous en fait voir de toutes les couleurs. Le poivron est toujours vert à son premier stade de croissance, puis vire au jaune orange ou au violet, pour devenir tout rouge à maturité, quelle que soit sa variété. Par contre, le poivron blanc reste toujours blanc. Pratique au lavage !

La nectarine

Elle a la peau lisse et un noyau qui se détache aussi simplement qu'un bouton-pression : c'est ainsi qu'on la différencie de la pêche duveteuse ! Sa chair blanche ou jaune est toujours assez ferme, ce qui la rend plus facile à travailler en cuisine, surtout en cuisson. En tranches fines sur une pâte à tarte feuilletée, couronnée d'un brin de romarin, et le tour est joué ! Pour se désaltérer, j'en fais un minestrone anisé ; il vous suffit de tourner la page pour le retrouver.

CHEZ LE MARAÎCHER

Les légumes

Aneth
Artichaut
Aubergine
Basilic
Blette
Brocoli
Cèpe
Cerfeuil
Ciboulette
Concombre
Coriandre
Courgette
Cresson
Échalote
Épinard
Estragon
Fenouil
Fève
Haricot vert
Laitue
Laurier
Maïs
Menthe
Navet
Oignon
Origan
Oseille
Persil
Poivron
Pomme de terre
Romarin
Salade
Thym
Tomate

Les fruits

Abricot
Banane
Brugnon
Cassis
Figue
Framboise
Groseille
Melon
Mirabelle
Mûre
Myrtille
Nectarine
Pastèque
Pêche
Poire
Pomme
Prune

CHEZ LE POISSONNIER

Moules de bouchot, anchois, dorade grise, maquereau, sardine, rouget, lieu jaune, lieu noir, merlan, araignée de mer, langoustines, homard, bar.

CHEZ LE FROMAGER

Camembert, bleu de Bresse, tomme de Savoie, chabichou, livarot, brillat-savarin.

1er Dimanche août

EXPRESS

MINESTRONE de nectarines

POUR 4 PERSONNES
PRÉPARATION : 15 MIN
CUISSON : 5 MIN

- 3 nectarines blanches
- 3 nectarines jaunes
- 50 g d'amandes effilées
- 15 cl de sirop d'orgeat
- Le jus de 1 citron jaune
- ½ verre d'eau gazeuse

1. Préchauffez le four à 170 °C (th. 5-6).
2. Dans un bol, mélangez les amandes effilées avec 5 cl de sirop d'orgeat.
3. Étalez-les sur une plaque allant au four tapissée de papier cuisson et enfournez pour 5 minutes.
4. Lavez les nectarines, coupez-les en deux et ôtez les noyaux. Taillez-les en petits dés, arrosez-les de jus de citron et versez le reste du sirop d'orgeat.
5. Dressez les nectarines dans une coupe de service, puis arrosez d'eau gazeuse. Déposez à la surface les amandes caramélisées et dégustez.

Mieux s'organiser

Si je reçois des invités et que j'ai besoin de m'avancer dans les préparatifs, j'entrepose les nectarines 2 heures dans le réfrigérateur et j'ajoute les amandes caramélisées et l'eau gazeuse au moment de servir !

2 Lundi
août

VEGGIE

Courgettes farcies *végétariennes*

J'aime tellement les légumes farcis que je les décline à toutes les sauces ! Aujourd'hui, ce sont des courgettes à garnir en version veggie, et mercredi 4 août, on fera une farce au poivron !

POUR 4 PERSONNES
PRÉPARATION : 20 MIN
CUISSON : 35 MIN

- □ 4 courgettes jaunes
- □ 2 poivrons rouges
- □ 1 poivron jaune
- □ 2 petites aubergines
- □ 5 cuil. à soupe d'huile d'olive
- □ 1 mozzarella au lait de bufflonne (125 g)
- □ 1 gousse d'ail
- □ ½ cuil. à café de sucre en poudre
- □ 2 cuil. à soupe de vinaigre balsamique
- □ Sel et poivre du moulin

1. Préchauffez le gril du four à 220 °C (th. 7-8).
2. Épépinez les poivrons et ôtez la membrane blanche. Coupez les poivrons et les aubergines en gros cubes. Mettez-les dans un saladier, versez l'huile d'olive et mélangez.
3. Répartissez les cubes de légumes sur une plaque antiadhésive (en plusieurs fois si nécessaire) et enfournez pour 20 minutes. Égouttez les légumes et laissez-les refroidir.
4. Coupez les courgettes en deux dans la longueur et ôtez les pépins à l'aide d'une cuillère. Déposez les moitiés de courgettes sur la plaque du four et laissez-les griller environ 15 minutes.
5. Ajoutez au mélange de légumes refroidis (poivrons et aubergines) la mozzarella déchirée à la main, l'ail pelé et haché, du sel et du poivre.
6. Mettez le sucre et le vinaigre dans un bol, remuez bien et versez sur les légumes en mélangeant délicatement.
7. Farcissez de légumes les courgettes encore chaudes et dégustez.

3 Mardi août

GRAND CLASSIQUE

1 PRODUIT

2 RECETTES

Gaspacho

POUR 4 PERSONNES
PRÉPARATION : 20 MIN

- □ 800 g de tomates bien mûres
- □ 2 tranches de pain rassis
- □ 2 cl de vinaigre de xérès
- □ 5 cuil. à soupe d'huile d'olive + 1 filet sur les assiettes
- □ 1 concombre
- □ 1 gousse d'ail
- □ 2 poivrons verts
- □ Sel et poivre du moulin

1. Portez une grande casserole d'eau à ébullition. Incisez les tomates en croix à l'opposé du pédoncule et plongez-les dans l'eau bouillante. Sortez-les de l'eau à l'aide d'une écumoire et plongez-les aussitôt dans un grand saladier d'eau froide. Ôtez leur peau et retirez le pédoncule. Ouvrez-les en deux au-dessus d'une assiette creuse pour récupérer leur jus.
2. Mettez le pain rassis à tremper dans le jus des tomates avec le vinaigre et l'huile.
3. Pelez le concombre et coupez-le en grosses rondelles. Pelez l'ail et émincez-le.
4. Ôtez les pépins et le pédoncule des poivrons et émincez-les.
5. Placez tous les ingrédients dans un blender, versez 50 cl d'eau très froide et mixez jusqu'à obtenir une texture parfaitement lisse. Salez et poivrez.
6. Versez dans des assiettes creuses et arrosez d'un filet d'huile d'olive.

Mon truc en +

Lorsque j'ai du temps devant moi, je laisse mariner tous les ingrédients du gaspacho plusieurs heures (voire une nuit) dans un grand saladier avant de les mixer, pour que leurs saveurs se mêlent. Lorsqu'ils ont fait connaissance, c'est encore meilleur !

MIEUX S'ORGANISER

J'achète 6 poivrons verts de plus (ou 3 verts et 3 rouges si vous aimez la couleur !), car demain, on va se les farcir !

POIVRONS *farcis*

PAS CHER

Le riz n'est pas précuit et je vous promets que ce n'est pas une farce ! Il va donner de la tenue à mes poivrons farcis, dont la chair sera confite et fondante. C'est tellement bon que je n'hésite jamais à doubler les quantités pour en faire une grosse fournée !

POUR 6 PERSONNES
PRÉPARATION : 20 MIN
CUISSON : 45 À 55 MIN

- ☐ 6 poivrons
- ☐ 1 oignon
- ☐ 6 tomates roma
- ☐ 3 cuil. à soupe d'huile d'olive
- ☐ 1 branche de romarin
- ☐ 500 g d'échine de porc hachée
- ☐ 1 cuil. à soupe de paprika
- ☐ 50 g de riz long de Camargue
- ☐ 1 œuf
- ☐ 2 gousses d'ail
- ☐ Piment d'Espelette
- ☐ Sel et poivre du moulin

1. Préchauffez le four à 170 °C (th. 5-6).
2. Épluchez et ciselez l'oignon. Lavez et taillez les tomates en cubes.
3. Étuvez l'oignon dans une cocotte avec l'huile d'olive. Ajoutez les cubes de tomates. Salez, poivrez, ajoutez le romarin et laissez confire à couvert pendant 15 minutes.
4. Pendant ce temps, lavez les poivrons, puis évidez-les par le pédoncule en les laissant entiers. Réunissez dans un saladier le porc haché, le paprika, le riz et l'œuf. Pelez l'ail, puis râpez-le par-dessus. Mélangez l'ensemble, salez, poivrez et ajoutez le piment d'Espelette.
5. Farcissez les poivrons à l'aide d'une cuillère. Déposez-les dans la cocotte côté face sur les tomates cuites, couvrez et enfournez pour 30 à 40 minutes. Dégustez bien chaud.

5 Jeudi août

EXPRESS

CARPACCIO DE BONITE
au piment d'Espelette

POUR 4 PERSONNES
PRÉPARATION : 15 MIN

- ☐ 600 g de pavé de bonite (sans peau ni arêtes)
- ☐ 1 cuil. à soupe de piment d'Espelette
- ☐ 1 tomate
- ☐ 1 petite échalote
- ☐ 1 bouquet de ciboulette
- ☐ 1 cuil. à soupe de câpres
- ☐ Le jus de 1 citron
- ☐ Huile d'olive
- ☐ Sel

1. Épépinez la tomate et concassez-la. Pelez et ciselez l'échalote. Émincez la ciboulette. Rassemblez le tout dans un grand bol avec les câpres. Assaisonnez le mélange de jus de citron, d'huile d'olive et de sel.
2. Roulez le pavé de bonite dans la poudre de piment et tranchez-le finement. Disposez les tranches dans un grand plat de service légèrement huilé. Arrosez-les du mélange précédent et servez aussitôt.

Mieux connaître
La bonite

Avec sa petite taille (de 70 à 80 cm) et son poids (de 3 à 5 kilos), la bonite a la réputation d'être le meilleur des thonidés. Elle est moins menacée que le thon et nous avons la chance de la trouver dans les mers et les océans qui bordent l'Hexagone, d'avril à novembre. Aux mois d'août et de septembre, elle se rapproche des côtes pour suivre ses proies. C'est le moment de la découvrir !

Bavette marinée aux herbes

Aujourd'hui, on révise les classiques du barbecue avec un morceau de bœuf qui a de la fibre ! L'été, je retrouve les copains autour du feu et on taille une bavette !

POUR 4 PERSONNES
PRÉPARATION : 15 MIN
MARINADE : 3 H
CUISSON : 4 À 6 MIN

- 4 bavettes de bœuf de 180 g chacune
- 1 ou 2 branches de romarin frais
- 1 petit bouquet de thym frais
- 1 petit bouquet d'origan frais
- 2 gousses d'ail
- 1 cuil. à soupe de moutarde forte
- 6 cuil. à soupe d'huile d'olive
- Fleur de sel et poivre du moulin

1. Effeuillez les herbes aromatiques. Pelez l'ail et hachez-le finement.
2. Mélangez les herbes, l'ail, la moutarde et l'huile. Dans un plat, enrobez les bavettes de cette marinade et couvrez-les de film alimentaire. Réservez 3 heures dans le réfrigérateur.
3. Faites chauffer le barbecue à chaleur modérée, épongez la viande et faites-la griller 2 à 3 minutes par face. Servez-la accompagnée de légumes grillés.

7 Samedi août

Salade PÉRIGOURDINE

Tous les produits du Périgord sont réunis dans cette belle salade qui a du chic ! Pour le régime, on repassera, mais surtout : faites-vous plaisir, les amis !

POUR 4 PERSONNES
PRÉPARATION : 30 MIN
CUISSON : 10 MIN

- 1 belle laitue
- 250 g de haricots verts
- 3 échalotes nouvelles
- 6 à 7 cuil. à soupe d'huile de noix (10 cl)
- 200 g de gésiers confits
- 80 g de magret séché en tranches
- 200 g de foie gras de canard mi-cuit
- Sel et poivre du moulin

1. Lavez la laitue dans une eau vinaigrée sans la détacher. Passez-la entière et délicatement à l'essoreuse, puis laissez-la s'égoutter sur un torchon propre.
2. Lavez et équeutez les haricots verts. Coupez-les en deux.
3. Mettez-les à cuire 7 minutes dans une casserole d'eau bouillante salée et rafraîchissez-les aussitôt sous l'eau froide. Égouttez-les. Épluchez les échalotes et ciselez-les. Mettez-les dans un saladier. Salez, poivrez, versez l'huile de noix et mélangez.
4. Poêlez légèrement les gésiers. Égouttez-les, taillez-les en deux et placez-les dans le saladier.
5. Ôtez le cœur de la laitue sans détacher les feuilles de la base. Taillez ce cœur en grosses lamelles et ajoutez-le dans le saladier.
6. Mélangez le tout. Posez la base de la laitue dans un plat de service et déposez au cœur le mélange de haricots verts et de gésiers, les tranches de magret séché et des tranches de foie gras de canard.

CHAUD-FROID DE FAISSELLE
de chèvre aux abricots

POUR 4 PERSONNES
PRÉPARATION : 30 MIN
CUISSON : 7 À 8 MIN

- 400 g de faisselle de chèvre bien égouttée
- 4 abricots
- 2 brins de verveine fraîche
- 100 g de miel
- 125 g de framboises
- Beurre

1. Préchauffez la plancha à 170 °C.
2. Lavez les abricots, dénoyautez-les et coupez-les en quatre.
3. Beurrez une feuille de papier cuisson. Déposez les brins de verveine, puis les quartiers d'abricots dessus. Glissez la feuille sur la plancha. Laissez cuire 5 minutes.
4. Pendant ce temps, mélangez la faisselle de chèvre avec 70 grammes de miel. Répartissez dans 4 coupes et réservez au frais.
5. Versez le reste du miel et les framboises sur les abricots. Prolongez la cuisson de 2 à 3 minutes.
6. Répartissez le mélange abricots-framboises rôtis sur les faisselles de chèvre tout juste sorties du réfrigérateur et dégustez.

À LA PLACE

Aucun problème si je ne trouve pas de faisselle de chèvre ! Ça marche avec toutes les faisselles, qu'elles soient au lait de vache ou au lait de brebis.

9 Lundi août

Magret
de l'été

Avec seulement trois ingrédients, ce magret de canard est l'un de mes « best of » de l'été. Si vous n'avez pas de plancha, ça marche aussi au barbecue ou à la poêle !

POUR 4 PERSONNES
PRÉPARATION : 15 MIN
CUISSON : 20 MIN
REPOS : 10 MIN

- **2 magrets de canard de 350 g chacun**
- **4 oignons fanes**
- **4 pêches jaunes**
- **Sel et poivre du moulin**

1. Préchauffez la plancha à 200 °C.
2. Dégraissez partiellement les bords des magrets de canard, puis incisez le gras en croisillons. Déposez-les côté gras sur la plancha et laissez colorer 5 minutes.
3. Pendant ce temps, laissez 10 cm de fanes aux oignons, épluchez-les et taillez-les en deux dans la longueur. Coupez les pêches en quatre et dénoyautez-les.
4. Retournez les magrets et faites griller les oignons côté tranché, salez, poivrez. Après 5 minutes de cuisson, retournez à nouveau les magrets sur le gras ainsi que les oignons.
5. Débarrassez les magrets sur une assiette et laissez-les reposer 10 minutes à couvert.
6. Ajoutez les pêches aux oignons et laissez cuire 2 à 3 minutes.
7. Taillez les magrets dans la longueur et disposez-les sur un plat de service. Répartissez les pêches et les oignons à côté. Poivrez et dégustez aussitôt.

MIEUX S'ORGANISER

Gardez la pêche ! On la retrouve demain en version salée !

Crumble de pêches à la plancha

POUR 4 PERSONNES
PRÉPARATION : 15 MIN
CUISSON : 20 MIN

- 1 kg de pêches mûres de différentes variétés
- 50 g de beurre
- 25 g de sucre de canne roux

POUR LE CRUMBLE

- 100 g de farine
- 100 g de sucre de canne roux
- 1 pincée de cannelle moulue
- 1 pincée de gingembre moulu
- 100 g de beurre mou en petits cubes

1. Préparez le crumble. Mélangez la farine, le sucre, la cannelle et le gingembre. Ajoutez le beurre ramolli et incorporez-le sans trop le travailler. Réservez ce crumble dans le réfrigérateur le temps de préparer les pêches.
2. Pour faciliter leur épluchage, plongez les pêches pendant 30 secondes dans de l'eau bouillante et pelez-les aussitôt. Coupez-les en quartiers et faites-les cuire sur la plancha avec le beurre et le sucre (elles doivent être fondantes mais encore entières). Répartissez-les dans quatre assiettes creuses.
3. Nettoyez la plancha à l'aide d'une spatule adaptée. Réduisez la pâte en miettes et faites-les dorer sur la plancha. Mélangez sans cesse afin qu'elles ne brûlent pas. Lorsque les miettes sont dorées, parsemez-en les pêches. Laissez tiédir avant de déguster.

Le saviez-vous ?

Dans la famille des sucres obtenus à partir de la canne à sucre, on distingue le sucre de canne blond ou roux et la cassonade. Plus le sucre est roux, plus il contient de la mélasse naturelle, car moins il a été raffiné. La cassonade, elle, est un sucre de canne raffiné, puis coloré avec de la mélasse. On la reconnaît à ses grains, plus gros que ceux du sucre de canne blond.

11 Mercredi août

Beignets de consoude

VEGGIE

PAS CHER

J'ai découvert la consoude grâce à Didier Morvan, maraîcher à Mensignac, en Dordogne. Il en transforme les feuilles en beignets. Résultat : un goût iodé proche de celui de la sole ! Voilà une plante que je ne prendrai plus jamais pour une mauvaise herbe !

POUR 4 PERSONNES
PRÉPARATION : 30 MIN
REPOS : 30 MIN
CUISSON : 2 À 3 MIN PAR BEIGNET

- 24 feuilles de consoude
- 100 g de farine
- 100 g de fécule de maïs
- Piment d'Espelette
- 10 g de levure fraîche de boulanger
- 3 œufs
- Huile de friture
- Fleur de sel
- 1 cuil. à café de sel fin

1. Préchauffez la friteuse à 170 °C.
2. Dans un saladier, tamisez la farine et la fécule. Ajoutez le sel fin et le piment d'Espelette, faites un puits. Délayez la levure avec 1 cuillerée à soupe d'eau tiède, puis versez-la dans le puits avec 20 cl d'eau.
3. Séparez les blancs d'œufs des jaunes et ajoutez les jaunes à la préparation. Mélangez et laissez reposer 30 minutes.
4. Nettoyez les feuilles de consoude à l'aide d'un papier humide et regroupez deux feuilles à chaque fois, côté duveteux à l'intérieur.
5. Montez les blancs d'œufs en neige et incorporez-les à la pâte à beignets.
6. Trempez les feuilles de consoude dans celle-ci et passez-les à la friteuse 2 à 3 minutes. Égouttez sur du papier absorbant, parsemez de fleur de sel et disposez dans un plat. Dégustez.

DORADE-TAPENADE-SALADE

POUR 4 PERSONNES
PRÉPARATION : 20 MIN
CUISSON : 20 MIN

POUR LES DORADES

- ☐ 2 dorades de 800 à 900 g vidées et écaillées
- ☐ 250 g d'olives
- ☐ Le jus de 1 citron
- ☐ Huile d'olive
- ☐ 2 gousses d'ail
- ☐ 1 bouquet de basilic
- ☐ 5 cl de vin blanc
- ☐ Sel et poivre du moulin

POUR LA SALADE

- ☐ 1 kg de tomates anciennes mûres
- ☐ Une douzaine de feuilles de basilic
- ☐ Fleur de sel

POUR LA VINAIGRETTE

- ☐ 1 cuil. à soupe de vinaigre de vin
- ☐ 4 cuil. à soupe d'une très bonne huile d'olive
- ☐ Sel et poivre du moulin

Si vous avez la chance d'avoir un barbecue qui se ferme (à cloche ou à couvercle), il permet de cuire à l'étouffée. Bien pratique pour un poisson fragile comme la dorade, qui sera enveloppée par la chaleur !

1. Préchauffez le barbecue à 180 °C.
2. Prélevez la moitié des olives et passez-les au mixeur avec le jus de citron et de l'huile d'olive, pour obtenir une tapenade.
3. Rincez les dorades, puis égouttez-les. À l'aide d'un petit couteau, faites des entailles en diagonale sur leurs deux faces, puis disposez-les dans un plat allant au four légèrement huilé. Salez-les et poivrez-les en surface et farcissez-les de tapenade. Parsemez d'ail, pelé et haché, d'olives entières, de quelques feuilles de basilic déchirées à la main, et arrosez d'un trait de vin blanc.
4. Placez sur le barbecue, fermez le couvercle et laissez cuire 20 minutes.
5. Pendant ce temps, préparez la salade. Mélangez les ingrédients de la vinaigrette et émulsionnez à l'aide d'une fourchette. Coupez les tomates en quartiers et répartissez-les dans un grand saladier avec les feuilles de basilic. Arrosez de vinaigrette et terminez par 1 pincée de fleur de sel.
6. Servez un demi-poisson par personne, accompagné de salade de tomates.

ET AVEC ÇA, ON BOIT QUOI ?

Un patrimonio blanc ! Petite étape sur l'île de Beauté avec un vin blanc subtil et raffiné, frais et minéral.

Boulettes de bœuf EN BROCHETTES

POUR 4 PERSONNES
PRÉPARATION : 30 MIN
CUISSON : 5 À 7 MIN

- 500 g de bœuf haché
- 2 oignons rouges
- 3 cm de gingembre frais
- 50 g de chapelure
- 1 œuf
- 2 cuil. à soupe d'huile de pépins de raisin
- Quelques brins de ciboulette
- Sel et poivre du moulin

POUR LA SAUCE

- 2 cuil. à soupe de sauce soja
- 5 piquillos en conserve
- 2 cuil. à soupe de vinaigre de riz
- 15 g de Maïzena®

MATÉRIEL

- 6 piques à brochette

1. Préchauffez la plancha à feu moyen.
2. Préparez la sauce : mélangez tous les ingrédients au mixeur plongeant et réservez.
3. Épluchez et ciselez les oignons rouges. Saisissez-les sur la plancha avec un peu d'huile et réservez-les dans un bol. Pelez le gingembre et râpez-le dessus. Ajoutez le bœuf haché, la chapelure et l'œuf. Assaisonnez et mélangez.
4. Formez des boulettes de farce avec vos mains, puis piquez-les sur les brochettes. Huilez la plancha et déposez les boulettes dessus. Laissez colorer uniformément (5 à 7 minutes).
5. Mélangez la sauce et versez-la sur les boulettes. Enrobez-les de sauce et laissez celle-ci épaissir peu à peu.
6. Dans un plat réctangulaire, dressez les brochettes de boulettes sur un petit socle de riz. Parsemez de ciboulette ciselée.

Mon conseil

Pour cuire les brochettes, je vous invite à sortir la plancha, et non le BBQ, afin de ne pas perdre une goutte de la marinade lorsque vous arroserez les boulettes. La viande étant mixée, la sauce pénètre bien à l'intérieur. Un régal !

Riz au lait de coco
de Stéphane Cuzin

Lors de mes pérégrinations en Périgord, l'été dernier, pour mon émission *Petits Plats en équilibre* sur TF1, j'ai fait la connaissance de Stéphane Cuzin, chef d'origine parisienne qui a posé ses valises à Bergerac. Loin du foie gras et des pommes sarladaises, c'est un riz au lait exotique qu'il m'a fait découvrir. Un délice dont il a bien voulu me livrer la recette. Merci, chef !

POUR 4 PERSONNES
PRÉPARATION : 10 MIN
CUISSON : 20 MIN
RÉFRIGÉRATION : 1 H

- 80 g de riz basmati
- 35 cl de lait de coco
- 20 cl de crème liquide
- 1 gousse de vanille
- Graines de sésame torréfiées
- Le zeste de 1 citron vert non traité

1. Rincez le riz à l'eau claire au moins deux fois.
2. Dans une casserole, faites chauffer le lait de coco, la crème liquide et le riz, versé en pluie dans le mélange, pendant 20 minutes à feu doux.
3. Ajoutez la gousse de vanille fendue en deux. Laissez refroidir, puis réservez 1 heure dans le réfrigérateur jusqu'au moment de servir.
4. Ôtez la gousse de vanille et répartissez le riz au lait dans quatre petits bols. Saupoudrez de graines de sésame et zestez le citron vert par-dessus. Dégustez bien frais.

15 Dimanche août

Assomption

GRAND CLASSIQUE

MA PISSALADIÈRE

Dès que je prononce le mot « pissaladière », j'entends chanter les grillons de la Provence ! La douceur des olives de Nyons compte pour beaucoup dans cette recette, mais si vous n'en trouvez pas, choisissez des olives noires de qualité sur un marché : demandez à les goûter !

POUR 6 PERSONNES
PRÉPARATION : 25 MIN
CUISSON : 25 MIN

- □ 1 pâte à pizza maison (voir recette du 17 mars)
- □ 4 beaux oignons
- □ 4 filets d'anchois à l'huile
- □ 12 olives noires de Nyons à l'huile

1. Pelez les oignons, coupez-les en deux et émincez-les finement.
2. Préchauffez le four à 180 °C (th. 6).
3. Versez un filet d'huile des olives sur une poêle antiadhésive et faites chauffer à feu moyen. Ajoutez les oignons émincés et 3 cl d'eau. Faites-les revenir pendant une dizaine de minutes en remuant régulièrement jusqu'à ce qu'ils commencent à peine à colorer et que l'eau se soit totalement évaporée.
4. Étalez la pâte sur une plaque recouverte de papier cuisson. Répartissez-y les oignons, parsemez d'olives égouttées et disposez les anchois.
5. Enfournez pour 15 minutes environ. Dégustez en entrée ou à l'apéritif.

VEGGIE

Carpaccio aux 3 melons

POUR 4 PERSONNES
PRÉPARATION : 20 MIN

- ½ melon charentais
- ½ melon vert
- ½ melon jaune
- 80 g de sucre en poudre
- Quelques brins de menthe fraîche
- 1 poignée de groseilles
- Huile d'olive

En dessert ou en entrée, c'est vous qui choisissez ! Vous allez régaler la tablée avec ce trio désaltérant, digeste et coloré. Chapeau, le melon !

1. Pelez les melons à vif et ôtez les pépins. À l'aide d'un couteau bien aiguisé, coupez-les en tranches de 0,5 cm d'épaisseur et répartissez-les sur un grand plat.
2. Préparez le sirop de menthe. Faites chauffer 10 cl d'eau avec le sucre et les trois quarts des feuilles de menthe. Lorsque le mélange prend la consistance d'un sirop, filtrez la menthe à travers une passoire fine, puis versez sur les tranches de melon. Laissez refroidir.
3. Dressez les tranches de melon marinées en rosace sur un plat de service en alternant les couleurs. Versez un filet d'huile d'olive, ajoutez quelques groseilles et décorez de feuilles de menthe.

17 Mardi août

VEGGIE

PAS CHER

Panzanella

ZÉRO GASPI

Le zéro gâchis, on le pratique depuis des siècles en Toscane avec la panzanella, cette salade à base de pain rassis. Bon marché, rapide et facile : elle a tout pour plaire. *Viva Italia !*

POUR 4 PERSONNES
PRÉPARATION : 20 MIN
REPOS : 1 H 15

- □ 4 tranches de pain au levain rassis (de 1 cm d'épaisseur)
- □ 6 cuil. à soupe d'huile d'olive
- □ 2 cuil. à soupe de vinaigre de vin rouge
- □ 1 petit concombre
- □ 600 g de tomates
- □ 1 oignon rouge
- □ 1 bouquet de basilic
- □ 100 g d'olives noires dénoyautées
- □ Sel et poivre du moulin

1. Coupez le pain en gros cubes. Mélangez l'huile, le vinaigre et 10 cl d'eau. Versez sur le pain et laissez-le gonfler 15 minutes.
2. Pendant ce temps, pelez le concombre et épépinez-le. Coupez les tomates, le concombre et l'oignon rouge en cubes. Rincez et séchez les feuilles de basilic.
3. Essorez le pain et déposez-en la moitié dans un saladier. Recouvrez de la moitié des légumes et ajoutez la moitié des olives. Salez et poivrez.
4. Disposez le reste du pain et recouvrez du reste des légumes et des olives. Salez, poivrez et laissez reposer 1 heure à température ambiante pour que les saveurs se mêlent.
5. Au moment de servir, ajoutez les feuilles de basilic et mélangez bien.

ANTIGASPI

S'il vous reste de la panzanella, tant mieux ! Demain, elle tiendra compagnie aux calamars !

Mercredi
août
18

EXPRESS

Salade de calamars

Composer un plat qui change avec les restes de la veille, c'est fastoche et ludique ! Quelques tomates de ma panzanella et voilà une salade iodée et équilibrée à déguster en pique-nique, au bord de la mer ou de l'océan.

POUR 4 PERSONNES
PRÉPARATION : 10 MIN
CUISSON : 10 MIN

- 600 g de gros corps de calamars
- 2 ou 3 gousses d'ail
- Le jus de 2 citrons verts
- 200 g de reste de riz basmati cuit
- 1 bol de reste de panzanella
- 2 cuil. à soupe de petites câpres
- Sel et poivre du moulin

1. Pelez et hachez l'ail. Nettoyez les corps des calamars. Ouvrez-les en deux et entaillez l'intérieur en formant des quadrillages, puis coupez-les en carrés de 5 cm. Épongez-les bien.
2. Faites chauffer la plancha, huilez-la et saisissez les morceaux de calamars. Lorsqu'ils sont légèrement grillés, ajoutez l'ail haché et déglacez avec le jus des citrons verts.
3. Mélangez le riz avec le reste de salade de tomates et les câpres, ajoutez les calamars, fermez le récipient et partez à la plage ou en balade !

19 Jeudi août

CÔTE DE BŒUF
à la salicorne

POUR 4 PERSONNES
PRÉPARATION : 30 MIN
CUISSON : 35 MIN
REPOS : 10 MIN

- 1 côte de bœuf de 1 kg
- 250 g de salicornes fraîches
- 600 g de pommes de terre
- 2 oignons rouges
- 1 cuil. à soupe d'huile de pépins de raisin
- 1 gousse d'ail
- Gros sel de mer
- Sel fin et poivre du moulin

1. Faites chauffer le barbecue et la plancha. Sortez la côte de bœuf du réfrigérateur.
2. Lavez les pommes de terre et faites-les cuire dans une casserole, départ eau froide salée : comptez 15 minutes de cuisson après l'ébullition.
3. Lavez et égouttez les salicornes. Épluchez et émincez les oignons rouges. Réservez.
4. Huilez la côte de bœuf et déposez-la sur la grille du barbecue. Salez et laissez colorer deux fois 4 minutes en tournant la viande d'un quart de tour (pour marquer le quadrillage). Retournez-la et renouvelez la même opération.
5. Débarrassez la côte de bœuf sur une assiette et laissez-la reposer 10 minutes.
6. Disposez les pommes de terre sur la plancha (ou dans une poêle), arrosez-les d'un peu d'huile et retournez-les fréquemment. Ajoutez les salicornes et les oignons, et remuez. Pelez l'ail, puis râpez-le sur le mélange de pommes de terre et de salicornes.
7. Coupez la côte de bœuf en tranches, puis dressez les salicornes et les pommes de terre à côté. Poivrez et dégustez.

Mieux connaître

La salicorne est une plante halophile, ce qui signifie qu'elle a besoin d'eau salée pour pousser. Mais, contrairement à ce que l'on pense, ce n'est pas une algue ! Elle est riche en sels minéraux et en oligoéléments, diurétique et peu calorique. J'aime l'utiliser comme un légume et, au début de l'été, je la mange crue, avec une vinaigrette !

EXPRESS

Fraises à la crème XXL

En clin d'œil à l'Eton mess – ces fraises à la crème *so british* –, j'ai composé un dessert convivial et généreux, à emporter en pique-nique !

POUR 4 PERSONNES
PRÉPARATION : 10 MIN

- **400 g de fraises**
- **20 cl de crème liquide à 30 % de MG bien froide**
- **4 cuil. à soupe de sucre de canne**
- **2 cuil. à soupe de sucre glace**
- **1 ou 2 meringues du boulanger (100 g)**

1. Mixez la moitié des fraises avec le sucre de canne pour obtenir un coulis. Coupez les fraises restantes en deux ou en quatre.
2. Montez la crème en chantilly dans un saladier bien froid. Versez le sucre glace peu à peu jusqu'à ce que la chantilly soit ferme.
3. Dans un saladier transparent, émiettez grossièrement les meringues, ajoutez la crème fouettée, la moitié du coulis de fraises, et mélangez délicatement.
4. Versez le reste du coulis, mélangez et terminez en ajoutant les morceaux de fraises. Entreposez au frais si vous ne le dégustez pas immédiatement.

À LA PLACE

Je remplace les fraises par un mélange fraises/framboises, des bananes, etc. C'est ce que j'aime avec ce dessert : il se décline avec tous les fruits de l'été (mûres, groseilles, cassis…).

21 Samedi août

MON POULET basquaise

GRAND CLASSIQUE

Recette régionale

Pour moi, l'été sans poulet basquaise n'est pas l'été. Regardez comme il représente bien la région : le vert des piments, le rouge des tomates... Le drapeau basque se devine même dans l'assiette !

POUR 4 PERSONNES
PRÉPARATION : 20 MIN
CUISSON : 55 MIN

- 1 poulet de 1,2 kg coupé en 8 morceaux
- 500 g de piments doux verts (ou de poivrons verts)
- 750 g de tomates
- 2 oignons
- 50 g de jambon de Bayonne
- 15 cl de vin blanc sec
- 1 bouquet garni (thym, laurier, persil)
- 2 gousses d'ail
- 1 pointe de piment d'Espelette
- 4 tiges de persil frisé pour servir
- Huile d'olive
- Sel et poivre du moulin

1. Coupez les piments doux dans la longueur et épépinez-les. Épépinez les tomates et concassez-les. Hachez les oignons. Coupez le jambon en allumettes.
2. Faites dorer les morceaux de poulet dans une cocotte bien huilée. Ajoutez les allumettes de jambon et mélangez.
3. Ajoutez les oignons hachés, puis les piments doux, et mélangez de nouveau. Lorsque tout est bien rissolé, versez le vin blanc.
4. Dès les premiers frémissements du vin, ajoutez les tomates, le bouquet garni, l'ail écrasé et le piment d'Espelette. Salez, poivrez et laissez mijoter 45 minutes à couvert.
5. Parsemez de persil frisé juste avant de servir.

Dimanche 22 août

Tagliatelles à la puttanesca

PAS CHER

POUR 4 PERSONNES
PRÉPARATION : 15 MIN
CUISSON : 25 MIN

- □ 400 g de tagliatelles
- □ 2 cuil. à soupe de câpres au sel
- □ 1 kg de tomates
- □ 1 gousse d'ail
- □ 2 cuil. à soupe d'huile d'olive
- □ 12 anchois à l'huile d'olive
- □ 100 g d'olives noires ou violettes dénoyautées
- □ ½ piment rouge
- □ Sel et poivre du moulin

1. Mettez les câpres à dessaler dans un grand bol d'eau, puis égouttez-les.
2. Mondez les tomates : ôtez le pédoncule et faites une incision en croix sur le côté opposé, puis plongez-les 30 secondes dans une grande casserole d'eau bouillante salée. Sortez-les à l'aide d'une écumoire, passez-les sous l'eau froide, ôtez la peau et concassez-les.
3. Pelez l'ail et hachez-le. Faites chauffer l'huile d'olive dans un faitout. Faites revenir l'ail, les câpres et les anchois 1 à 2 minutes. Ajoutez les tomates concassées, les olives et le demi-piment. Faites cuire 10 minutes à feu très doux.
4. Pendant ce temps, faites cuire les tagliatelles dans la casserole d'eau bouillante, le temps indiqué sur le paquet. Égouttez-les.
5. Salez la sauce (si nécessaire) et poivrez-la, versez-y les pâtes et remuez. Servez aussitôt.

VEGGIE

PAS CHER

Tarte
TOMATE-MOUTARDE

Dans la famille des recettes qui se transmettent
de génération en génération, je vous présente
l'indémodable tarte tomate-moutarde !
Facile à faire et avec des ingrédients à la portée de tous !

POUR 6 PERSONNES
PRÉPARATION : 30 MIN
CUISSON : 40 À 45 MIN

- □ 1 pâte feuilletée pur beurre
- □ 4 belles tomates cœur-de-bœuf
- □ 3 cuil. à soupe de moutarde forte
- □ 2 oignons rouges
- □ 3 cuil. à soupe de chapelure
- □ 1 poignée de roquette
- □ Huile d'olive
- □ Fleur de sel

1. Préchauffez le four à 170 °C (th. 6).
2. Étalez la pâte feuilletée entre deux feuilles de papier cuisson, puis entre deux plaques, et enfournez pour 20 minutes afin de la précuire.
3. Lavez les tomates et taillez-les en rondelles de 0,5 cm d'épaisseur. Épluchez et taillez en fines rondelles les oignons.
4. Étalez la moutarde sur la pâte feuilletée. Saupoudrez de chapelure. Disposez dessus les rondelles de tomates en rosace, puis intercalez régulièrement les rondelles d'oignons. Arrosez d'huile d'olive et enfournez pour 20 à 25 minutes.
5. Lavez et essorez la roquette.
6. À la sortie du four, assaisonnez la tarte de fleur de sel et parsemez-la de feuilles de roquette. Arrosez d'un filet d'huile d'olive.

Tajine d'été

POUR 4 OU 5 PERSONNES
PRÉPARATION : 35 MIN
CUISSON : 45 À 50 MIN

- □ 1 épaule d'agneau de 1,5 kg taillée en cubes
- □ 2 oignons rouges
- □ 3 cuil. à soupe d'huile de pépins de raisin
- □ 2 cuil. à café de ras el-hanout
- □ 1 cuil. à café de curcuma
- □ ½ cuil. à café de gingembre moulu
- □ 1 tête d'ail nouveau
- □ 600 g de pommes de terre grenailles
- □ 6 artichauts poivrade
- □ Le jus de 1 citron jaune
- □ ¼ de botte de coriandre pour servir
- □ Sel et poivre du moulin

MATÉRIEL

- □ 1 plat à tajine

1. Épluchez et taillez en gros cubes les oignons rouges.
2. Faites chauffer l'huile dans le plat à tajine, puis torréfiez-y les épices et 3 gousses d'ail hachées.
3. Faites-y rissoler les morceaux d'agneau de chaque côté, salez et poivrez. Ajoutez les cubes d'oignon.
4. Versez 3 verres d'eau et ajoutez le reste d'ail en gousses éclatées. Couvrez et laissez cuire à feu moyen pendant 20 minutes.
5. Lavez les pommes de terre, coupez-les en deux et ajoutez-les à la viande.
6. Ôtez les premières feuilles des artichauts, pelez la queue et la tête. Enduisez-les de jus de citron à chaque étape, coupez-les en deux et ajoutez-les après 10 minutes de cuisson supplémentaires. Prolongez encore la cuisson de 10 à 15 minutes, à couvert. Ajoutez un peu d'eau si nécessaire.
7. Parsemez de coriandre juste avant de servir.

MON TRUC ANTIGASPI

Je ne jette pas les feuilles des artichauts poivrade ! J'en fais une décoction détox, un peu amère certes, mais excellente pour le foie !

FIGUES RÔTIES à la ricotta

POUR 4 PERSONNES
PRÉPARATION : 10 MIN
CUISSON : 15 MIN

- **12 figues violettes**
- **150 g de ricotta**
- **1 orange non traitée**
- **2 cuil. à soupe de miel de romarin**
- **40 g d'amandes**

1. Préchauffez le four à 180 °C (th. 6).
2. Mettez la ricotta dans un bol. Prélevez le zeste de l'orange avec une râpe fine au-dessus du bol et mélangez.
3. Lavez les figues et coupez-les en quatre jusqu'à la moitié du fruit. Avec une cuillère, garnissez l'intérieur de ricotta et déposez-les dans un plat allant au four. Arrosez de miel de romarin et enfournez pour 15 minutes environ.
4. Concassez les amandes avec un couteau et parsemez-les sur les figues à la sortie du four. Dégustez aussitôt.

Le saviez-vous ?

En italien, *ricotta* signifie « recuit ». Ce fromage frais à la saveur douce et à la texture granuleuse, le plus souvent à base de lait de vache (parfois au lait de brebis, de chèvre ou de bufflonne, à tester si vous en trouvez !), est ainsi nommé en raison du petit-lait récupéré et cuit une seconde fois.

FILETS DE ROUGETS,
salade de courgettes

La courgette toute crue, c'est comme ça que je la préfère ! Mention spéciale à Marjolaine Bencharel, maraîchère à Sainte-Alvère en Dordogne, qui me l'a fait croquer aussitôt cueillie, dans son champ cultivé en agriculture biologique. Reconvertie, Marjolaine a repris la ferme de ses grands-parents pour y pratiquer une culture durable. Chapeau bas !

POUR 4 PERSONNES
PRÉPARATION : 15 MIN
CUISSON : 3 MIN

- 8 filets de rougets barbets écaillés et désarêtés
- 1 cuil. à café de graines de fenouil
- ½ cuil. à café de cumin moulu
- ½ cuil. à café de gingembre moulu
- Le zeste de 1 citron non traité
- 10 cl d'huile d'olive

POUR LA SALADE DE COURGETTES

- 2 courgettes
- 1 cuil. à café de baies roses
- Le jus du citron zesté
- 2 tiges de menthe fraîche
- 3 cuil. à soupe d'huile d'olive
- Sel et poivre du moulin

1. Rincez les filets de rougets et séchez-les à l'aide de papier absorbant. Disposez-les dans un plat creux.
2. Dans un mortier, pilez les épices du poisson et mélangez-les au zeste de citron. Versez-les dans un bol, ajoutez 5 cl d'huile d'olive et mélangez.
3. Enduisez de préparation épicée les deux faces des filets de rougets et réservez-les au frais.
4. Rincez les courgettes et émincez-les finement à la mandoline. Mettez-les dans un saladier.
5. Dans le mortier, pilez les baies roses, versez le jus de citron et ajoutez 5 cl d'huile d'olive. Salez et poivrez. Assaisonnez les tagliatelles de courgettes et remuez bien.
6. Faites griller les filets de rougets sur une plancha ou dans une poêle bien chaude, côté peau pendant 2 minutes, puis côté chair pendant 1 minute.
7. Servez les rougets aussitôt, avec la salade de courgettes.

EXPRESS GRAND CLASSIQUE VEGGIE

MA SALADE *de tomates*

Les salades toutes simples sont souvent les meilleures !
C'est mon classique d'été rapide et pas cher,
avec de bonnes tomates, cultivées en pleine terre.

POUR 4 PERSONNES
PRÉPARATION : 15 MIN

- 1 kg de tomates anciennes mûres, à température ambiante, de différentes couleurs
- 1 douzaine de feuilles de basilic
- Fleur de sel

POUR LA VINAIGRETTE

- 1 cuil. à soupe de vinaigre de vin
- 4 cuil. à soupe d'une très bonne huile d'olive
- 1 cuil. à soupe de moutarde douce
- Sel et poivre du moulin

1. Dans un bol, mélangez les ingrédients de la vinaigrette et émulsionnez avec une fourchette.
2. Ôtez le pédoncule des tomates, coupez-les en quartiers et répartissez-les dans quatre assiettes. Arrosez de vinaigrette et terminez par une pincée de fleur de sel et quelques feuilles de basilic déchirées à la main.

Ça m'énerve

Oui aux variétés anciennes, mais attention à ce qu'il y a derrière ces mots. Le juteux business des tomates colorées cache bien souvent des fruits qui ont poussé hors sol dans des serres high tech (c'est le cas de 80 % des tomates françaises, notamment en Bretagne et dans le Centre-Ouest) et qui coûtent trois à quatre fois plus cher que les tomates classiques. Pour ne pas voir rouge, une seule solution : trouver un maraîcher de confiance !

28 Samedi août

ZÉRO GASPI

Caponata

Spécialité sicilienne, la caponata est un confit de légumes légèrement aigre-doux auquel on ajoute parfois du poisson et des poivrons. Traditionnellement, les aubergines sont frites, mais je vous invite à les cuire au four, c'est moins gras !

POUR 4 PERSONNES
PRÉPARATION : 20 MIN
CUISSON : 50 MIN

- □ 4 aubergines
- □ 4 tomates roma
- □ 1 oignon jaune
- □ 2 branches de céleri
- □ 100 g d'olives vertes
- □ 1 cuil. à soupe de raisins secs
- □ 2 cuil. à soupe de pignons de pin
- □ 2 cuil. à soupe de câpres
- □ 3 cuil. à soupe de vinaigre de vin
- □ 2 cuil. à soupe de sucre roux
- □ 15 cl d'huile d'olive
- □ Sel et poivre du moulin

1. Préchauffez le four à 180 °C (th. 6).
2. Mondez les tomates (voir recette du 22 août) et coupez-les en cubes.
3. Rincez les aubergines, puis coupez-les en dés d'environ 1,5 cm de côté. Épluchez l'oignon et émincez-le ainsi que les branches de céleri.
4. Mélangez les aubergines, les tomates, l'oignon, le céleri, le vinaigre, le sucre et l'huile. Salez et poivrez.
5. Enfournez sur une plaque recouverte de papier cuisson et laissez cuire 40 minutes.
6. Baissez le four à 140 °C (th. 4-5). Ajoutez les autres ingrédients et enfournez pour 10 minutes.
7. Dégustez chaud, tiède ou même froid, avec du riz, des pâtes, ou en accompagnement d'une viande, d'un poisson ou d'une mozzarella au lait de bufflonne.

ANTIGASPI

Je mets de côté un peu de caponata pour le brunch de demain : elle va devenir une délicieuse bruschetta !

ZÉRO GASPI

EXPRESS

Brunchetta

Le mot *bruschetta* vient du verbe italien *bruscare*, qui signifie « griller ». En Italie, on mange du pain de campagne grillé à l'huile d'olive et frotté à l'ail, le plus souvent avec des tomates, comme en-cas. Pour un dimanche de grasse matinée, c'est parfait ! La rencontre du brunch et de la bruschetta donne la brunchetta !

POUR 4 PERSONNES
PRÉPARATION : 10 MIN
CUISSON : 10 MIN

- ☐ 200 g de reste de caponata
- ☐ 2 gousses d'ail
- ☐ 4 tranches de pain au levain (de 2 cm d'épaisseur)
- ☐ 8 sardines à l'huile d'olive (2 boîtes)
- ☐ 1 bouquet de basilic frais
- ☐ Huile d'olive

1. Épluchez l'ail et coupez les gousses en deux.
2. Faites chauffer un filet d'huile d'olive dans une large poêle et faites-y dorer les tranches de pain quelques secondes sur les deux faces. Débarrassez-les, puis frottez-les avec l'ail.
3. Disposez la caponata sur les tranches de pain, puis les sardines à l'huile, et décorez de feuilles de basilic frais.
4. Dégustez aussitôt, avec une salade de roquette.

FAISSELLE AUX FRAMBOISES
d'Alexandre Gauthier

Inclassable prodige de la cuisine, Alexandre Gauthier est le chef du restaurant doublement étoilé La Grenouillère, dans le Pas-de-Calais. Dans ce dessert, dont il m'a confié la recette, il traite les framboises comme un légume, vous allez voir ! Simple, frais, efficace : à son image !

POUR 4 PERSONNES
PRÉPARATION : 15 MIN

- 4 faisselles de chèvre
- 80 g de sucre glace

POUR LA VINAIGRETTE DE FRAMBOISES

- 2 barquettes de framboises
- 2 branches de basilic (nain, thaï ou classique)
- 2 branches de verveine
- 2 cuil. à café d'huile d'olive
- 3 cuil. à soupe d'huile de colza

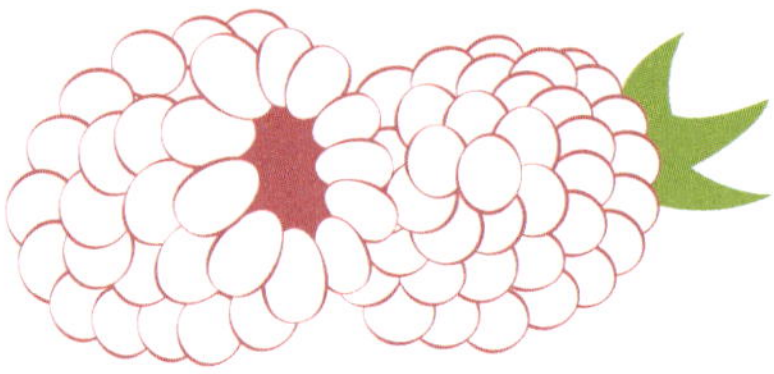

1. Mélangez les faisselles avec la moitié du sucre glace, égouttez-les sur une passoire quelques minutes, puis mettez-les dans des feuilles de papier absorbant (2 feuilles par faisselle).
2. Préparez la « vinaigrette » de framboises. Écrasez les deux tiers des framboises à la fourchette et conservez les autres entières. Ajoutez le reste de sucre glace et les huiles, puis les herbes effeuillées (concassez-les si les feuilles sont trop grosses).
3. Sur chaque assiette, disposez une faisselle sucrée et égouttée en petit dôme. Dispersez la « vinaigrette » de framboises par-dessus, décorez de quelques framboises entières et dégustez aussitôt.

Gratiné d'aubergines
aux oignons doux

VEGGIE

POUR 4 PERSONNES
PRÉPARATION : 15 MIN
CUISSON : 40 À 50 MIN

- **2 ou 3 aubergines**
- **3 oignons doux des Cévennes**
- **2 gousses d'ail**
- **4 tomates**
- **1 cuil. à soupe de graines de coriandre**
- **1 petit bouquet d'origan frais**
- **50 à 80 g de parmesan**
- **Huile d'olive**
- **Sel et poivre du moulin**

1. Préchauffez le four à 180 °C (th. 6).
2. Pelez l'ail et hachez-le. Lavez les légumes. Pelez les oignons. Coupez oignons et tomates en rondelles. Taillez les aubergines en tranches de 0,5 cm d'épaisseur dans la longueur.
3. Disposez les légumes bien à plat sur une plaque. Assaisonnez-les d'huile d'olive, de sel, de poivre, d'ail, de graines de coriandre, de feuilles d'origan, et parsemez de parmesan râpé.
4. Dans un plat allant au four légèrement huilé, disposez les légumes préparés sur plusieurs couches en les alternant. Enfournez pour 40 à 50 minutes.
5. Dégustez chaud ou froid, en entrée ou en garniture d'un plat.

Mieux connaître

L'oignon doux des Cévennes (appellation d'origine protégée) est cultivé en terrasses et récolté à la main, en août et en septembre. Je l'aime autant cru que cuit, pour sa douceur et son petit goût sucré. Une autre de ses qualités et pas des moindres : il ne fait pas pleurer lorsqu'on l'épluche. Bref, c'est un bulbe qui gagne à être connu !

Septembre *au marché*

LES PRODUITS PHARES

La noisette

C'est le début de la récolte ! Tandis que nos voisins italiens ramènent leur fameuse noisette du Piémont en IGP (indication géographique protégée), nous avons en France la noisette de Cervione IGP, tout droit venue de l'île de Beauté. Elle est aussi cultivée en Midi-Pyrénées, mais nous en sommes très friands, si bien que l'offre nationale a du mal à suivre. Heureusement, la filière est en expansion : on compte une trentaine de nouveaux producteurs chaque année.

La pêche de vigne

Cette pêche à la chair pourpre porte bien son nom ! Elle est récoltée au moment où sonne l'heure des premières vendanges. Comme elle est sensible aux mêmes maladies que la vigne, les paysans vignerons plantaient autrefois un pêcher pour détecter au plus tôt les cas graves. C'est sur les coteaux de Lyon qu'on dénombre le plus de pêchers de vigne : 70 % de la production provient de la région !

Le maïs

C'est la moisson du maïs, ce mois-ci ! Depuis les années 2000, je peux vous dire que ça bouge du côté de l'épi. Après s'être focalisés sur la culture d'un maïs hybride et productif au sortir de la Seconde Guerre mondiale, des paysans du Sud-Ouest se démènent aujourd'hui pour sauvegarder les variétés rustiques, dites de « population », comme le « grand roux basque », bariolé de graines jaunes, rouges et orange. Vive la diversité !

CHEZ LE MARAÎCHER

Les légumes

Ail
Amande
Aneth
Aubergine
Betterave
Blette
Bolet
Brocoli
Carotte
Céleri
Cèpe
Cerfeuil
Chou-fleur
Chou frisé
Chou-rave
Ciboulette
Concombre
Courgette
Cresson
Échalote
Estragon
Fenouil
Girolle
Laurier
Maïs
Navet
Oignon
Origan
Oseille
Patate douce
Pâtisson
Persil
Poireau
Poivron
Romarin
Thym
Tomate

Les fruits

Grenade
Groseille
Cassis
Figue
Fraise
Framboise
Mirabelle
Mûre
Noisette
Pomme
Prune
Quetsche
Raisin
Reine-claude
Poire
Banane

CHEZ LE POISSONNIER

Tacaud, rouget barbet, hareng, moules de bouchot, dorade grise, merlan, maquereau, sardine, bar.

CHEZ LE FROMAGER

Bleu des Causses, comté, chaource, cantal, brie de Melun.

SAUTÉ DE PORC *aux mirabelles de Lorraine*

POUR 4 PERSONNES
PRÉPARATION : 30 MIN
CUISSON : 1 H 30

- □ 800 g de sauté de porc (échine ou épaule désossée)
- □ 500 g de mirabelles de Lorraine
- □ 10 g de beurre
- □ 20 cl de vin blanc
- □ Sel et poivre du moulin

1. Dans une cocotte ou une casserole à fond épais, faites fondre le beurre. Ajoutez le porc et faites-le cuire quelques minutes à feu vif, le temps de colorer tous les morceaux.
2. Versez le vin blanc, salez et poivrez. Couvrez et laissez mijoter 45 minutes.
3. Dénoyautez les mirabelles et ajoutez-les dans la cocotte.
4. Poursuivez la cuisson 45 minutes sans couvercle en vérifiant régulièrement qu'il reste suffisamment de liquide (ajoutez un peu d'eau si nécessaire) : la viande doit se défaire et le jus doit caraméliser.
5. Servez avec une écrasée de pommes de terre ou du riz blanc.

MIEUX S'ORGANISER

Quand je parle de mirabelles, je ne suis pas à un kilo près… Profitons de sa courte saison pour en faire un bon dessert (demain) !

Jeudi
septembre **2**

Tarte
AUX MIRABELLES

Pas de rentrée sans l'amie… la mirabelle !
Cette tarte fait le bonheur de tous, je vous le garantis !
Je vous donne mon astuce pour en faire une grande tarte grâce aux amandes en poudre.

POUR 6 PERSONNES
PRÉPARATION : 20 MIN
CUISSON : 35 MIN

- 1 pâte à tarte sablée maison (voir recette du 4 septembre)
- 1 kg de mirabelles
- 50 g d'amandes en poudre

1. Préchauffez le four à 170 °C (th. 5-6).
2. Abaissez la pâte sur un plan de travail légèrement fariné, foncez-la dans un moule et faites-la cuire à blanc 10 minutes.
3. Dénoyautez les mirabelles et coupez-les en deux.
4. Sortez le fond de tarte et augmentez la température du four à 200 °C (th. 6-7).
5. Versez une fine couche d'amandes en poudre sur le fond de tarte précuit, puis disposez les mirabelles, bien serrées, à la verticale. Enfournez pour 25 minutes.
6. Dégustez tiède.

À la place

Si vous ne trouvez pas de mirabelles fraîches, remplacez-les par des prunes surgelées, ça marche aussi !

3 Vendredi septembre

POULET PANÉ *aux corn-flakes*

Quand la rentrée pointe le bout de son nez, toute la famille a besoin de réconfort. C'est dans ces moments-là que je dégaine mon poulet pané aux corn-flakes, terriblement régressif et, là encore, tellement meilleur fait maison !

POUR 4 PERSONNES
PRÉPARATION : 20 MIN
CUISSON : 20 MIN

- 4 filets de poulet fermier
- 110 g de corn-flakes (non sucrés)
- 2 œufs
- 30 g de farine
- Piment d'Espelette
- Huile de tournesol
- Sel et poivre du moulin

1. Préchauffez le four à 150 °C (th. 5).
2. Découpez les filets de poulet en aiguillettes. Battez les œufs à la fourchette dans une assiette creuse. Dans une seconde assiette creuse, versez la farine, du sel, du poivre et une pincée de piment d'Espelette. Écrasez les corn-flakes entre vos poings et versez-les dans une troisième assiette.
3. Passez successivement les aiguillettes de poulet dans la farine, puis dans les œufs battus et enfin dans les corn-flakes : elles doivent en être totalement recouvertes.
4. Faites chauffer 2 cm d'huile de tournesol dans une sauteuse et faites-y dorer les aiguillettes de poulet panées 5 minutes en les retournant délicatement.
5. Lorsqu'elles sont bien dorées, disposez-les dans un plat allant au four et enfournez pour 15 minutes.
6. Dégustez avec une mayonnaise maison agrémentée d'herbes fraîches.

MES PÂTES À TARTE MAISON

POUR 1 PÂTE À QUICHE
PRÉPARATION : 5 MIN
REPOS : 2 H

- 250 g de farine T55
- 1 cuil. à soupe de graines de moutarde
- 125 g de beurre
- 1 œuf
- 25 cl de lait
- 5 g de sel de mer fin

1. Dans un saladier, réunissez la farine, les graines de moutarde, le beurre et le sel. Pétrissez à la main afin d'incorporer le beurre à la farine et d'obtenir une texture sablée. Mélangez l'œuf au lait et versez dans le saladier. Pétrissez jusqu'à l'obtention d'une pâte homogène.
2. Filmez et réservez 2 heures dans le réfrigérateur.

Utilisez cette pâte pour ma quiche au chèvre et aux légumes du 25 mai.

POUR 1 PÂTE SUCRÉE
PRÉPARATION : 10 MIN
RÉFRIGÉRATION : 1 H

- 120 g de beurre à température ambiante
- 80 g de sucre glace
- 1 gousse de vanille
- 25 g d'amandes en poudre
- 1 œuf
- 225 g de farine

1. Mélangez le beurre coupé en dés et le sucre glace avec une cuillère en bois (ou à l'aide d'un robot).
2. Fendez la gousse de vanille en deux, récupérez les graines et ajoutez-les au mélange ainsi que les amandes en poudre. Incorporez l'œuf battu. Versez la farine et mélangez jusqu'à obtenir une pâte homogène.
3. Réservez au frais pendant 1 heure au moins.

Utilisez cette pâte pour une tarte au citron classique le 26 mars.

POUR 2 PÂTES SABLÉES
PRÉPARATION : 10 MIN
REPOS : 2 H

- 300 g de beurre
- 205 g de sucre glace
- 80 g d'amandes en poudre
- 2 gros œufs
- 500 g de farine
- 1 pincée de sel

1. Mélangez le beurre et 125 g de sucre glace avec une cuillère en bois (ou à l'aide d'un robot). Versez les amandes en poudre, puis le reste du sucre glace et les œufs. Mélangez.
2. Versez la farine, modelez la pâte en une boule, filmez-la et laissez-la reposer 2 heures au moins dans le réfrigérateur.

Utilisez cette pâte pour la belle tarte aux mirabelles du 2 septembre ou pour le flan au chocolat du 25 septembre.

5 Dimanche septembre

Lasagne bolognaise

GRAND CLASSIQUE

1-2-3, prêts pour la rentrée des classes ! Profitons du week-end pour nous avancer dans la préparation des plats de la semaine. Voici une belle lasagne cuisinée avec de vraies tomates, puisque c'est encore la saison !

POUR 4 À 6 PERSONNES
PRÉPARATION : 45 MIN
CUISSON : 2 H 25

- □ 1 paquet de lasagnes sèches
- □ Beurre pour le plat

POUR LA SAUCE BOLOGNAISE

- □ 500 g de macreuse à pot-au-feu hachée
- □ 250 g de chair à saucisse
- □ 50 g de pancetta
- □ 800 g de tomates fraîches
- □ 2 carottes
- □ 1 branche de céleri
- □ 1 oignon
- □ 15 à 20 cl de vin rouge
- □ 2 feuilles de laurier
- □ Huile d'olive
- □ Sel et poivre du moulin

POUR LA BÉCHAMEL AU PARMESAN

- □ 30 g de beurre
- □ 30 g de farine
- □ 35 cl de lait
- □ 100 g de parmesan fraîchement râpé
- □ Poivre du moulin

1. Préparez la sauce bolognaise. Mondez les tomates (voir recette du 22 août) et coupez-les en dés. Hachez finement les carottes, le céleri et l'oignon.
2. Faites roussir toutes les viandes dans une casserole avec un peu d'huile d'olive à feu moyen. Ajoutez les légumes hachés et mélangez 5 minutes sur le feu. Versez le vin, mélangez et faites réduire quasi à sec.
3. Ajoutez les dés de tomates et 20 cl d'eau. Mélangez et ajoutez le laurier. Salez et poivrez légèrement. Laissez mijoter 2 heures à couvert à feu doux. La sauce du ragoût doit être épaisse et non liquide.
4. Préparez la béchamel au parmesan. Faites fondre le beurre dans une casserole, ajoutez la farine et mélangez 3 minutes. Ajoutez le lait et mélangez jusqu'à ce que la préparation épaississe. Ajoutez le parmesan, mélangez et poivrez. Réservez.
5. Préparez les lasagnes. Faites chauffer 1 à 2 litres d'eau jusqu'à l'ébullition. Plongez-y 3 ou 4 feuilles de lasagne sans les superposer, juste le temps qu'elles ramollissent. Égouttez-les et placez-les dans le fond d'un plat à gratin beurré. Ajoutez une petite couche de bolognaise, puis une fine couche de béchamel. Plongez à nouveau 3 ou 4 autres feuilles de lasagne dans l'eau chaude et placez-les sur la garniture. Recommencez l'opération et terminez par des lasagnes recouvertes de béchamel au parmesan.
6. Préchauffez le four à 200 °C (th. 6-7). Enfournez le plat de lasagnes pour 20 à 25 minutes.

Mon conseil

N'hésitez pas à doubler la dose et à cuire les lasagnes dans deux plats. Ainsi, vous pourrez en congeler une partie !

6 Lundi septembre

POÊLÉE *de septembre*

EXPRESS

VEGGIE

1. Lavez tous les légumes. Rincez et conservez les fanes séparément. À l'aide d'une mandoline, taillez les courgettes et les carottes en tranches, puis en cubes de 5 mm de côté.
2. Disposez-les dans un sautoir et ajoutez les cébettes coupées dans la longueur. Arrosez le tout d'un filet d'huile d'olive, salez et poivrez. Couvrez d'eau à hauteur et laissez cuire à frémissement jusqu'à ce que les légumes soient juste tendres (comptez 3 à 5 minutes après l'ébullition).
3. En fin de cuisson, ajoutez les fanes de carottes et de betteraves pour 1 à 2 minutes, le temps de les faire retomber. Pelez les betteraves et taillez-les très finement à la mandoline (ou râpez-les).
4. Répartissez les légumes dans quatre assiettes creuses. Parsemez de cocos de Paimpol. Versez un peu de bouillon de cuisson des légumes et dégustez sans attendre.

POUR 4 PERSONNES
PRÉPARATION : 10 MIN
CUISSON : 4 À 7 MIN

- 2 petites courgettes vertes bio
- 2 petites courgettes jaunes bio
- 2 carottes fanes bio
- 2 ou 3 cébettes
- 3 ou 4 betteraves nouvelles (avec fanes)
- 1 petit bol de cocos de Paimpol déjà cuits
- Huile d'olive
- Fleur de sel et poivre noir du moulin

Mardi
septembre **7**

Épis de maïs rôtis
au beurre épicé

VEGGIE

Quand les conquistadors européens sont revenus d'Amérique, ils n'avaient pas les bras chargés d'or mais de maïs ! Aujourd'hui, c'est la céréale la plus cultivée dans le monde.

1. Préchauffez le four à 200 °C (th. 6-7).
2. Lavez et séchez les épis de maïs. Disposez-les sur une plaque allant au four recouverte de papier cuisson.
3. Faites fondre le beurre. Ajoutez-y le piment en poudre et la fleur de sel. Badigeonnez les épis de maïs de la moitié du beurre fondu épicé sur tous les côtés. Enfournez pour 30 minutes et tournez les épis toutes les 10 minutes. Les épis sont cuits lorsque la lame d'un couteau s'y enfonce facilement.
4. À la sortie du four, arrosez les épis de maïs du reste de beurre fondu épicé et parsemez-les de coriandre effeuillée.

POUR 4 PERSONNES
PRÉPARATION : 10 MIN
CUISSON : 30 MIN

- 4 épis de maïs frais ou sous vide
- 80 g de beurre doux
- ½ cuil. à café de piment de Cayenne en poudre
- 7 tiges de coriandre fraîche
- 1 cuil. à soupe de fleur de sel

Spaghetti
À LA TOMATE, AU THON ET AUX OLIVES

POUR 4 PERSONNES
PRÉPARATION : 10 MIN
CUISSON : 40 MIN

- 400 g de spaghetti
- 4 grosses tomates très mûres
- 400 g de filet de thon en boîte, issu de la pêche durable
- 10 olives kalamata dénoyautées
- 2 gousses d'ail
- 1 cuil. à soupe de câpres fines
- Quelques feuilles de menthe fraîche
- Huile d'olive
- Sel et poivre du moulin

Des tomates mûres et des ingrédients du placard vont se retrouver dans une sauce bien parfumée pour réunir toute la famille autour d'une bonne *pasta*. Tout simplement !

1. Pelez l'ail et hachez-le. Coupez les tomates en morceaux et faites-les revenir avec l'ail dans une sauteuse contenant un filet d'huile d'olive.
2. Ajoutez les câpres, les olives et la menthe. Salez, poivrez et laissez mijoter 20 minutes à demi-couvert.
3. Lorsque la sauce tomate est prête, ajoutez le filet de thon égoutté et émietté.
4. Faites cuire les pâtes le temps indiqué sur le paquet dans un grand volume d'eau salée.
5. Égouttez les pâtes et plongez-les dans la sauce. Répartissez dans quatre assiettes creuses et dégustez aussitôt.

Crostinis au chèvre
TAPENADE À LA FIGUE

VEGGIE

Quand j'ai envie d'un en-cas frais et de saison pour prolonger l'apéro, je brandis mes crostinis ! Pour un grignotage, ou plus, si affinités…

POUR 4 PERSONNES
PRÉPARATION : 20 MIN

- □ 1 baguette de campagne
- □ 2 petits fromages de chèvre frais (type crottins)
- □ 100 g d'olives noires, ou olives kalamata, dénoyautées
- □ 9 figues
- □ ½ citron
- □ 2 brins de persil plat
- □ Huile d'olive
- □ Fleur de sel

1. Préchauffez le gril du four.
2. Coupez le pédoncule des figues et taillez-les en quatre. Mixez 6 figues avec les olives et le jus du demi-citron. Versez un peu d'huile en filet jusqu'à ce que la tapenade devienne lisse.
3. Découpez la baguette en 12 tranches biseautées de 1 cm d'épaisseur. Badigeonnez-les d'huile d'olive et faites-les dorer sous le gril du four.
4. Concassez le persil plat.
5. Tartinez les toasts de tapenade, parsemez-les de miettes de fromage de chèvre frais, décorez-les chacun d'un quartier de figue fraîche et parsemez de persil.

10 Vendredi septembre

Merlu en paupiettes

Traditionnellement, c'est la lotte que l'on barde de jambon cru. Je vous propose aujourd'hui de la remplacer par du merlu. Moins coûteux, le merlu a, comme la lotte, une chair dense, ferme, et une seule arête dorsale.

POUR 4 PERSONNES
PRÉPARATION : 30 MIN
CUISSON : 1 H À 1 H 10

- 1 kg de queue de merlu découpée en 4 tronçons, sans peau et désarêtée
- 3 poivrons (1 rouge, 1 vert, 1 jaune)
- 8 tomates séchées
- 8 tranches fines de jambon cru
- 3 gousses d'ail
- 1 branche de romarin
- Huile d'olive
- Sel et poivre du moulin

1. Préchauffez le four à 150 °C (th. 5).
2. Hachez finement les tomates séchées. Roulez les morceaux de merlu dans le hachis de tomates afin de bien les en enrober. Recouvrez-les de jambon cru (2 tranches par morceau de merlu) et ficelez-les comme des paupiettes.
3. Disposez les paupiettes de merlu dans un plat allant au four légèrement huilé et enfournez pour 30 à 40 minutes.
4. Pendant ce temps, lavez et épépinez les poivrons. Taillez-les en fines lanières. Pelez l'ail et émincez-le. Faites chauffer une poêle avec 1 cuillerée à soupe d'huile et faites-y dorer les lamelles d'ail. Débarrassez-les dans un plat.
5. Déposez les poivrons et le romarin dans la poêle et laissez compoter 30 minutes à feu moyen à doux. Salez et poivrez.
6. Répartissez la compotée de poivrons au fond d'un plat de service, posez dessus les paupiettes de merlu, parsemez d'ail frit et servez.

MIEUX S'ORGANISER

J'achète du jambon cru en plus pour en farcir des tomates façon charcutière, demain !

GRAND CLASSIQUE

Tomates farcies

POUR 4 PERSONNES
PRÉPARATION : 30 MIN
CUISSON : 1 H À 1 H 30

- 4 grosses tomates mûres un peu fermes
- 1 gousse d'ail
- 1 échalote
- 1 petit bouquet de persil plat
- 60 g de jambon cru
- 500 g de chair à saucisse
- 100 g de mie de pain
- Beurre (pour le plat)
- Sel et poivre du moulin

1. Tranchez le haut des tomates à 2 cm de la queue. Videz-les en laissant très peu de chair à l'intérieur et réservez les chapeaux, la pulpe et le jus. Salez l'intérieur des tomates et posez-les, retournées, sur une grille, afin qu'elles perdent le maximum d'eau.
2. Hachez l'ail, l'échalote, le persil et le jambon. Mélangez la chair à saucisse avec la mie de pain, la chair et le jus des tomates. Ajoutez l'ail, l'échalote, le persil et le jambon hachés. Poivrez et mélangez afin d'obtenir une farce bien homogène.
3. Préchauffez le four à 200 °C (th. 6-7).
4. Garnissez les tomates de farce en la faisant déborder de 1 cm et couvrez-les des chapeaux. Disposez-les dans un plat beurré et enfournez pour 1 heure à 1 heure 30. Surveillez la cuisson : les légumes rendant de l'eau, utilisez ce jus pour arroser régulièrement.
5. Laissez tiédir les tomates farcies avant de les déguster avec du riz.

12 Dimanche septembre

Couronne
BANANE CHOCOLAT

POUR 6 À 8 PERSONNES
PRÉPARATION : 25 MIN
CUISSON : 50 MIN

- 2 bananes très mûres
- 100 g de pépites de chocolat
- 150 g de chocolat noir pâtissier
- 2 œufs
- 125 g de beurre mou + un peu pour le moule
- 250 g de sucre de canne blond ou de muscovado
- 20 cl de crème fraîche
- 1 belle pincée de vanille en poudre ou 1 gousse de vanille
- 300 g de farine tamisée
- ½ sachet de levure chimique
- 1 pincée de sel

MATÉRIEL

- 1 moule en forme de couronne

1. Préchauffez le four à 180 °C (th. 6). Séparez les jaunes d'œufs des blancs.
2. Dans un saladier, mélangez au fouet le beurre mou et 200 grammes de sucre. Ajoutez les bananes écrasées à la fourchette, la crème fraîche, les jaunes d'œufs et les graines de vanille. Incorporez en trois fois la farine préalablement mélangée à la levure chimique.
3. Dans un autre saladier, montez les blancs en neige avec 1 pincée de sel et ajoutez le reste du sucre à mi-parcours. Incorporez délicatement les blancs bien fermes au précédent mélange, puis les pépites de chocolat.
4. Beurrez le moule, versez la pâte et enfournez pour 50 minutes. Vérifiez la cuisson avec la pointe d'un couteau.
5. Faites fondre au bain-marie le chocolat pâtissier, démoulez la couronne sur une grille et versez par-dessus le chocolat fondu. Dégustez immédiatement ou laissez figer le chocolat avant de découper le gâteau.

Mon conseil

Si vous parvenez à attendre le lendemain pour déguster cette couronne, je vous tire mon chapeau ! Vous ne le regretterez pas, elle n'en sera que meilleure…

13 Lundi septembre

CRUMBLE de tomates

VEGGIE

POUR 4 PERSONNES
PRÉPARATION : 20 MIN
CUISSON : 1 H

- 2 kg de tomates mûres
- 2 cuil. à soupe de sucre en poudre
- Huile d'olive
- Sel et poivre du moulin

POUR LA PÂTE À CRUMBLE

- 100 g de farine
- 100 g de beurre salé à température ambiante
- 75 g de chapelure
- 1 branche de romarin
- 4 branches de thym citron
- 75 g de parmesan râpé
- 1 gousse d'ail

1. Préchauffez le four à 150 °C (th. 5).
2. Lavez les tomates et mondez-les (enlevez leur peau après les avoir plongées 30 secondes dans de l'eau bouillante). Coupez-les en quatre et disposez les quartiers dans un plat.
3. Saupoudrez de sucre, arrosez d'un peu d'huile d'olive, salez, poivrez et enfournez pour 45 à 50 minutes.
4. Préparez le crumble dans un saladier en mélangeant du bout des doigts la farine, le beurre coupé en cubes, la chapelure, le romarin et le thym effeuillés, le parmesan râpé, l'ail pelé et râpé, et un peu de poivre.
5. Recouvrez les tomates de crumble et enfournez pour 15 minutes à 180 °C (th. 6).
6. Dégustez bien chaud.

À LA PLACE

Si vous ne trouvez pas de thym citron, prenez du thym, ça fonctionne aussi très bien !

POIRES FARCIES *aux noix*

Lucette Dubreuil est nucicultrice en Dordogne, à Granges-d'Ans.
Depuis le temps que je la connais, elle a toujours eu la pêche, peut-être parce que la noix du Périgord coule dans ses veines ! Passez la voir de ma part si vous êtes dans le coin.
Je craque pour ses croquants à la noix, ils sont à tomber !

POUR 4 PERSONNES
PRÉPARATION : 30 MIN
CUISSON : 15 MIN

- 6 petites poires d'été
- 100 g de noix
- 50 g de sucre rapadura
- 20 g de farine
- 40 g de beurre + 10 g pour le plat

1. Préchauffez le four à 170 °C (th. 5-6).
2. Mixez ensemble les noix, le sucre, la farine et 40 grammes de beurre, afin d'obtenir un mélange homogène.
3. Lavez les poires et pelez-les. Coupez-les en deux, puis évidez le cœur. Beurrez un plat à gratin et disposez les demi-poires sur le fond.
4. Remplissez le cœur des poires du mélange aux noix. Enfournez pour 15 minutes. Dégustez les poires encore tièdes.

Le saviez-vous ?

Pas besoin d'attendre l'automne pour déguster des poires ! Dès le mois de juin, on trouve la poire saint-jean, en juillet, la williams et la beurré giffard sont à point, au mois d'août, la guyot leur emboîte le pas. Attention, ce ne sont pas des poires de garde : récoltées à maturité, elles doivent être vite mangées.

BAVETTES
sauce au poivre

GRAND CLASSIQUE

Dans la série des sauces classiques de la cuisine française, voici la sauce au poivre pour accompagner une bonne bavette ! Comparez la liste des ingrédients de ma recette à celle des sauces prêtes à l'emploi… C'est tout vu, non ?

POUR 4 PERSONNES
PRÉPARATION : 20 MIN
CUISSON : 15 MIN

- □ 4 bavettes de bœuf de 160 g chacune
- □ 2 cuil. à soupe de poivre noir
- □ 4 échalotes
- □ 1 cuil. à soupe d'huile de pépins de raisin
- □ 30 g de beurre demi-sel
- □ 2 cl de cognac
- □ 20 cl de fond de veau brun
- □ 15 cl de crème liquide à 30 % de MG
- □ Sel fin

1. Concassez le poivre noir au mortier ou avec le plat d'un couteau. Enduisez de poivre concassé les deux faces des bavettes et salez-les.
2. Épluchez et ciselez les échalotes. Dans une grande poêle, faites chauffer l'huile avec le beurre et saisissez les bavettes d'un côté. Retournez-les, ajoutez les échalotes et faites-les suer jusqu'à légère coloration.
3. Flambez au cognac, débarrassez les bavettes, versez le fond de veau et laissez réduire de moitié, puis ajoutez la crème.
4. Laissez à nouveau réduire de moitié jusqu'à l'obtention d'une consistance nappante. Remettez les bavettes dans la poêle et enrobez-les de sauce.
5. Dressez sur des assiettes, versez le reste de sauce dessus et dégustez.

Mieux connaître

La bavette est un morceau de viande long et persillé. On distingue la bavette d'aloyau, située au niveau de l'aine, de la bavette de flanchet, plus grande et plus haut dans la carcasse. Attention, les amis : la bavette ne supporte qu'une cuisson bleue ou, à la rigueur, saignante. Sa texture est filandreuse et elle devient dure si la viande est cuite à point !

16 Jeudi septembre

TARTE-CRUMBLE *aux quetsches*

Entre la tarte et le crumble, je n'ai pas su choisir, alors voici ma tarte-crumble aux quetsches ! Pour une thématique crumble, servez-la en dessert après mon crumble de tomates de lundi !

POUR 4 PERSONNES
PRÉPARATION : 20 MIN
CUISSON : 25 MIN

- 1 disque de pâte feuilletée pur beurre
- 600 g de quetsches
- 2 cuil. à soupe de sucre en poudre
- 1 noix de beurre pour le moule

POUR LE CRUMBLE

- 100 g de sucre en poudre
- 100 g de farine
- 1 cuil. à café de cannelle moulue
- 100 g de beurre mou

1. Préparez le crumble. Mélangez le sucre, la farine et la cannelle dans un saladier. Ajoutez le beurre en morceaux, puis incorporez-le du bout des doigts, sans trop travailler la pâte. Réservez dans le réfrigérateur le temps de préparer le reste de la recette.
2. Lavez et coupez en deux les quetsches, retirez les noyaux. Saupoudrez-les de sucre et réservez.
3. Préchauffez le four à 240 °C (th. 8).
4. Foncez un moule à tarte beurré avec la pâte feuilletée. Disposez les demi-quetsches, couvrez-les de crumble et enfournez dans le bas du four d'abord pour 15 minutes, puis 10 minutes à 200 °C (th. 6-7). Laissez tiédir la tarte-crumble avant de la couper.

MIEUX S'ORGANISER

Préparez les quetsches aujourd'hui pour la confiture de demain : elles vont macérer dans le sucre toute la nuit, et vous n'aurez plus qu'à les cuire !

Confiture de quetsches
À LA CANNELLE

Quetsches et cannelle :
ce mariage est classique
mais heureux assurément !

POUR 2 POTS DE CONFITURE (DE 250 G)
PRÉPARATION : 15 MIN
MACÉRATION : 12 H
CUISSON : 15 À 20 MIN

- □ 600 g de quetsches
- □ 350 g de sucre à confiture
- □ 4 cuil. à soupe de cannelle moulue
- □ Le jus de 1 citron

1. Lavez les quetsches et dénoyautez-les. Placez-les dans une bassine à confiture ou une grande sauteuse, ajoutez le sucre à confiture, la cannelle et le jus de citron. Mélangez bien, couvrez d'un torchon propre et laissez macérer 1 nuit (12 heures).
2. Faites confire les fruits dans le sucre à petit feu pendant 15 à 20 minutes à partir de l'ébullition, jusqu'à ce qu'ils se délitent et que l'ensemble prenne une consistance sirupeuse.
3. Versez aussitôt la confiture bouillante dans les pots jusqu'à 1 cm du bord, fermez-les bien et retournez-les.

LANGOUSTINES RÔTIES
au poivre du Sichuan

POUR 4 PERSONNES
PRÉPARATION : 10 MIN
CUISSON : 20 MIN

- □ 12 langoustines de taille 10/15 au kg
- □ Poivre du Sichuan
- □ 2 cuil. à soupe d'huile de sésame grillé
- □ 1 radis noir
- □ 4 petites carottes bio
- □ 2 tiges de ciboulette thaïe
- □ 2 cuil. à soupe d'huile d'arachide vierge
- □ 1 morceau de gingembre frais
- □ 1 citron vert non traité
- □ Sel

1. Préchauffez le four en mode gril ventilé à 220 °C (th. 7).
2. Coupez les langoustines en deux dans la longueur et ôtez le boyau. Réservez-les à plat sur une plaque allant au four. Badigeonnez-les d'huile de sésame grillé et parsemez-les de quelques baies de poivre du Sichuan.
3. Lavez et frottez le radis noir et les carottes. Taillez-les, ainsi que la ciboulette thaïe, en bâtonnets.
4. Faites chauffer l'huile d'arachide dans un wok ou une sauteuse évasée. Ajoutez les légumes et la ciboulette thaïe et poêlez à feu vif.
5. Râpez le gingembre et prélevez le zeste du citron vert. Ajoutez-les au wok. Mélangez le tout, salez, puis pressez le jus du citron dessus.
6. Enfournez les langoustines sous le gril pour 3 minutes.
7. Dressez les légumes en dôme au centre des assiettes. Disposez 3 langoustines autour de chaque dôme, parsemez d'un peu de poivre du Sichuan et servez aussitôt.

À la place

Si vous ne trouvez pas de ciboulette thaïe, vous pouvez utiliser des oignons botte ou des oignons nouveaux, ou encore le vert d'un jeune poireau. La ciboulette thaïe est plus aillée et plus costaude que la ciboulette qui pousse chez nous.

VEGGIE

Aubergines à la parmigiana

POUR 6 PERSONNES
PRÉPARATION : 25 MIN
CUISSON : 1 H

- 4 aubergines
- 6 cuil. à soupe de parmesan AOP fraîchement râpé
- 1 mozzarella au lait de bufflonne
- Sel et poivre du moulin

POUR LA SAUCE TOMATE

- 6 tomates roma très mûres (ou 1 boîte de tomates pelées)
- 2 gousses d'ail
- 2 oignons
- 1 branche de thym
- 1 branche de romarin
- ½ bouquet de persil plat
- Huile d'olive
- Sel et poivre du moulin

1. Préparez la sauce tomate. Concassez les tomates. Pelez et hachez l'ail et les oignons, puis, faites-les revenir avec les tomates dans une grande sauteuse. Assaisonnez d'une pincée de sel et d'un tour de moulin à poivre, ajoutez le thym et le romarin. Faites cuire à feu doux 20 minutes. Ajoutez le persil plat effeuillé et faites cuire encore 15 minutes environ.
2. Préchauffez le four à 180 °C (th. 6).
3. Épluchez à moitié les aubergines. Taillez-les dans la longueur en tranches de 1 cm d'épaisseur. Faites-les revenir dans une poêle à l'huile d'olive. Assaisonnez sans trop saler. Découpez la mozzarella en cubes.
4. Dans un plat huilé, déposez une couche d'aubergines, puis une couche de sauce tomate. Parsemez de parmesan râpé et ajoutez quelques petits cubes de mozzarella. Répétez l'opération jusqu'à épuisement des ingrédients, en terminant par le parmesan et la mozzarella.
5. Enfournez pour 20 minutes dans le haut du four, le temps de gratiner : l'ensemble doit être confit.

ET AVEC ÇA, ON BOIT QUOI ?

Un coteau varois rosé de Provence ou un minervois blanc.

20 Lundi septembre

VEGGIE

ZÉRO GASPI

BROCOLI RÔTI et persillade

Chez Miznon, petite gargote dans le quartier du Marais, à Paris, on fait la queue pour déguster – entre autres ! – un brocoli recouvert de pesto. Je m'en suis inspiré dans cette recette de brocoli à poser au centre de la table et à arroser généreusement de persillade. Un délice !

POUR 4 PERSONNES
PRÉPARATION : 20 MIN
CUISSON : 30 MIN

- 1 ou 2 brocolis (selon leur taille)
- 30 g de gros sel de mer
- Huile d'olive

POUR LA PERSILLADE

- 2 gousses d'ail
- 1 bouquet de persil plat
- 40 g de beurre demi-sel

1. Taillez la base du brocoli afin qu'il tienne debout. Portez à ébullition 2 litres d'eau dans un grand faitout avec le gros sel. Plongez-y le brocoli pendant 15 minutes, puis égouttez-le et épongez-le.
2. Préchauffez le four à 240 °C (th. 8).
3. Badigeonnez le brocoli d'huile d'olive, puis placez-le sur une plaque de four recouverte de papier cuisson lui-même posé sur une large feuille de papier aluminium. Refermez la papillote et enfournez pour 10 minutes.
4. Pendant ce temps, préparez la persillade. Épluchez l'ail et hachez-le. Effeuillez le persil, puis concassez-le. Faites fondre le beurre demi-sel, et mélangez-le à l'ail et au persil.
5. À la sortie du four, posez le brocoli au centre de la table et arrosez-le de persillade au moment de le déguster.

ANTIGASPI

Il vous reste du brocoli ? Je n'arrive pas à le croire, mais si c'est le cas, on va l'ajouter à une belle tarte fromagère demain !

TARTE AU BROCOLI et au morbier

On retrouve les jolies fleurettes du brocoli dans une tarte crémeuse, gourmande à souhait, avec un morbier bien affiné, au meilleur de sa forme. C'est ça, le pouvoir du brocoli : viande, poisson ou fromage, il s'entend avec tout le monde !

ZÉRO GASPI

POUR 4 À 6 PERSONNES
PRÉPARATION : 15 MIN
CUISSON : 35 À 40 MIN

- 1 pâte à quiche maison (voir recette du 4 septembre)
- 2 petits brocolis (600 g en tout)
- 250 g de morbier
- 3 œufs
- 30 cl de crème liquide
- 50 g d'amandes effilées
- Sel et poivre du moulin

1. Préchauffez le four à 200 °C (th. 6-7).
2. Foncez un moule à tarte avec la pâte à quiche et piquez-la.
3. Coupez la base des brocolis et découpez les fleurettes. Ébouillantez-les 2 minutes, puis passez-les sous un filet d'eau froide pour les rafraîchir et égouttez-les.
4. Battez les œufs avec la crème liquide, salez et poivrez. Taillez le morbier en lanières sans enlever la croûte.
5. Disposez les lanières de fromage sur le fond de tarte, ajoutez les brocolis et versez le mélange œufs-crème.
6. Parsemez d'amandes effilées et enfournez pour 35 à 40 minutes.

22 Mercredi septembre
Automne

EXPRESS

Tartare de thon À LA JAPONAISE

POUR 4 PERSONNES
PRÉPARATION : 20 MIN

- **1 pavé de thon rouge de 600 g (de l'Atlantique ou de la Méditerranée)**
- **1 petit concombre**
- **1 grosse tomate rouge**
- **1 cuil. à soupe de sauce soja**
- **Huile de sésame**
- **1 citron vert**
- **1 cuil. à soupe de pâte de wasabi**
- **1 petit bouquet de cives**
- **1 cuil. à soupe de graines de sésame noir**

1. Taillez le thon en petits dés. Pelez, épépinez et taillez en petits dés le concombre. Coupez la tomate en quartiers. Épépinez-la et taillez-la également en petits dés.
2. Rassemblez le tout dans un saladier. Assaisonnez de sauce soja, d'un filet d'huile de sésame et de jus de citron vert. Mélangez et réservez dans le réfrigérateur jusqu'au moment de servir.
3. À l'aide d'un fouet, délayez la pâte de wasabi avec 1 cuillerée à café d'eau froide, puis incorporez de l'huile de sésame en filets, comme pour une mayonnaise.
4. Ciselez la cive. À l'aide d'une cuillère à soupe, posez le tartare de thon en dôme au centre des assiettes, et parsemez de cive et d'un peu de pâte de wasabi. Décorez de graines de sésame noir et servez. Dégustez avec un bon riz blanc.

LENTILLES AUX RAISINS FRAIS *et à la mimolette*

POUR 4 PERSONNES
PRÉPARATION : 20 MIN
CUISSON : 15 À 20 MIN

- 200 g de lentilles vertes du Puy
- 1 grappe de raisin chasselas
- 1 grappe de raisin muscat
- 150 g de mimolette vieille
- 1 cuil. à soupe de graines de courge
- 1 cuil. à soupe de graines de lin
- 1 cuil. à soupe de graines de tournesol
- 3 cuil. à soupe d'huile de noix
- 1 cuil. à soupe de vinaigre de cidre
- Sel fin

1. Rincez les lentilles. Mettez-les dans un grand volume d'eau froide et portez à ébullition. Comptez 15 à 20 minutes de cuisson : les lentilles doivent être cuites, mais légèrement croquantes.
2. Pendant ce temps, égrainez les grappes de raisin dans un saladier. Ajoutez les graines de lin, de courge et de tournesol. Coupez la mimolette en dés de 1 cm de côté.
3. Égouttez les lentilles et assaisonnez-les aussitôt d'huile de noix et de vinaigre de cidre. Ajoutez-les dans le saladier, salez et mélangez bien. Dégustez sans attendre.

Mieux choisir
les raisins de table

Je préfère les variétés à petits grains, plus goûteux et plus concentrés en sucre, aux raisins apyrènes (sans pépins), dont l'enveloppe est dure et assez indigeste. Surtout, soyez vigilants quant à la provenance des raisins, que l'on importe parfois du bout du monde…

PASTILLA
de confit de canard

POUR 6 PERSONNES
PRÉPARATION : 30 MIN
CUISSON : 50 MIN

- □ 4 cuisses de canard confites (600 g en poids net égoutté)
- □ 120 g d'amandes entières mondées
- □ 4 gros oignons jaunes
- □ 1 cuil. à soupe de cannelle moulue
- □ 1 cuil. à café de gingembre moulu
- □ 2 cuil. à soupe de sucre glace
- □ 4 œufs
- □ ½ bouquet de coriandre
- □ ½ bouquet de persil plat
- □ 6 feuilles de brick
- □ Sel et poivre du moulin

MATÉRIEL

- □ 1 moule en métal à bords hauts de 22 cm de diamètre

1. Préchauffez le four à 180 °C (th. 6).
2. Faites dorer les amandes au four pendant 10 minutes, puis concassez-les.
3. Ôtez la peau des cuisses de canard, désossez-les et effilochez la viande. Réservez la graisse du confit.
4. Épluchez et émincez les oignons. Faites-les fondre dans la graisse de canard avec la cannelle, le gingembre et 1 cuillerée à soupe de sucre glace. Ajoutez la viande effilochée, salez, poivrez et mélangez sur le feu pendant 2 à 3 minutes. Versez enfin les œufs légèrement battus et remuez, le temps qu'ils prennent. Ciselez la coriandre et le persil, et ajoutez-les à la préparation. Mélangez bien.
5. Badigeonnez un moule à tarte de graisse de canard, disposez 4 feuilles de brick en rosace, puis 1 feuille de brick au centre. Ajoutez le canard et recouvrez d'amandes. Rabattez les bords des feuilles de brick vers le centre et couvrez d'une feuille de brick en la bordant délicatement avec vos doigts.
6. Badigeonnez de graisse de canard et enfournez pour 30 minutes.
7. À la sortie du four, démoulez la pastilla puis saupoudrez-la de sucre glace et de cannelle pour décorer.
Dégustez aussitôt.

MON TRUC ANTIGASPI

Je décline cette recette avec les restes d'une volaille rôtie, à condition de ne pas lésiner sur la matière grasse pour que ce ne soit pas trop sec.

Flan
au chocolat

GRAND CLASSIQUE

POUR 8 PERSONNES
PRÉPARATION : 20 MIN
CUISSON : 50 MIN
RÉFRIGÉRATION : 3 H

- 1 pâte sablée maison (voir recette du 4 septembre)
- 1 noix de beurre pour le moule
- 150 g de chocolat noir à 70 % de cacao minimum
- 750 g de lait entier
- 250 g de crème liquide à 30 % de MG
- 4 œufs
- 200 g de sucre en poudre
- 75 g de fécule de maïs

1. Préparez la pâte sablée. Formez une boule aplatie, enveloppez-la dans du film étirable et réservez 1 heure dans le réfrigérateur.
2. Sortez la pâte du réfrigérateur. Farinez le plan de travail et le rouleau à pâtisserie. Étalez la pâte et foncez un moule à tarte beurré. Réservez au frais.
3. Préchauffez le four à 180 °C (th. 6).
4. Faites chauffer le lait et la crème à feu doux dans une grande casserole. Pendant ce temps, battez les œufs avec le sucre jusqu'à ce que le mélange blanchisse, puis ajoutez la fécule de maïs peu à peu pour éviter la formation de grumeaux. À la première ébullition du lait avec la crème, versez-le sur le mélange œufs-sucre-fécule tout en mélangeant. Reversez le tout dans la casserole à feu moyen et fouettez sans cesse jusqu'à ce que la crème soit bien épaisse. Incorporez le chocolat en morceaux, puis ôtez du feu.
5. Sortez le moule à tarte du réfrigérateur et versez la crème à flan sur la pâte. Enfournez pour 50 minutes. Laissez refroidir hors du four, puis placez dans le réfrigérateur pour 2 heures au moins.

Mieux choisir

La qualité d'un bon flan tient essentiellement à celle du lait. Choisissez un lait cru entier et boudez les laits écrémés, qui vous mèneront droit au fiasco !

26 Dimanche septembre

MON PAS-À-PAS
riz créole et riz pilaf

Ces deux techniques de cuisson, pilaf et créole, sont si différentes que les comparer n'aurait pas de sens. L'essentiel est de savoir les maîtriser et, bien sûr, de choisir son riz préféré (de Camargue, basmati, thaï…). Attention : les temps de cuisson sont indiqués pour du riz blanc. Pour du riz complet, il faudra compter le double de temps.

LE RIZ CRÉOLE

Cette appellation cache la manière la plus courante de faire cuire le riz, qui n'a de créole que le nom !

POUR 4 PERSONNES
PRÉPARATION : 5 MIN
CUISSON : 11 À 15 MIN

- **200 g de riz basmati**
- **Gros sel**

1. Portez une grande quantité d'eau à ébullition (5 volumes d'eau pour 1 volume de riz, soit 1 litre d'eau dans cette recette) et salez à raison de 10 grammes de gros sel par litre.
2. Rincez soigneusement le riz pour en ôter l'amidon. Versez-le en pluie dans l'eau bouillante salée et laissez-le cuire 11 à 15 minutes sans couvrir, à feu doux, en remuant de temps en temps.
3. Goûtez le riz pour vérifier sa cuisson, puis égouttez-le.

LE RIZ PILAF

Le pilaf est une technique de cuisson qui nous a été rapportée du Moyen-Orient et d'Asie centrale par Alexandre le Grand !

POUR 4 PERSONNES
PRÉPARATION : 10 MIN
CUISSON : 20 MIN

- **200 g de riz basmati**
- **2 oignons**
- **5 cl d'huile d'olive**
- **1 feuille de laurier**
- **40 cl de bouillon de volaille**
- **Gros sel**

MATÉRIEL

- **1 cocotte allant au four**

1. Préchauffez le four à 150 °C (th. 5).
2. Épluchez et ciselez les oignons. Faites-les dorer dans une cocotte avec l'huile d'olive et la feuille de laurier.
3. Ajoutez le riz soigneusement rincé et faites-le nacrer pendant 2 minutes.
4. Versez le bouillon de volaille et assaisonnez de gros sel.
5. Portez à ébullition, couvrez et enfournez pour 18 minutes.

Retrouvez cette technique de cuisson demain, dans mon biryani végétarien !

Bon à savoir

Je rince toujours le riz pour en enlever l'amidon et éviter qu'il colle, sauf pour le risotto, le riz à sushis et le riz gluant. Selon les types de riz (variété, provenance…), les temps de cuisson sont variables. Goûtez, vous saurez ! Si je cuis mon riz à l'avance pour le réchauffer plus tard, je l'assaisonne alors qu'il est encore chaud. Comme pour les pommes de terre !

27 Lundi septembre

Biryani végétarien

VEGGIE

Le biryani est un plat complet du nord de l'Inde qui réunit riz, épices et fruits secs.
Un voyage sur les bords du Gange à lui tout seul !

POUR 4 PERSONNES
PRÉPARATION : 20 MIN
CUISSON : 20 MIN

- 200 g de riz basmati
- 2 oignons
- 150 g de fruits secs mélangés
- 1 pincée de cardamome en poudre
- 1 pincée de curcuma en poudre
- 1 pincée de cannelle en poudre
- 2 clous de girofle concassés
- Huile de tournesol
- Sel

POUR LA SAUCE

- 1 gousse d'ail
- 2 brins de coriandre
- 2 brins de menthe
- 1 yaourt grec
- Sel

1. Préchauffez le four à 150 °C (th. 5).
2. Rincez soigneusement le riz et égouttez-le.
3. Épluchez les oignons et ciselez-les. Faites-les revenir avec un filet d'huile dans une cocotte. Ajoutez les épices. Torréfiez-les pendant 1 minute en remuant constamment. Ajoutez le riz et faites-le nacrer pendant 2 minutes. Versez 40 cl d'eau bouillante, salez et portez à ébullition.
4. Ajoutez les fruits secs, couvrez et enfournez pour 18 minutes.
5. Pendant ce temps, préparez la sauce. Pelez l'ail et hachez-le, effeuillez la menthe et la coriandre, et ciselez-les. Mélangez le tout au yaourt grec. Salez.
6. Lorsque le riz est cuit, remplissez-en un petit bol et retournez-le sur une assiette. Répétez l'opération pour les trois autres assiettes. Servez avec la sauce au yaourt.

Mon conseil

Vous pouvez y ajouter des légumes de saison, mais alors mieux vaudra cuire le riz à la créole (voir la recette du 26 septembre) et le mélanger ensuite aux épices et aux légumes.

VEGGIE

Gratin DE MACARONI

GRAND CLASSIQUE

POUR 4 PERSONNES
PRÉPARATION : 25 MIN
CUISSON : 40 MIN

- □ 400 g de gros macaroni
- □ 1 cuil. à soupe de gros sel
- □ 20 g de beurre
- □ 50 g de parmesan
- □ Sel et poivre du moulin

POUR LA BÉCHAMEL

- □ 100 g de beurre
- □ 50 g de farine tamisée
- □ 10 cl de lait
- □ 1 pincée de noix de muscade moulue
- □ 10 cl de crème liquide
- □ 100 g de parmesan en copeaux
- □ 1 cuil. à café de sel
- □ 1 pincée de poivre du moulin

1. Préchauffez le four à 210 °C (th. 7).
2. Portez à ébullition 4 litres d'eau avec le gros sel dans une casserole. Ajoutez les macaroni et laissez-les cuire durant le temps indiqué sur le paquet (ils doivent rester al dente). Égouttez-les.
3. Coupez le parmesan en gros copeaux à l'aide d'un économe.
4. Préparez la béchamel. Faites fondre le beurre dans une casserole. Hors du feu, ajoutez la farine en remuant, puis le lait, le sel, le poivre et la noix de muscade. Reposez la casserole à feu moyen et mélangez sans cesse avec le fouet, jusqu'à l'ébullition, pendant 5 minutes environ. Versez la crème liquide dans la béchamel bouillante, ajoutez les 100 grammes de parmesan en copeaux. Mélangez jusqu'à ce que le fromage ait fondu.
5. Beurrez un plat à gratin. Tapissez le fond d'une couche de macaroni, recouvrez d'une couche de béchamel et continuez de monter le gratin en alternant les couches.
6. Terminez par 3 tours de moulin à poivre, puis par une couche de béchamel. Parsemez les 50 grammes de copeaux de parmesan. Enfournez et laissez gratiner pendant 20 minutes : la surface doit être dorée.

GÂTEAU AU CHOCOLAT, *crème anglaise express*

C'est mercredi ! Mettons-nous à la cuisine en famille avec ce grand classique et sa crème anglaise express qui régale à coup sûr toutes les générations.

POUR 6 À 8 PERSONNES
PRÉPARATION : 15 MIN
CUISSON : 25 MIN

- ☐ 200 g de chocolat noir à 75 % de cacao
- ☐ 120 g de beurre
- ☐ 8 œufs
- ☐ 150 g de sucre en poudre
- ☐ 120 g de farine tamisée
- ☐ 3 cuil. à soupe de confiture d'abricots
- ☐ 2 cuil. à soupe de cacao en poudre
- ☐ Glace vanille

MATÉRIEL

- ☐ 1 moule à gâteau rond de 22 cm de diamètre

1. Préchauffez le four à 180 °C (th. 6).
2. Faites fondre au bain-marie le beurre et le chocolat coupé en morceaux.
3. Beurrez et farinez le moule. Séparez les jaunes d'œufs des blancs.
4. À l'aide d'un robot, fouettez les blancs d'œufs à petite vitesse en incorporant peu à peu le sucre afin d'obtenir une meringue. Puis ajoutez les jaunes d'œufs un à un.
5. Incorporez délicatement le chocolat et le beurre fondus, la farine et la confiture. Versez la pâte dans le moule et enfournez pour 25 minutes.
6. Pendant ce temps, faites ramollir la glace vanille au bain-marie.
7. Démoulez le gâteau refroidi et poudrez-le de cacao avant de le savourer avec la glace devenue crème anglaise.

Sandre de Dordogne
du chef Vincent Arnould

J'ai rencontré Vincent Arnould, chef du restaurant étoilé Le Vieux Logis à Trémolat, alors que je tournais *Petits Plats en équilibre* en Dordogne. Il a eu la bonne idée de mettre en avant un poisson d'eau douce de sa région : le sandre.

POUR 4 PERSONNES
PRÉPARATION : 30 MIN
CUISSON : 20 MIN

- 4 filets de sandre avec la peau (de 180 g chacun)
- 2 bottes de cresson de fontaine
- 1 noisette de beurre
- 100 g de pommes de terre
- 100 g de pain de mie
- 1 blanc d'œuf
- Huile de tournesol

POUR LE MÉLANGE D'HERBES

- 2 bouquets d'herbes au choix (cerfeuil, estragon, cresson…)
- 4 belles poignées de salade frisée
- 1 citron
- Huile de noix
- Sel et poivre du moulin

POUR LA CRÈME DE RAIFORT

- 10 cl de crème fleurette très froide
- 1 cuil. à café de raifort en poudre

1. Émincez le cresson de fontaine. Dans une casserole, faites chauffer la noisette de beurre et faites suer le cresson doucement avec un peu de sel. Une fois qu'il est « tombé », ajoutez 1 litre d'eau et portez à ébullition.
2. Pendant ce temps, râpez les pommes de terre, ajoutez-les au bouillon de cresson et faites cuire 5 minutes pour préserver sa couleur verte. Mixez à l'aide d'un mixeur plongeant. Rectifiez l'assaisonnement et réservez.
3. Taillez de très fines tranches de pain de mie dans l'épaisseur. Assaisonnez les filets de sandre des deux côtés. Passez un peu de blanc d'œuf à l'aide d'un pinceau côté peau, puis posez 1 tranche de pain sur le sandre de façon à la faire adhérer au poisson. Dans une poêle, faites cuire à feu doux le poisson côté pain dans un peu d'huile de tournesol pendant 5 minutes. Lorsque le pain est coloré, retournez le sandre et terminez la cuisson 5 minutes côté chair.
4. Préparez la crème de raifort : fouettez la crème fleurette pour en faire une chantilly, salez, poivrez et ajoutez le raifort.
5. Rincez et séchez le mélange d'herbes et de salade frisée. Assaisonnez au dernier moment avec un peu d'huile de noix et du jus de citron.
6. Versez un peu de velouté de cresson dans quatre assiettes creuses, déposez le sandre, ajoutez un peu de crème de raifort et décorez le poisson du mélange d'herbes et de salade.

Octobre
au marché

LES PRODUITS PHARES

Le bleu des Causses

Dans l'univers des fromages bleus, celui des Causses, fabriqué avec du lait de vaches alpines, est différent de son cousin le roquefort au lait de brebis, qui a un goût plus fort, car il est moins chauffé. Sa zone de production s'étend du Lot à la Lozère. L'accord parfait : un vin liquoreux comme un jurançon béarnais ! Évitez les vins rouges et leurs tanins qui ruineraient le goût « bleuté ».

La mâche

Cette salade n'a pas peur des temps froids et des terres sablonneuses : une vraie dure à cuire ! La récolte commence ce mois-ci et on la trouvera tout au long de l'hiver. J'aime son goût qui tend vers la noisette sans aucune amertume. N'hésitez pas si vous la croisez sur les étals, elle vous veut du bien ! Avec deux fois plus de vitamine C que la carotte, elle a de quoi vous requinquer.

Le potiron

Souvent confondu avec la citrouille, le potiron, plus large et aplati que sa cousine, est moins filandreux et plus savoureux ! On le trouve jusqu'à fin décembre. Pour varier les plaisirs, je le sers à toutes les sauces : potage, velouté, mijoté, en gratin, rôti… et même en dessert ! Ce mois-ci, essayez ma recette de madeleines au potiron.

CHEZ LE MARAÎCHER

Les légumes

Ail
Amande
Betterave
Blette
Bolet
Brocoli
Carotte
Céleri
Cèpe
Chou de Bruxelles
Chou-fleur
Chou frisé
Chou kale
Chou-rave
Courge
Échalote
Endive
Épinard
Fenouil
Girolle
Laitue
Mâche
Navet
Noisette
Noix
Oignon
Patate douce
Poireau
Poivron
Potiron

Les fruits

Banane
Citron
Châtaigne
Coing
Datte fraîche
Figue
Grenade
Kaki
Kiwi
Pomme
Prune
Raisin
Quetsche

CHEZ LE POISSONNIER

Anchois, calamars, coquilles Saint-Jacques, églefin, huîtres, colin, merlan, grondin.

CHEZ LE FROMAGER

Saint-nectaire, vacherin, broccio, emmental, cancoillotte.

NUGGETS *de chou-fleur*

VEGGIE

Je dis « oui » à la cuisine réconfortante, encore plus quand elle est saine et de saison ! Faites découvrir cette recette à vos enfants, ils en redemanderont !

1. Préchauffez le four à 180 °C (th. 6).
2. Rincez le chou-fleur et prélevez les fleurettes. Plongez-les dans une casserole d'eau bouillante pendant 7 minutes. Égouttez.
3. Versez la sauce barbecue dans une assiette creuse. Dans une autre assiette creuse, mélangez la chapelure, l'ail en poudre et le paprika.
4. Trempez les fleurettes dans la sauce barbecue, puis dans le mélange à la chapelure. Disposez-les ensuite sur une plaque recouverte de papier cuisson, arrosez d'huile et enfournez pour 15 minutes.
5. Retournez les fleurettes et enfournez encore pour 15 minutes.

6. Préparez la sauce au yaourt : prélevez le zeste et le jus du citron vert, mélangez-les au yaourt et ajoutez les feuilles de coriandre ciselées.
7. Dégustez ces nuggets de chou-fleur avec la sauce au yaourt.

POUR 4 PERSONNES
PRÉPARATION : 15 MIN
CUISSON : 30 MIN

- 1 chou-fleur
- 100 g de sauce barbecue
- 90 g de chapelure
- 1 cuil. à soupe d'ail en poudre
- 1 cuil. à soupe de paprika
- Huile d'olive

POUR LA SAUCE AU YAOURT

- 1 citron vert
- 200 g de yaourt grec
- 3 tiges de coriandre

2 Samedi octobre

GRAND CLASSIQUE

CAILLES *aux raisins*

POUR 4 PERSONNES
PRÉPARATION : 15 MIN
CUISSON : 25 MIN

- □ 4 cailles Label Rouge
- □ 500 g de raisin Italia
- □ 2 cuil. à soupe de sucre en poudre
- □ 3 cl de vinaigre de vin
- □ Huile d'olive
- □ Sel et poivre du moulin

1. Préchauffez le four à 200 °C (th. 6-7).
2. Rincez et égrenez le raisin, mixez-en la moitié et filtrez-le pour ne garder que le jus.
3. Dans une cocotte, faites chauffer un filet d'huile d'olive et laissez-y colorer les cailles sur toutes les faces. Salez, poivrez et réservez.
4. Faites caraméliser le sucre dans la cocotte. Versez le vinaigre et le jus de raisin. Laissez réduire de moitié à feu vif. Remettez les cailles dans la cocotte, arrosez-les de sauce, disposez les grains de raisin restants et couvrez.
5. Enfournez pour 10 minutes à couvert, puis 5 minutes à découvert.
6. Servez les cailles et leur sauce, accompagnées d'une purée de pommes de terre.

ÇA M'ÉNERVE

La plupart des cailles passent leur courte existence dans des élevages intensifs où leur espace vital est réduit à peau de chagrin (jusqu'à 100 oiseaux au mètre carré*). Pour ma part, je choisis toujours des cailles Label Rouge ou des cailles élevées en plein air en volière.

*Source : enquête CIWF, 2016-2017

EXPRESS

Pizza blanche
AU MAGRET ET AUX CÈPES

Je vous donne mon truc pour obtenir une pizza à la pâte croustillante... On se croirait presque à la pizzeria !

POUR 4 PERSONNES
PRÉPARATION : 15 MIN
CUISSON : 5 À 7 MIN

- □ 1 boule de pâte à pizza de 200 g
- □ 10 tranches de magret séché (ou fumé)
- □ 3 cèpes
- □ 1 pincée de polenta
- □ 150 g de fromage blanc lisse à 40 % de MG
- □ 2 cuil. à soupe de crème fraîche épaisse
- □ Quelques feuilles de roquette
- □ Huile d'olive
- □ Sel et poivre

1. Préchauffez le four à 250 °C (th. 8-9).
2. Confectionnez un disque de papier cuisson, posez-le sur votre plan de travail et saupoudrez la polenta sur toute sa surface.
3. Étalez la pâte à pizza en rond, d'abord avec un rouleau à pâtisserie. Déposez-la sur le papier cuisson, puis finissez à la main.
4. Lavez et taillez en lamelles les champignons.
5. Mélangez le fromage blanc et la crème fraîche, assaisonnez, ajoutez 1 cuillerée à soupe d'huile d'olive et répartissez sur la pizza.
6. Disposez, en les intercalant, les lamelles de champignons et de magret, badigeonnez d'huile d'olive et poivrez.
7. Mon astuce pour une pâte croustillante : démarrez la cuisson de la pizza dans une poêle brûlante pendant 2 à 3 minutes, puis enfournez-la pour 3 à 4 minutes.
8. À la sortie du four, parsemez-la de feuilles de roquette et arrosez d'huile d'olive.

À la place

Si vous ne trouvez pas de cèpes, prenez de gros champignons de Paris rosés.

EXPRESS

NAVETS DU PARDAILHAN en salade

VEGGIE

1. Lavez et pelez les navets. Taillez-en un en longs spaghettis à l'aide d'une mandoline et l'autre en fines rondelles. Disposez-les dans un saladier, assaisonnez-les avec l'huile, le vinaigre et le jus de citron. Salez, poivrez et mélangez.
2. Ajoutez les fromages de chèvre râpés ou détaillés en copeaux, le cumin, la menthe ciselée, et mélangez.
3. Concassez les noisettes, parsemez-en les navets et servez à température ambiante.

POUR 4 PERSONNES
PRÉPARATION : 15 MIN

- 2 navets noirs du Pardailhan
- 2 cuil. à soupe d'huile d'olive
- 1 cuil à soupe de vinaigre de vin blanc
- Le jus de ½ citron
- 2 pélardons ou petits fromages de chèvre secs
- 1 cuil. à café de graines de cumin
- 2 brins de menthe fraîche
- 1 cuil. à soupe de noisettes
- Sel et poivre du moulin

Mieux connaître

Le navet noir du Pardailhan

C'est le chouchou des chefs et le mien aussi ! J'aime sa saveur douce et son petit goût de noisette, loin de l'amertume habituelle des navets. À tel point qu'il se mange cru. On le récolte sur le plateau du Pardailhan, dans le Haut-Languedoc, à partir du mois d'octobre et jusqu'en février. À déguster au moins une fois dans sa vie ! Et si votre primeur n'en a pas, prenez du radis noir.

5 Mardi octobre

PARMENTIER *de veau et butternut*

POUR 4 PERSONNES
PRÉPARATION : 15 MIN
CUISSON : 40 MIN

- □ 800 g de veau haché
- □ ½ courge butternut
- □ 2 grosses pommes de terre
- □ 1 oignon
- □ 20 g de beurre
- □ Piment d'Espelette
- □ 50 g de pecorino (ou de parmesan)
- □ Sel et poivre du moulin

1. Épluchez les pommes de terre et la courge, videz celle-ci, puis coupez tout en cubes. Faites cuire à la vapeur pendant 20 minutes. Salez, poivrez et mixez.
2. Préchauffez le four à 200 °C (th. 6-7).
3. Pelez et émincez l'oignon, faites-le blondir dans 10 grammes de beurre, puis ajoutez le veau haché. Salez, poivrez et ajoutez 3 pincées de piment d'Espelette.
4. Râpez le pecorino.
5. Répartissez la viande dans un plat à gratin, couvrez de purée, parsemez du reste de beurre taillé en dés et de pecorino. Enfournez pour 20 minutes.

MIEUX S'ORGANISER

J'utilise l'autre moitié de la courge butternut et le fromage italien demain !

Dés de courge butternut À LA CARBONARA

POUR 4 PERSONNES
PRÉPARATION : 15 MIN
CUISSON : 25 MIN

- ½ courge butternut
- 100 g de lardons
- 150 g de pecorino (ou de parmesan, provolone, grana padano…)
- 3 jaunes d'œufs + 1 œuf entier
- Huile d'olive
- Sel et poivre du moulin

1. Préchauffez le four à 170 °C (th. 5-6).
2. Coupez la courge en dés de 1 à 2 cm de côté, disposez-les sur une feuille de papier cuisson, huilez, salez et poivrez. Enfournez pour 20 minutes.
3. Pendant ce temps, faites dorer les lardons dans une poêle légèrement huilée et réservez.
4. Râpez le fromage. Mélangez les œufs et le fromage râpé. Poivrez uniquement.
5. Répartissez les dés de butternut dans quatre assiettes creuses, mélangez-les à la sauce, ajoutez les lardons et dégustez aussitôt !

Quelques fromages italiens

PECORINO

Fromage au **lait de brebis à pâte pressée**, qui comprend 5 variétés AOP. Il est affiné de 60 à 90 jours en moyenne, jusqu'à 12 mois pour le pecorino romano.

GRANA PADANO

Fromage **à pâte pressée cuite, fabriqué à partir de lait cru de vaches** de races différentes. La durée d'affinage est de 9 mois minimum.

PARMIGIANO REGGIANO

Fromage **à pâte pressée cuite, fabriqué à partir de lait de vache** de race reggiana, sans aucun additif, affiné 12 mois minimum et circonscrit à 5 provinces italiennes : Parme, Reggio d'Émilie, Modène, une partie de Mantoue et une partie de Bologne. Il est plus fruité et relevé que son cousin, le grana padano.

EXPRESS

Mes rillettes de merlan

Les rillettes de poisson frais, ça change ! Je les dégaine à l'apéritif ou pour un repas léger, accompagnées de crudités de saison. Dans tous les cas, c'est merlan l'enchanteur !

POUR 4 PERSONNES
PRÉPARATION : 10 MIN
CUISSON : 10 MIN

- □ 200 g de pavé de merlan frais
- □ 1 cube de bouillon de légumes bio
- □ 100 g de fromage frais à tartiner
- □ ½ cuil. à café de curry jaune
- □ 2 brins d'aneth
- □ 2 brins de persil plat
- □ Fleur de sel et poivre du moulin

1. Portez à ébullition 1 litre d'eau avec le cube de bouillon de légumes.
2. Plongez-y le poisson pendant 10 minutes. Égouttez et laissez refroidir.
3. Mélangez le fromage frais, le curry, les herbes effeuillées et ciselées, assaisonnez.
4. Ajoutez le poisson et écrasez le tout à la fourchette.
5. Tartinez sur des toasts et dégustez aussitôt..

Vendredi
octobre
8

EXPRESS

MA POIRE *Belle-Hélène express*

Moins de 15 minutes pour se rapprocher du célèbre dessert créé par Auguste Escoffier : qui dit mieux ?

POUR 4 PERSONNES
PRÉPARATION : 10 MIN
CUISSON : 5 MIN

- 4 poires type doyenné du comice, conférence ou louise-bonne
- 40 g de chocolat noir
- 1 poignée d'amandes effilées

1. Pelez les poires, puis évidez-les à l'aide d'un vide-pomme, en laissant la queue. Disposez-les dans un plat creux, couvrez-les de film alimentaire et passez-les au four à micro-ondes pendant 3 minutes à 900 watts.
2. Râpez le chocolat sur les poires. Passez de nouveau au four à micro-ondes pendant 2 minutes.
3. Parsemez les poires d'amandes effilées.

Entre nous...

J'ai imaginé cette recette lors d'un atelier pâtisserie pour des enfants. Après avoir fait un crumble avec eux, il me restait des poires pas assez mûres. Pris par le temps, j'ai décidé de les passer au four à micro-ondes, puis de les recouvrir de chocolat !

9 Samedi octobre

TOMATES RÔTIES
et leur bouillon en cafetière

VEGGIE

POUR 4 PERSONNES
PRÉPARATION : 15 MIN
CUISSON : 45 MIN

- 6 grosses tomates type cœur-de-bœuf
- 1 mozzarella au lait de bufflonne (125 g)
- 2 cuil. à soupe d'origan
- 1 gousse d'ail
- 2 cuil. à soupe d'huile d'olive
- Sel et poivre

MATÉRIEL

- 1 cafetière à piston

1. Préchauffez le four à 210 °C (th. 7).
2. Lavez les tomates, disposez-en quatre dans un plat à gratin et coupez leur chapeau. Évidez-les et réservez la chair dans une casserole. Farcissez-les de morceaux de mozzarella, parsemez d'une cuillerée à soupe d'origan, d'un trait d'huile d'olive, salez et poivrez. Replacez le chapeau et enfournez pour 45 minutes.
3. Coupez en morceaux les 2 tomates restantes et pelez l'ail. Faites-les cuire avec la chair de tomate, l'ail, le reste d'origan, du sel et du poivre pendant 20 minutes.
4. Versez le mélange dans une cafetière à piston.
5. À la sortie du four, disposez les tomates dans quatre assiettes creuses, actionnez la cafetière à piston et arrosez de bouillon de tomates devant vos convives.

MON TRUC EN +

N'hésitons pas à détourner des objets du quotidien pour cuisiner !

Une cafetière + les dernières tomates de la saison
=
un plat savoureux et un service surprenant !

GRAND CLASSIQUE

MON CHILI *con carne*

Dans la famille des classiques qui mijotent, je demande le chili ! Un plat qui nous emmène du Mexique au Texas… en passant par le placard de votre cuisine, bien sûr !

POUR 4 À 6 PERSONNES
PRÉPARATION : 20 MIN
CUISSON : 2 H 20 À 2 H 50

- 1 kg de paleron de bœuf
- 1 kg d'oignons
- 4 gousses d'ail
- 2 ou 3 piments oiseau
- 1 grosse boîte de tomates pelées (800 g)
- 1 cuil. à soupe de concentré de tomates
- 1 kg de haricots rouges en boîte
- 1 boîte de maïs (environ 300 g)
- Huile de tournesol
- Sel et poivre

1. Taillez le paleron en petits cubes. Pelez les oignons et l'ail, puis hachez-les séparément.
2. Dans une cocotte, faites revenir les piments dans un filet d'huile jusqu'à ce qu'ils soient bien grillés, puis débarrassez-les en conservant l'huile parfumée au piment.
3. Faites revenir la viande à feu vif dans cette huile pimentée. Ajoutez les oignons et faites-les roussir. Ajoutez tout le contenu de la boîte de tomates, le concentré de tomates et l'ail. Laissez compoter à feu doux jusqu'à la réduction du liquide. Salez, poivrez et ajoutez les haricots rouges rincés.
4. Ajoutez 1 petit verre d'eau et laissez mijoter 2 heures à 2 heures 30 à feu très doux. Ajoutez le maïs et laissez cuire encore 5 à 10 minutes.
5. Servez le chili bien fumant, accompagné de riz.

11 Lundi octobre

PAS CHER

Boulettes
et coulis express

Si votre semaine démarre sur les chapeaux de roues, j'ai la solution : un plat familial, rapide, réconfortant et pas cher ! Alors roulez, boulettes !

1. Placez les tomates pelées dans une casserole, ajoutez la feuille de laurier, le sirop d'érable, salez, poivrez et laissez compoter pendant 10 minutes.
2. Torréfiez les pignons de pin dans 1 cuillerée à soupe d'huile d'olive pendant quelques secondes.
3. Effeuillez le basilic, épluchez et hachez l'ail, et mélangez-les à la chair à saucisse. Ajoutez les pignons de pin torréfiés, la chapelure, salez, poivrez et confectionnez des boulettes grosses comme des noix.
4. Faites-les cuire 5 minutes dans une poêle avec un peu d'huile d'olive en les retournant bien.
5. Ajoutez le coulis de tomates et poursuivez la cuisson pendant 10 minutes.
6. Dégustez avec des pâtes.

POUR 4 PERSONNES
PRÉPARATION : 15 MIN
CUISSON : 25 MIN

- □ 1 boîte de tomates pelées (400 g)
- □ 1 feuille de laurier
- □ 2 cuil. à soupe de sirop d'érable
- □ 30 g de pignons de pin
- □ 2 brins de basilic
- □ 1 gousse d'ail
- □ 400 g de chair à saucisse pur porc
- □ 30 g de chapelure ou de pain sec mixé
- □ Huile d'olive
- □ Sel et poivre

Entre nous

C'est la fin de la saison des tomates. Qu'elles viennent directement de votre potager ou de promos locales, profitez-en pour faire des conserves maison !

12 Mardi octobre

VEGGIE

QUICHE au cantal et au potiron

POUR 4 PERSONNES
PRÉPARATION : 15 MIN
CUISSON : 30 MIN

- 500 g de potiron ou de courge musquée
- 150 g de cantal jeune
- 1 pâte feuilletée pur beurre
- 20 g de beurre
- 20 cl de crème liquide
- 3 œufs
- 1 pincée de noix de muscade moulue
- Sel

1. Préchauffez le four à 180 °C (th. 6).
2. Coupez le potiron en petits dés et poêlez-les dans le beurre jusqu'à ce qu'ils soient tendres.
3. Dans un saladier, mélangez la crème, les œufs, la noix de muscade, et salez. Râpez le cantal.
4. Étalez la pâte dans un moule à tarte, piquez-la, répartissez les dés de potiron dessus et versez l'appareil à quiche. Parsemez de cantal.
5. Enfournez pour 30 minutes.

Mieux s'organiser

On achète directement un potiron ou une courge musquée de 1 kilo, on pèle tout et on coupe tout en petits cubes. Les 500 grammes restants seront utilisés pour la recette de demain !

Madeleines
AU POTIRON

Voici une recette de madeleines qui devrait marquer les esprits !

POUR 4 PERSONNES
PRÉPARATION : 15 MIN
CONGÉLATION : 2 H
CUISSON : 35 À 45 MIN

- □ 500 g de potiron ou de courge musquée
- □ 3 œufs
- □ 100 g de sucre en poudre
- □ 200 g de farine
- □ 110 g de beurre + 1 noix pour le moule
- □ ½ sachet de levure chimique

MATÉRIEL

- □ 1 moule avec des alvéoles à madeleines

1. Épluchez le potiron, retirez les graines et les filaments intérieurs, puis coupez la chair en petits dés.
2. Faites fondre 10 grammes de beurre dans une sauteuse, ajoutez le potiron, mouillez d'eau à mi-hauteur et laissez cuire 25 minutes à feu moyen. Égouttez, mixez en purée et laissez refroidir.
3. Dans un saladier, mélangez les œufs et le sucre, puis fouettez jusqu'à ce que le mélange blanchisse. Incorporez la purée de potiron, la levure et la farine tamisée. Faites fondre 100 grammes de beurre et mélangez-le à la préparation. Laissez reposer 2 heures au congélateur.
4. Préchauffez le four à 250 °C (th. 8-9).
5. Beurrez les alvéoles à madeleines, versez-y la pâte jusqu'aux deux tiers et enfournez pour 10 minutes en baissant le four à 200 °C (th. 6-7).
6. Sortez les madeleines du four et démoulez-les pour les laisser refroidir. Renouvelez l'opération jusqu'à épuisement de la pâte.

MON ASTUCE

Le repos de la pâte 2 heures dans le congélateur permet d'obtenir des madeleines bien bossues. C'est le choc thermique qu'elles vont subir en rentrant dans le four chaud qui fera pousser leur jolie bosse.

Poêlée de cèpes
ET MAGRET DE CANARD

Le roi des champignons mérite bien d'être accompagné par le roi de la volaille ! J'aime cette recette express à réaliser avec la cueillette du week-end ou des champignons portobello du marché !

POUR 4 PERSONNES
PRÉPARATION : 20 MIN
CUISSON : 18 MIN

- 2 gros cèpes (ou 8 champignons portobello)
- 2 magrets de canard IGP du Sud-Ouest
- 2 pommes
- 1 grappe de muscat de Hambourg
- 2 brins de persil plat
- Fleur de sel et poivre du moulin

1. Nettoyez les cèpes avec un torchon propre humide et coupez-les en tranches de 0,5 cm d'épaisseur. Épluchez les pommes et coupez-les en quatre. Lavez le raisin et détachez les grains.
2. Quadrillez la peau des magrets. Dans une poêle à feu vif, placez les magrets de canard côté peau dessous et faites cuire 8 minutes. Retournez-les et faites cuire 5 minutes. Salez, poivrez. Couvrez-les d'une feuille de papier aluminium et réservez.
3. Dégraissez la poêle, mettez-y les cèpes, les pommes et les grains de raisin, et faites revenir 5 minutes en remuant constamment.
4. Taillez les magrets en tranches, servez avec les fruits et les cèpes, arrosez de jus de cuisson et effeuillez le persil plat pour décorer. Dégustez sans attendre.

JE BOIS QUOI AVEC ?

Un châteauneuf-du-pape rouge.

Truite rôtie
À LA CRÈME DE RAIFORT

POUR 4 PERSONNES
PRÉPARATION : 15 MIN
CUISSON : 15 À 20 MIN

- □ 4 truites portions (arc-en-ciel ou fario)
- □ 5 cm de racine de raifort frais
- □ Le jus de 1 citron
- □ 50 g de beurre
- □ 50 g de crème liquide entière
- □ Huile d'olive
- □ Sel et poivre

1. Préchauffez le four à 180 °C (th. 6).
2. Disposez les truites dans un plat à gratin, salez, poivrez et badigeonnez-les d'huile. Enfournez pour 15 à 20 minutes.
3. Pendant ce temps, râpez le raifort. Faites chauffer le beurre, le jus de citron, le raifort et la crème à feu doux. Salez, poivrez et mélangez : la crème doit être bien onctueuse.
4. Servez les truites à l'assiette, nappées de crème au raifort, et dégustez aussitôt avec des pommes de terre vapeur.

Mieux connaître

Le raifort est une racine d'Europe orientale que l'on surnomme aussi le piment alsacien, car c'est dans cette région de France que sa culture s'est étendue dans les années 1950. Riche en vitamine C, il a aussi des propriétés diurétiques et bactéricides.

Le fameux wasabi japonais est en fait du raifort auquel on a ajouté un colorant vert !

16 Samedi octobre

Gratin mac & cheese AU POTIRON

VEGGIE

Un plat qui réconforte et qui réunit tout le monde à la maison : mon gratin de pâtes à l'américaine, auquel j'ajoute de la courge pour l'équilibre et la couleur. *Enjoy* !

POUR 4 À 6 PERSONNES
PRÉPARATION : 30 MIN
CUISSON : 50 À 55 MIN

- 400 g de macaroni
- 300 g de cheddar orange
- 300 g de potiron
- 40 g de beurre
- 40 g de farine
- 50 cl de lait demi-écrémé
- 1 cuil. à café de paprika
- 50 g de cerneaux de noix
- Sel et poivre

1. Faites cuire le potiron à la vapeur, puis écrasez-le à l'aide d'un presse-purée.
2. Préchauffez le four à 180 °C (th. 6). Râpez le cheddar.
3. Préparez la béchamel : faites fondre le beurre avec la farine dans une casserole 5 minutes, sans coloration. Ajoutez le lait et laissez épaissir en fouettant sans cesse. Salez légèrement et poivrez. Ajoutez le paprika, 200 grammes de cheddar râpé, la purée de potiron, et mélangez.
4. Faites cuire les macaroni dans un grand volume d'eau salée selon le temps indiqué sur le paquet. Égouttez-les soigneusement et mélangez-les à la préparation précédente.
5. Versez le tout dans un plat à gratin beurré. Couvrez du reste de cheddar râpé, de cerneaux de noix hachés, et enfournez pour 20 à 25 minutes.

Mieux s'organiser

Je prépare aujourd'hui la pâte à cannelés pour demain, car je vais la laisser reposer toute la nuit !

Mes canelés

Cette recette authentique m'a été transmise par Jean Cazes, de la Confrérie du canelé de Bordeaux. Utilisez des moules à canelés en cuivre, c'est ce qui leur donnera leur croustillant si unique ! Merci Jean !

GRAND CLASSIQUE

POUR ENVIRON 20 CANNELÉS
PRÉPARATION : 20 MIN
RÉFRIGÉRATION : 12 H
CUISSON : 45 MIN

- 1 l de lait
- 50 g de beurre + un peu pour les moules
- 2 gousses de vanille
- 500 g de sucre en poudre
- 250 g de farine
- 2 œufs entiers + 6 jaunes
- 15 cl de rhum brun

LA VEILLE

1. Réservez 25 cl de lait et faites bouillir le reste avec le beurre et les gousses de vanille fendues dans le sens de la longueur. Retirez du feu et ajoutez les 25 cl de lait froid. Laissez infuser hors du feu.
2. Dans un saladier, mélangez le sucre et la farine. Ajoutez les œufs entiers et les jaunes en mélangeant bien, puis le lait vanillé tiède et le rhum. Laissez refroidir et réservez au frais pendant 12 heures.

LE JOUR MÊME

3. Préchauffez le four à 210 °C (th. 7).
4. Mélangez bien la pâte. Beurrez légèrement des moules à cannelés de 5 cl de contenance. Posez-les sur la plaque du four et remplissez-les de pâte jusqu'à 1 cm du bord. Enfournez pour 45 minutes.
5. Sortez les cannelés du four et attendez 5 minutes avant de les démouler. Laissez-les tiédir avant de les déguster.

18 Lundi octobre

PAS CHER

VEGGIE

Salade de lentilles sauce gribiche

Chiche ? On se met tous à la sauce gribiche pour accompagner des protéines végétales. Ça change du pot-au-feu et de la tête de veau !

POUR 4 PERSONNES
PRÉPARATION : 15 MIN
CUISSON : 20 À 25 MIN

- ☐ 250 g de lentilles vertes du Puy

POUR LA SAUCE GRIBICHE

- ☐ 2 œufs
- ☐ 1 cuil. à soupe de câpres
- ☐ 3 petits cornichons
- ☐ 1 tige de persil, de cerfeuil et d'estragon
- ☐ 2 cuil. à café de moutarde fine
- ☐ 15 cl d'huile de tournesol
- ☐ 1 cuil. à soupe de vinaigre blanc
- ☐ Sel et poivre

1. Mettez les œufs à cuire dans de l'eau pendant 9 minutes à partir de l'ébullition. Écalez-les sous un filet d'eau fraîche.
2. Rincez les lentilles et mettez-les à cuire dans une casserole, recouvertes de 2 cm d'eau froide. Faites cuire 20 à 25 minutes. Salez en fin de cuisson. Égouttez.
3. Hachez les câpres, les cornichons, le blanc des œufs durs et les herbes aromatiques.
4. Écrasez finement les jaunes d'œufs dans un bol. Ajoutez la moutarde et mélangez. Incorporez l'huile peu à peu, comme pour une mayonnaise. Salez, poivrez et détendez (assouplissez) la préparation avec le vinaigre. Ajoutez tout le reste des ingrédients (lentilles et mélange aux câpres), mélangez délicatement et dégustez.

PIE AU POULET
et aux champignons

La meat pie est une spécialité que nos voisins les Anglais déclinent à toutes les sauces. Je vous en donne une version facile et rapide, parfaite pour un soir de semaine.

POUR 4 PERSONNES
PRÉPARATION : 20 MIN
CUISSON : 45 MIN

- 400 g de blancs de poulet
- 500 g de champignons de la cueillette ou de Paris
- 1 gousse d'ail
- 15 g de beurre
- 2 brins d'estragon
- 10 cl de crème liquide entière
- 2 pâtes feuilletées pur beurre
- 1 jaune d'œuf
- Sel et poivre

MATÉRIEL

- 1 cocotte ou 1 moule à soufflé de 20 à 22 cm de diamètre

1. Préchauffez le four à 200 °C (th. 6-7).
2. Lavez les champignons. Pelez l'ail et hachez-le.
3. Coupez les blancs de poulet en morceaux et les champignons en quartiers. Mettez 10 grammes de beurre dans la cocotte. Faites-y revenir le poulet avec les champignons et l'ail haché pendant 10 minutes. Débarrassez, ajoutez l'estragon ciselé, la crème, salez et poivrez.
4. Rincez, séchez, puis beurrez la cocotte.
5. Foncez-la avec une pâte feuilletée en faisant dépasser les bords des côtés. Garnissez de la préparation poulet-champignons et couvrez du second disque de pâte feuilletée. Pincez bien les bords des pâtes pour les souder.
6. Battez le jaune d'œuf avec 1 cuillerée à soupe d'eau, puis dorez la pâte avec ce mélange. Faites un petit trou au centre avec la pointe d'un couteau. Enfournez pour 35 minutes.
7. Placez la cocotte au centre de la table et cassez la croûte !

MON BROWNIE

C'est mercredi ! Proposez à vos enfants de cuisiner un brownie maison pour le goûter, je vous promets que la vaisselle sera propre !

GRAND CLASSIQUE

POUR 4 PERSONNES
PRÉPARATION : 15 MIN
CUISSON : 15 MIN

- □ 150 g de beurre très mou
- □ 110 g de sucre en poudre
- □ 150 g de chocolat noir à 65 % de cacao
- □ 2 œufs
- □ 60 g de cerneaux de noix
- □ 60 g de farine

1. Préchauffez le four à 200 °C (th. 6-7).
2. Fouettez le beurre et le sucre jusqu'à ce que le mélange blanchisse.
3. Faites fondre le chocolat au bain-marie.
4. Incorporez les œufs un à un dans le mélange beurre-sucre, puis le chocolat fondu. Ajoutez les noix et la farine tamisée.
5. Versez dans un cercle à pâtisserie ou un moule rectangulaire de 2 cm de haut et enfournez pour 15 minutes.

21 Jeudi octobre

BAGUETTE *à l'ail*

EXPRESS

Je l'appelle ma « baguette magique » : du pain de la veille, une persillade et hop : un apéritif antigaspi !

POUR 4 PERSONNES
PRÉPARATION : 10 MIN
CUISSON : 10 À 15 MIN

- □ 1 baguette de la veille pas trop cuite
- □ 4 gousses d'ail
- □ 80 g de beurre demi-sel à température ambiante
- □ ½ botte de persil

1. Préchauffez le four à 180 °C (th. 6).
2. Coupez le beurre en cubes. Rincez le persil. Pelez l'ail et hachez-le. Mixez ces trois ingrédients jusqu'à obtenir une persillade.
3. Entaillez la baguette de façon à obtenir des tranches de 1 cm de large, sans les détacher totalement. Garnissez de persillade entre les tranches, disposez sur une plaque de four, couvrez de papier aluminium et enfournez pour 10 à 15 minutes.
4. Dégustez à l'apéritif !

MON CONSEIL

Pour un apéritif dînatoire, vous pouvez accompagner cette baguette à l'ail de rillettes de merlan (recette du 7 octobre) et de croquettes de pommes de terre (recette du 11 novembre).

Vendredi
octobre **22**

Coques
EN PERSILLADE

Un reste de persillade, quelques coquillages de saison et 5 minutes de cuisson seulement : encore la preuve que la cuisine, ce n'est pas compliqué les amis !

POUR 4 PERSONNES
PRÉPARATION : 10 MIN
TREMPAGE : 2 H
CUISSON : 5 MIN

- 3 l de coques
- Le reste de persillade de la veille
- Un bout de baguette, s'il en reste
- Sel

1. Mettez les coques à dégorger 2 heures au moins dans un bain composé de 35 grammes de sel par litre d'eau.
2. Lavez les coques et placez-les dans une grande cocotte à feu vif.
3. Couvrez et faites cuire pendant 3 minutes. Égouttez-les, puis remettez-les dans la cocotte. Ajoutez la persillade et remuez sans cesse pendant 2 minutes.
4. Dégustez bien chaud, avec des pâtes ou des tranches de pain grillées de la veille.

Mieux connaître
Litre ou kilo ?

Le litre est une vieille tradition, qui remonte à l'époque où les poissonniers n'avaient pas de balance. 1 litre de moules, de coques ou de tellines pèse environ 700 grammes.
Pour les plus gros coquillages, comme la praire, 1 litre = 1 kilogramme environ. On compte en général 500 grammes de coquillages par personne.

Jarret de veau À L'INDIENNE

POUR 4 PERSONNES
PRÉPARATION : 10 MIN
CUISSON : 1 H 20 À 1 H 50

- □ 4 belles tranches de jarret de veau
- □ 2 gousses d'ail
- □ 2 oignons
- □ 2 cm de gingembre frais
- □ 2 cuil. à café de garam masala
- □ 2 cuil. à café de graines de cardamome
- □ 1 bâton de cannelle
- □ 200 g d'abricots secs
- □ 400 g de tomates pelées en boîte
- □ Le jus de 1 citron vert
- □ ½ bouquet de coriandre
- □ 2 cuil. à soupe d'huile neutre
- □ Sel et poivre

Je prends 10 minutes pour préparer les ingrédients de ce plat, je laisse mijoter et, pendant ce temps, je profite de mon week-end !

1. Épluchez l'ail, les oignons, le gingembre, et hachez-les.
2. Faites revenir la viande dans l'huile 5 minutes sur toutes ses faces. Salez, poivrez, ajoutez le gingembre, le garam masala, la cardamome et la cannelle, mélangez et poursuivez la cuisson 5 minutes.
3. Ajoutez l'ail, les oignons et les abricots coupés en morceaux. Mélangez, couvrez et laissez cuire 10 minutes à feu modéré. Ajoutez les tomates et le jus de citron vert.
4. Mouillez avec 1 litre d'eau, couvrez et laissez mijoter 1 heure à 1 heure 30 à feu doux.
5. Parsemez de feuilles de coriandre et servez avec un riz parfumé.

Tartes fines aux pommes

ET CARAMEL LAITIER

Le fondant des pommes et la gourmandise du caramel laitier s'unissent pour un concentré de Normandie. À déguster avec un thé bien chaud. Bon dimanche, les amis !

POUR 4 PERSONNES
PRÉPARATION : 15 MIN
CUISSON : 25 MIN

- **1 rouleau de pâte feuilletée pur beurre**
- **4 grosses pommes**
- **2 noix de beurre**
- **2 cuil. à soupe de sucre roux**
- **10 cl de crème liquide**
- **100 g de sucre blanc**

1. Préchauffez le four à 200 °C (th. 6-7).
2. Coupez quatre disques dans la pâte feuilletée et disposez-les sur une plaque de four recouverte de papier cuisson.
3. Pelez les pommes, épépinez-les et coupez-les en tranches fines. Disposez les tranches sur les disques de pâte, parsemez de petits dés de beurre et saupoudrez de sucre roux. Enfournez les tartes pour 25 minutes, jusqu'à ce qu'elles soient bien dorées.
4. Pendant ce temps, préparez le caramel. Faites fondre le sucre blanc dans une casserole (surveillez bien !). Retirez du feu dès qu'il commence à prendre une couleur dorée. Versez précautionneusement la crème liquide et remuez.
5. Servez les tartes avec le caramel.

25 Lundi octobre

SOUPE DE CHÂTAIGNES *comme en Ardèche*

VEGGIE

Recette régionale

C'est le moment de ramasser des châtaignes et de vous mettre à la « cousina ». Rien à voir avec ma cousine : c'est le joli nom de cette soupe typiquement ardéchoise.

POUR 4 PERSONNES
PRÉPARATION : 10 MIN
CUISSON : 25 MIN

- 500 g de châtaignes cuites (sous vide ou en conserve)
- 4 grosses pommes de terre
- 1 échalote
- 1 noix de beurre
- 1 l de bouillon de légumes
- 1 feuille de laurier
- 10 cl de lait
- Quelques tiges de cerfeuil
- Sel et poivre du moulin

1. Pelez et coupez en cubes les pommes de terre.
2. Épluchez l'échalote et émincez-la. Faites-la blondir dans le beurre. Ajoutez les châtaignes, le bouillon, les pommes de terre et le laurier. Salez, poivrez et faites cuire 25 minutes à frémissements.
3. Mixez en ajoutant le lait au fur et à mesure.
4. Servez aussitôt la soupe de châtaignes dans des assiettes creuses et décorez de pluches de cerfeuil.

le saviez-vous ?

Au XVIIe siècle, les châtaignes ont sauvé les Ardéchois de la famine, ce qui a valu au châtaignier le surnom d'« arbre à pain ». C'est dire comme ce fruit est plein de ressources !

Brochettes de volaille
À LA CITRONNELLE

POUR 4 PERSONNES
PRÉPARATION : 15 MIN
CUISSON : 15 À 20 MIN

- □ 600 g de filet de dinde
- □ 4 tiges de citronnelle
- □ Le jus de 1 citron vert
- □ 3 cuil. à soupe de nuoc-mâm
- □ 2 cuil. à soupe de sauce soja
- □ 320 g de riz thaï
- □ 30 g de cacahuètes non salées
- □ 4 tiges de coriandre fraîche

1. Coupez la dinde en cubes et faites-la mariner dans le jus de citron, le nuoc-mâm et la sauce soja.
2. Lavez le riz, mettez-le dans une casserole et ajoutez deux fois son volume d'eau froide. Couvrez et faites cuire 10 à 15 minutes à partir de l'ébullition.
3. Pendant ce temps, plantez la viande sur les tiges de citronnelle, laissez-la égoutter quelques instants, puis faites cuire les brochettes dans une poêle, à feu vif.
4. Parsemez de cacahuètes concassées et de coriandre ciselée. Servez avec le riz.

MON CONSEIL

Ce plat complet, rapide et facile à préparer se mange quelle que soit la saison. Dès les beaux jours, la cuisson au barbecue donnera aux brochettes une saveur encore plus prononcée : essayez !

27 Mercredi octobre

GRAND CLASSIQUE

ZÉRO GASPI

AILES DE RAIE à la grenobloise

POUR 4 PERSONNES
PRÉPARATION : 25 MIN
CUISSON : 30 MIN

- 4 ailes de raie de 300 g chacune (sans la peau)
- 800 g de pommes de terre
- 1 citron non traité
- 4 tranches de pain de mie
- Quelques tiges de persil plat
- 80 g de beurre
- 40 g de petites câpres
- Sel et poivre

1. Faites cuire les pommes de terre à la vapeur. Passez-les sous l'eau froide et pelez-les. Assaisonnez-les et réservez-les au chaud.
2. Levez les suprêmes du citron (pour supprimer les membranes) et taillez-les en petits dés. Coupez les tranches de pain de mie en petits dés. Hachez le persil.
3. Dans deux grandes poêles, faites chauffer la moitié du beurre et saisissez les ailes de raie 5 minutes de chaque côté, puis débarrassez-les dans un plat, salez, poivrez et couvrez.
4. Dans l'une des deux poêles, faites dorer les dés de pain, puis débarrassez-les sur du papier absorbant. Mettez le reste de beurre dans la poêle. Lorsqu'il devient noisette, hors du feu, ajoutez les suprêmes de citron en dés, les câpres et le persil, et mélangez.
5. Parsemez les ailes de raie de croûtons de pain et arrosez le tout de beurre noisette au citron et aux câpres. Servez aussitôt avec les pommes de terre vapeur.

MON ASTUCE

Si vous achetez une raie entière, vous pouvez la faire tremper quelques minutes dans de l'eau citronnée avant de la cuisiner, pour éviter son éventuel goût d'ammoniac.

VEGGIE

Portobellos farcis
AU RESTE DE GRENOBLOISE

Je recycle ma sauce grenobloise d'hier dans des champignons farcis pour en faire un apéritif ou une entrée improvisée. Et s'il me reste aussi de la raie, je remplace la ricotta par le poisson écrasé à la fourchette avec un peu de crème fraîche !

POUR 4 PERSONNES
PRÉPARATION : 10 MIN
CUISSON : 20 MIN

- 16 champignons portobello
- 125 g de ricotta
- Le reste de sauce grenobloise de la veille
- 1 cuil. à soupe de chapelure
- 10 g de beurre

1. Préchauffez le four à 190 °C (th. 6-7).
2. Nettoyez les champignons. Ôtez les pieds et réservez les chapeaux. Mixez les pieds avec la ricotta et le reste de sauce grenobloise.
3. Garnissez de ce mélange les chapeaux des champignons retournés.
4. Parsemez de chapelure et de tout petits dés de beurre. Enfournez pour 20 minutes.
5. Servez.

SAUTÉ DE PORC
vallée d'Auge

POUR 4 PERSONNES
PRÉPARATION : 15 MIN
CUISSON : 35 MIN

- □ 800 g d'échine de porc désossée
- □ 100 g de champignons de Paris
- □ 2 échalotes
- □ 4 pommes reine des reinettes
- □ 20 g de beurre
- □ 5 cl de calvados
- □ 10 cl de cidre brut
- □ 150 g de crème double
- □ Sel et poivre

1. Taillez l'échine de porc en gros cubes. Salez et poivrez.
2. Lavez et coupez le bout terreux des champignons, puis coupez-les en quatre. Pelez et hachez finement les échalotes. Pelez et videz les pommes, et coupez-les en quartiers.
3. Faites chauffer le beurre dans une cocotte. Mettez-y le porc et faites revenir à feu doux pendant 5 minutes.
4. Augmentez le feu, versez le calvados et flambez-le. Ajoutez les champignons, les pommes, les échalotes, et faites revenir 5 minutes. Versez le cidre et poursuivez la cuisson 20 minutes à couvert.
5. Ajoutez la crème, mélangez et poursuivez la cuisson 5 minutes.
6. Servez avec des tagliatelles fraîches.

MIEUX CONNAÎTRE
La crème double

Ce n'est pas son volume qui double, mais le taux de matière grasse qu'elle contient (30 % à 45 % minimum). C'est une crème épaisse, que l'on appelle « crème fraîche ». Pour rester en Normandie, choisissez la crème d'Isigny AOP !

Blanquette de poulet façon teriyaki *d'Alain Passard*

Alain Passard, le chef qui murmure à l'oreille des légumes, avait cuisiné cette blanquette japonisante dans mon émission 24 minutes chrono sur Cuisine.tv. Le résultat est bluffant ! À vous de jouer !

POUR 4 PERSONNES
PRÉPARATION : 15 MIN
CUISSON : 15 MIN

- □ 2 hauts de cuisses de poulet fermier désossés par votre boucher
- □ 2 blancs de poulet fermier
- □ ½ céleri-rave
- □ 4 petits navets boule d'or
- □ 4 carottes fanes
- □ 2 poireaux fins
- □ 1 branche de romarin
- □ 4 feuilles de sauge
- □ 20 g de beurre demi-sel
- □ Huile d'olive

POUR LA SAUCE TERIYAKI

- □ 15 cl de saké ou de vin blanc
- □ 15 cl de sauce soja
- □ 3 cuil. à soupe de sucre en poudre
- □ 1 pincée de graines de sésame

1. Coupez le poulet en gros morceaux (d'environ 3 cm de côté). Lavez et brossez tous les légumes.
2. Dans une large sauteuse sur un feu vif, versez 1 cm d'eau et répartissez les morceaux de volaille côté peau à l'intérieur.
3. Épluchez et taillez le céleri-rave en bâtonnets, puis en cubes d'environ 1 cm de côté. Ajoutez-les dans la sauteuse à forte ébullition.
4. Taillez les navets boule d'or en cubes. Ajoutez-les dans la sauteuse.
5. Laissez 1 cm de fanes sur les carottes et taillez-les en quatre dans la longueur si elles sont grosses, puis mettez-les dans la sauteuse. Ajoutez le romarin, la sauge et le beurre coupé en parcelles.
6. Lorsque l'eau s'est évaporée, faites colorer la volaille et les légumes 2 à 3 minutes.
7. Versez dans la sauteuse le saké ou le vin blanc, puis la sauce soja, et enfin le sucre. Remuez bien pour caraméliser le poulet et les légumes.
8. Taillez les poireaux pour ne conserver que le blanc et coupez-les en tronçons de 2 cm. Dans une poêle sur un feu moyen, versez un filet d'huile d'olive et faites revenir les tronçons de poireaux : ils doivent rester croquants.
9. Dressez les morceaux de poulet dans un plat de service, entourés des légumes, puis répartissez les tronçons de poireaux par-dessus et servez aussitôt.

EXPRESS

POÊLÉE LARD, haricots blancs et trompettes-des-morts

Pour Halloween, faites sonner les trompettes-des-morts ! Dans une poêlée express et colorée, à savourer avant d'enfiler vos déguisements.

1. Taillez le lard en lardons. Pelez et émincez l'échalote. Nettoyez les champignons.
2. Faites chauffer une poêle avec le beurre. Lorsqu'il est chaud, ajoutez l'échalote, le lard, les champignons entiers, et faites-les revenir 5 minutes.
3. Ajoutez les haricots blancs égouttés et le thym effeuillé.
4. Poursuivez la cuisson encore 10 minutes en remuant régulièrement. Salez légèrement et poivrez.
5. Dégustez bien chaud.

POUR 4 PERSONNES
PRÉPARATION : 15 MIN
CUISSON : 15 MIN

- **200 g de lard fumé**
- **700 g de haricots blancs cuisinés**
- **600 g de trompettes-des-morts**
- **1 échalote**
- **5 g de beurre**
- **4 branches de thym frais**
- **Sel et poivre**

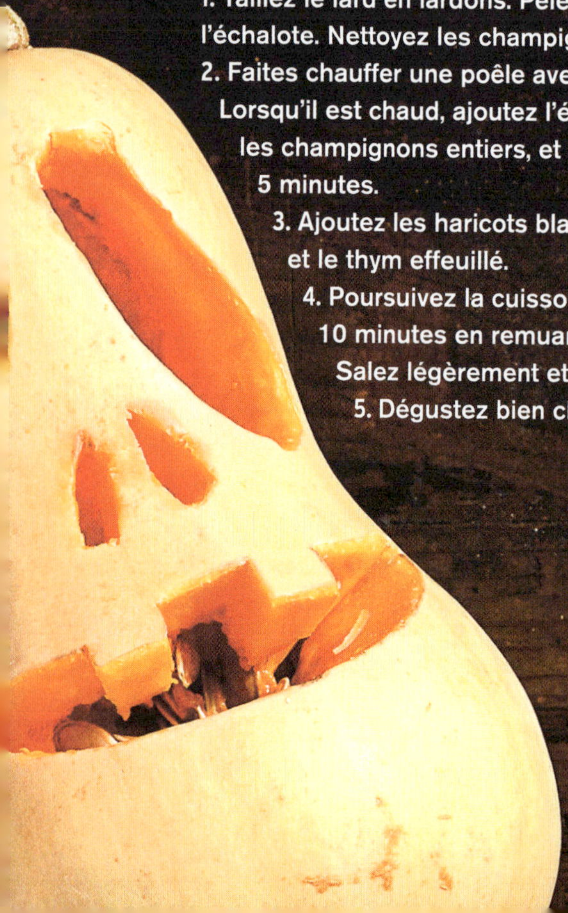

Novembre
au marché

LES PRODUITS PHARES

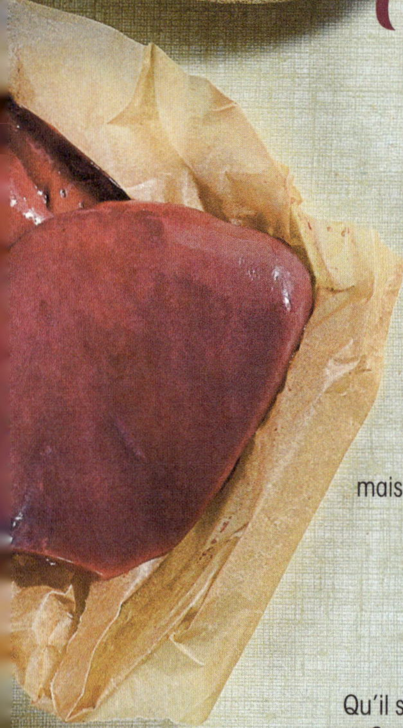

Le foie de veau

Novembre, c'est le mois des produits tripiers, les amis ! L'un de mes préférés, c'est le foie de veau, que ma mère me préparait souvent. Tendre et doux, c'est l'abat le plus apprécié des enfants. Viande maigre et digeste, mais surtout très riche en fer, en vitamines A, B et C, le foie de veau donne des forces ! Je vous propose de le redécouvrir ce mois-ci, cuisiné avec des coings de saison pour encore plus de douceur.

Le brie

Qu'il soit de Meaux ou de Melun, je fonds pour ce fromage un peu coulant ! Sa zone de production s'étend de la Seine-et-Marne jusqu'à la Meuse, car une partie de la Lorraine a été sollicitée dans la charte de l'AOP pour couvrir la demande francilienne. Pour l'une de mes émissions sur Europe 1, j'ai découvert l'existence du « brie noir », dont l'affinage est plus poussé : 6 à 10 mois. À ce stade, il ressemble à un parmesan très puissant !

Le kiwi

Originaire de Chine, le kiwi s'est bien acclimaté à notre territoire, notamment du côté des Landes, de part et d'autre de l'Adour. Un climat océanique, un sol humide et profond, il n'en fallait pas plus à ce fruit pour être naturalisé depuis son implantation à la fin des années 1930.

Mon astuce : congelez-en un après l'avoir pelé, puis râpez-le ensuite sur une salade de fruits fatigués (poires, bananes, dernières figues…), histoire de réveiller l'assemblée.

CHEZ LE MARAÎCHER

Les légumes

Ail
Betterave
Brocoli
Carotte
Céleri
Chou de Bruxelles
Chou-fleur
Chou frisé
Chou kale
Chou-rave
Chou vert
Courge
Échalote
Endive
Épinard
Fenouil
Figue
Girolle
Laurier
Mâche
Navet
Noix
Panais
Patate douce
Poireau
Salsifis
Topinambour

Les fruits

Pomme
Grenade
Kaki
Kiwi
Datte fraîche
Châtaigne
Banane
Citron
Clémentine
Coing
Orange
Mandarine
Poire

CHEZ LE FROMAGER

Beaufort, abondance, cantal, vieux-lille, mascarpone, comté.

CHEZ LE POISSONNIER

Coquilles Saint-Jacques, carpe, limande, merlan, truite, huîtres, crevettes, bulots.

1er Lundi novembre

Toussaint
Fête des morts

1 PRODUIT

2 RECETTES

BRIOCHE PERDUE
aux coings

Voilà un dessert de saison avec des restes de brioche et des coings juste tombés de l'arbre.
Si, comme moi, vous aimez les coings, je vous les prépare demain en version salée !

POUR 4 PERSONNES
PRÉPARATION : 10 MIN
CUISSON : 50 MIN

- □ 4 belles tranches de brioche rassie
- □ 2 coings
- □ 30 g de miel
- □ 2 œufs
- □ 20 cl de lait
- □ 50 g de sucre en poudre
- □ 20 g de beurre
- □ 1 pomme

1. Lavez les coings, pelez-les, épépinez-les et coupez-les en morceaux.
2. Mettez-les à cuire avec le miel, en les couvrant d'eau, pendant 45 minutes à feu très doux. Écrasez-les pour obtenir une purée grossière.
3. Dans un saladier, battez les œufs, puis ajoutez le lait et le sucre.
4. Trempez les tranches de brioche dans ce lait de poule et mettez-les à colorer des deux côtés dans une poêle avec le beurre.
5. Taillez la pomme en fins bâtonnets.
6. Déposez une tranche de brioche par assiette, ajoutez de la compote de coings et décorez de bâtonnets de pomme.

MIEUX S'ORGANISER

J'achète 4 coings de plus pour ma recette de demain !

Mardi
novembre **2**

Foie de veau
AUX COINGS

Novembre, c'est le mois des produits tripiers ! Vous me connaissez, je ne manque jamais une occasion de vous les faire goûter.Le foie de veau est un classique, mais lorsqu'il sera marié aux coings, vous le redécouvrirez complètement !

POUR 4 PERSONNES
PRÉPARATION : 15 MIN
CUISSON : 15 MIN

- 4 tranches épaisses de foie de veau (125 g pièce)
- 4 coings
- 30 g de beurre
- 1 branche de romarin
- 40 cl de gewurztraminer
- Vinaigre balsamique
- Fleur de sel et poivre du moulin

1. Pelez et épépinez les coings. Coupez-les en quartiers, puis en deux. Faites-les dorer dans 10 grammes de beurre, ajoutez les deux tiers de la branche de romarin et le vin. Assaisonnez. Laissez cuire quelques minutes, le temps d'obtenir des fruits bien fondants, mais entiers. Débarrassez les coings sur une assiette et laissez la sauce réduire à feu doux.

2. Pendant ce temps, faites chauffer une poêle avec 20 grammes de beurre, faites dorer les tranches de foie de veau des deux côtés, puis déposez-les dans la sauce des coings 30 secondes pour les glacer. Procédez de même avec les quartiers de coings.

3. Dressez sur des assiettes, poivrez, ajoutez le jus de cuisson, de la fleur de sel, quelques gouttes de balsamique et un brin de romarin frais.

Si vous aimez les produits tripiers, rendez-vous le 20 novembre pour un grand classique : mes ris de veau meunière.

PAS CHER

EXPRESS

Mes coquillettes JAMBON-FROMAGE

On aime tous retomber en enfance avec un plat de coquillettes jambon-fromage. Pour réussir ce classique régressif, le secret réside dans le choix des ingrédients : la qualité fait le goût !

POUR 4 PERSONNES
PRÉPARATION : 5 MIN
CUISSON : 10 MIN

- 350 g de coquillettes
- 2 tranches de jambon cuit au torchon
- 4 cuil. à soupe de crème fraîche entière au lait cru (crème d'Isigny AOP)
- 120 g de comté de votre fromager
- Sel et poivre

1. Mixez les tranches de jambon blanc jusqu'à ce qu'elles soient réduites en poudre.
2. Faites cuire les coquillettes pendant le temps indiqué sur le paquet dans une grande casserole d'eau bouillante salée.
3. Égouttez-les, puis remettez-les dans la casserole avec la crème fraîche et le comté râpé, à feu doux. Poivrez, goûtez et salez si nécessaire.
4. Saupoudrez de jambon blanc, puis servez ces coquillettes accompagnées d'une salade de roquette.

GRATIN DAUPHINOIS *d'automne*

VEGGIE

POUR 4 PERSONNES
PRÉPARATION : 15 MIN
CUISSON : 50 MIN

- □ ½ céleri-rave (600 g)
- □ 400 g de panais
- □ 1 gousse d'ail
- □ 20 cl de lait entier
- □ 20 cl de crème liquide
- □ 1 feuille de laurier
- □ 1 noix de beurre
- □ Noix de muscade moulue
- □ Sel et poivre

1. Préchauffez le four à 150 °C (th. 5).
2. Pelez le céleri-rave et les panais, puis coupez-les en tranches de 2 mm d'épaisseur à l'aide d'un couteau ou d'une mandoline. Pelez et hachez l'ail.
3. Mettez les tranches de légumes dans une cocotte avec le lait, la crème, le laurier, 1 pincée de noix de muscade, puis salez et poivrez.
4. Portez à ébullition, ôtez la feuille de laurier et versez dans un plat à gratin beurré. Enfournez pour 45 minutes de cuisson.
5. Dégustez bien chaud.

Mieux choisir
Le céleri-rave

Pour le choisir au top, deux astuces :

1 Les petits sont les meilleurs, car ils ont plus de goût et sont moins filandreux.

2 Toquez-le : s'il sonne creux, c'est qu'il est plein d'eau. Passez votre chemin !

5 Vendredi novembre

Lieu noir
et potimarron rôtis

N'hésitez pas à cuisiner le lieu noir.
Ce poisson, pêché en Atlantique nord, est bon marché, et ses réserves ne sont pas en danger, donc feu vert pour en manger !

POUR 4 PERSONNES
PRÉPARATION : 10 MIN
CUISSON : 20 MIN

- 4 filets de lieu noir (150 g pièce)
- 1 potimarron
- 1 filet d'huile d'olive
- 1 cuil. à café de sucre en poudre
- 1 citron vert non traité
- Sel et poivre du moulin

1. Préchauffez le four à 180 °C (th. 6).
2. Lavez le potimarron et évidez-le. Coupez-le en tranches de 1 cm d'épaisseur environ. Disposez-les sur une plaque, arrosez d'un filet d'huile d'olive, saupoudrez de sucre, salez et poivrez. Enfournez pour 10 minutes.
3. Au bout des 10 minutes, sortez les tranches et retournez-les. Ajoutez le lieu noir, salez, poivrez et râpez dessus le zeste du citron vert. Enfournez de nouveau pour 10 minutes.
4. Dressez les tranches de potimarron et le poisson dans chaque assiette, arrosez de jus de citron vert et servez immédiatement.

Crumble banane, chocolat et noix de coco

POUR 4 PERSONNES
PRÉPARATION : 10 MIN
CUISSON : 20 MIN

- 4 bananes bio
- 50 g de pépites de chocolat
- 80 g de beurre
- 60 g de sucre de coco
- 80 g de farine
- 40 g de noix de coco en poudre

1. Préchauffez le four à 180 °C (th. 6).
2. Pelez les bananes et coupez-les en rondelles. Disposez-les dans un plat allant au four et parsemez-les de pépites de chocolat.
3. Coupez le beurre en petits cubes et malaxez-les avec le sucre de coco, la farine et la noix de coco, jusqu'à obtenir une pâte granuleuse.
4. Répartissez cette pâte sur les bananes et enfournez pour 20 minutes.
5. Dégustez tiède ou chaud.

Mieux connaître
Le sucre de coco

Je l'aime surtout pour son goût unique, caramélisé. Et c'est un bel atout santé : riche en antioxydants, vitamines et minéraux, et à très faible index glycémique. L'OMS (Organisation mondiale de la Santé) considère que ce sucre est le plus durable : 1 cocotier produit de 50 % à 75 % de plus de sucre par hectare que la canne à sucre. Essayez !

7 Dimanche novembre

ROSBIF
et pommes de terre sautées

GRAND CLASSIQUE

Profitons de ce dimanche pour réviser cet incontournable plat familial. Ce n'est pas compliqué, il y a juste quelques règles à respecter !

POUR 4 PERSONNES

POUR LE ROSBIF

PRÉPARATION : 20 MIN
CUISSON : 30 MIN/KG + 20 MIN
REPOS : 1 H + 10 MIN

- 1 kg de rosbif de première qualité (rumsteck)
- 3 gousses d'ail
- 1 branche de thym frais
- 1 branche de romarin
- 1 noix de beurre + quelques noisettes pour la cuisson
- Huile de tournesol
- Sel et poivre

POUR LES POMMES DE TERRE

PRÉPARATION : 15 MIN
CUISSON : 20 MIN
REPOS : 10 MIN

- 600 g de pommes de terre (type belle de Fontenay, charlotte…)
- 3 gousses d'ail
- Quelques tiges de persil plat
- 5 cuil. à soupe de graisse de canard
- Fleur de sel et poivre du moulin

1. Sortez le rosbif du réfrigérateur 1 heure avant de le mettre à cuire.
2. Préchauffez le four à 200 °C (th. 6-7).
3. Dans une cocotte, faites chauffer de l'huile de tournesol avec quelques noisettes de beurre. Faites dorer le rosbif sur toutes ses faces. Salez, poivrez. Ajoutez les gousses d'ail éclatées, le thym et le romarin. Déposez 1 noix de beurre sur le rosbif.
4. Enfournez pour 30 minutes par kilo de viande pour obtenir une viande saignante. À l'aide d'une pince à viande, retournez le rosbif toutes les 10 minutes et arrosez-le de son jus de cuisson.
5. Pendant ce temps, préparez les pommes de terre. Lavez-les et pelez-les. Taillez-les en rondelles de 3 mm d'épaisseur. Éclatez les gousses d'ail en chemise (avec la peau). Lavez, équeutez et ciselez le persil. Réservez.
6. Faites chauffer une poêle et versez-y la graisse de canard. Disposez les pommes de terre sur une seule couche (au besoin, utilisez deux poêles).
7. Laissez-les cuire 3 minutes sans y toucher, puis faites-les sauter toutes les 2 à 3 minutes. Comptez 20 minutes de cuisson. Salez-les après cuisson afin qu'elles restent bien croustillantes en surface, poivrez, parsemez de persil, puis réservez au chaud.
8. Déficelez le rosbif. Salez et poivrez la viande, puis enveloppez-la de papier cuisson. Laissez reposer au moins 10 minutes hors du four, puis découpez-la en fines tranches avant de la déguster avec les pommes de terre sautées.

Salade de céleri branche
À L'ANCHOÏADE

EXPRESS

J'adore le parfum et le goût unique du céleri, un légume riche en vitamine C et peu calorique. On n'en mange pas assez et c'est bien dommage ! Séance de rattrapage avec cette salade aux accents méditerranéens.

POUR 4 PERSONNES
PRÉPARATION : 10 MIN

- ☐ 1 pied de céleri branche avec feuilles
- ☐ 6 à 8 filets d'anchois à l'huile et au sel
- ☐ 1 gousse d'ail
- ☐ 2 cuil. à soupe de vinaigre de vin rouge
- ☐ 5 cuil. à soupe d'huile d'olive
- ☐ Poivre du moulin
- ☐ Quelques tranches de pain grillées ou une fougasse nature

1. Écrasez les anchois dans un mortier (ou au mixeur) avec l'ail pelé, jusqu'à obtenir une purée.
2. Incorporez le vinaigre, puis l'huile d'olive. Poivrez.
3. Lavez les branches de céleri et émincez-les finement avec les feuilles.
4. Mélangez les deux préparations et dégustez sur des tranches de pain grillées ou de fougasse.

Riz au lait *d'amande*

POUR 4 PERSONNES
PRÉPARATION : 5 MIN
CUISSON : 25 À 30 MIN

- 140 g de riz rond
- 1 l de lait d'amande (sans sucre ajouté)
- 2 cuil. à soupe de vergeoise blonde
- 1 gousse de vanille

1. Versez le lait d'amande dans une casserole, puis ajoutez la vergeoise et la gousse de vanille fendue en deux.
2. Versez le riz en pluie et portez à ébullition. Laissez cuire 25 à 30 minutes à feu doux en remuant régulièrement : la préparation doit rester liquide, car en refroidissant, le riz continue à absorber le lait.
3. Servez-le tiède ou froid dans des petits pots, avec des fruits de saison coupés en cubes (poire, kiwi…).

Mieux connaître
Le sucre made in France

Le sucre blanc que nous consommons en France provient de la betterave sucrière, dont l'Hexagone est le 1er producteur mondial. La vergeoise, qu'elle soit blonde ou brune, est elle aussi issue de la betterave, mais il s'agit d'un sucre plus ou moins cuit, ce qui lui donne une saveur plus prononcée.

10 Mercredi novembre

Mon poisson-purée

POUR 4 PERSONNES
PRÉPARATION : 15 MIN
CUISSON : 20 MIN

- ☐ 4 filets de tacaud
- ☐ 800 g de pommes de terre à purée type bintje ou monalisa
- ☐ 1 noix de muscade
- ☐ 40 g de noisettes
- ☐ 1 branche de romarin
- ☐ 1 blanc d'œuf
- ☐ 40 g de beurre
- ☐ Sel

1. Faites cuire les pommes de terre dans de l'eau froide salée pendant 15 minutes : elles doivent être cuites mais fermes.
2. Épluchez-les, faites-les sécher dans une casserole quelques secondes à feu doux, puis écrasez-les au presse-purée (ou à la fourchette). Salez, poivrez et râpez un peu de noix de muscade.
3. Mixez ensemble les noisettes, le romarin et 2 pincées de sel pour les réduire en poudre. Passez les filets de tacaud côté peau dans le blanc d'œuf, puis dans la poudre de noisettes et de romarin.
4. Faites chauffer le beurre dans une grande poêle, puis faites dorer les filets 2 minutes côté peau et 1 minute côté chair.
5. Servez les filets de poisson accompagnés de purée de pommes de terre et de beurre noisette.

ZÉRO GASPI

Croquettes de pommes de terre

À l'apéritif ou en plat, ces croquettes de pommes de terre dans la pure tradition belge vont faire un malheur. N'ajoutez ni beurre ni crème, les croquettes éclateraient à la cuisson.

POUR 4 PERSONNES
PRÉPARATION : 15 MIN
CUISSON : 5 MIN

- 500 g de reste de purée de pommes de terre
- 3 œufs
- 70 g de farine
- 100 g de chapelure ou de miettes de pain mixées
- Huile neutre de cuisson

1. Ajoutez 1 œuf au reste de purée (bien sèche) en mélangeant bien.
2. Formez des petits boudins de purée (de 3 à 4 cm de long environ), et roulez-les dans la farine, puis tapotez-les pour en retirer l'excédent.
3. Battez les 2 œufs restants avec un peu d'eau dans une assiette creuse et versez la chapelure dans une autre assiette creuse.
4. Passez les croquettes dans les œufs battus, puis dans la chapelure.
5. Faites chauffer de l'huile dans une grande casserole ou dans une friteuse et faites frire les croquettes par quatre maximum, pendant 4 à 5 minutes.
6. Égouttez-les sur du papier absorbant et dégustez-les sans attendre.

MON TRUC EN PLUS

Vous pouvez insérer un dé de comté à l'intérieur de ces croquettes avant de les passer dans la chapelure. Ça devrait vous faire fondre !

12 Vendredi novembre

EXPRESS

MON CURRY VERT

POUR 4 PERSONNES
PRÉPARATION : 10 MIN
CUISSON : 20 MIN

- □ 500 g de courge butternut
- □ 16 grosses crevettes décortiquées bio
- □ 1 gros oignon
- □ 1 cuil. à soupe de pâte de curry vert
- □ 40 cl de lait de coco
- □ Quelques tiges de basilic thaï (ou de coriandre)
- □ Huile de cuisson
- □ Sel

1. Épluchez la courge butternut et coupez-la en petits cubes. Pelez et ciselez l'oignon. Faites-le blondir dans une grande casserole avec un filet d'huile, puis ajoutez la pâte de curry vert. Mélangez quelques instants, ajoutez les dés de courge et faites-les revenir 5 minutes.
2. Versez le lait de coco, ajoutez les crevettes et poursuivez la cuisson 15 minutes. Ajoutez de l'eau si nécessaire. Salez, versez dans des bols et décorez d'herbes fraîches.
3. Servez avec du riz basmati ou des vermicelles de riz.

Le saviez-vous ?

Les crevettes crues sont grises et deviennent roses une fois cuites. Elles contiennent en effet (comme le saumon et le homard, entre autres) un pigment naturel, l'astaxanthine. À la cuisson, la chaleur libère l'astaxanthine, donnant leur belle robe rose aux crevettes et un joli teint rouge aux homards !

Magrets rôtis
au chutney de poires

Je fais cette recette pour mes invités le week-end, lorsque j'ai un peu de temps devant moi pour réaliser le chutney. N'hésitez pas à doubler les quantités du chutney et à le conserver pour le servir avec un plateau de fromages, par exemple.

POUR 4 PERSONNES
PRÉPARATION : 20 MIN
CUISSON : 1 H

- 2 magrets de canard
- 3 poires bien mûres
- 2 échalotes
- 2 cuil. à soupe de vinaigre de cidre
- 20 cl de jus de poire
- Sel
- Quelques grains de poivre de Sarawak

1. Préchauffez le four à 170 °C (th. 5-6).
2. Préparez le chutney : épluchez les poires, ôtez le cœur et coupez-les en morceaux. Pelez et ciselez les échalotes. Faites chauffer le vinaigre dans une petite casserole avec les échalotes pendant 3 minutes. Ajoutez les poires, le jus de poire et les grains de poivre écrasés au pilon. Salez. Laissez cuire à feu moyen 40 minutes en remuant de temps en temps. Dès que le mélange compote, retirez du feu et mixez. Réservez au chaud.
3. Incisez la peau des magrets. Déposez-les dans une poêle bien chaude et badigeonnez-les de chutney. Laissez colorer 5 minutes côté peau, puis enfournez pour 15 minutes.
4. Servez les magrets coupés en médaillons avec le reste du chutney de poires.

MON ASTUCE ANTIGASPI

Il vous reste du magret ? Tranchez-le finement et gardez-le au frais, on le roulera dans un wrap à emporter lundi 15 novembre !

14 Dimanche novembre

GRAND CLASSIQUE

Ma tarte BOURDALOUE

La tarte Bourdaloue ne porte pas le patronyme de son inventeur, mais le nom de la rue de Paris où elle a été créée, en 1850. Et, croyez-moi, elle tient le haut du pavé parmi les classiques pâtissiers !

1. Préparez les poires au sirop : portez à ébullition 1,5 litre d'eau avec le sucre et le jus de citron, et laissez cuire 5 minutes. Évidez les poires par la base, puis pelez-les. Plongez-les dans le sirop et laissez cuire 10 à 15 minutes à petits bouillons. Égouttez-les.

2. Préparez la pâte brisée. Versez la farine en tas sur le plan de travail. Ajoutez le beurre en morceaux, le sel, le sucre, et incorporez le tout du bout des doigts. Faites un puits. Délayez le jaune d'œuf avec 4 à 6 cuillerées à soupe d'eau et versez au centre du puits. Mélangez en incorporant peu à peu la farine jusqu'à obtenir une masse de pâte. Formez une boule, aplatissez-la légèrement et couvrez-la d'un film alimentaire. Foncez un moule à tarte.

3. Préparez la crème d'amandes. Incorporez le beurre au sucre, puis les œufs un à un, et mélangez au fouet jusqu'à obtenir un mélange bien lisse. Incorporez les amandes en poudre. Ajoutez le rhum ou l'arôme d'amande amère si vous le souhaitez.

4. Préchauffez le four à 180 °C (th. 6).

5. Coupez les poires en deux dans la hauteur. Versez la crème d'amandes sur le fond de tarte. Répartissez les poires, parsemez d'amandes effilées et enfournez pour 35 minutes.

POUR 4 PERSONNES
PRÉPARATION : 20 MIN
CUISSON : 50 À 55 MIN

POUR LES POIRES AU SIROP

- 2 poires williams
- 500 g de sucre en poudre
- Le jus de 1 citron
- 1 ou 2 cuil. à soupe d'amandes effilées (facultatif)

POUR LA PÂTE BRISÉE

- 250 g de farine
- 125 g de beurre
- 1 pincée de sel
- 1 pincée de sucre en poudre
- 1 jaune d'œuf

POUR LA CRÈME D'AMANDES

- 100 g de beurre (ramolli en pommade)
- 100 g de sucre en poudre
- 2 œufs entiers
- 100 g d'amandes en poudre
- 1 cuil. à café de rhum ou d'arôme d'amande amère (facultatif)

15 Lundi novembre

WRAP au magret fumé

Voici un wrap 100 % Sud-Ouest que vous pourrez emporter au travail, car on peut le préparer rapidement le matin même. Pratique et délicieux !

POUR 4 PERSONNES
PRÉPARATION : 15 MIN
CUISSON : 4 MIN

- ☐ 4 tortillas de maïs
- ☐ 300 g de maïs en boîte bio (poids net égoutté)
- ☐ 100 g de mâche
- ☐ 80 g de magret de canard fumé tranché (ou le reste du 13 novembre)
- ☐ Huile d'olive
- ☐ 4 pincées de piment d'Espelette
- ☐ Sel et poivre du moulin

1. Mixez le maïs égoutté dans un blender. Ajoutez le piment d'Espelette, salez et poivrez.
2. Lavez la mâche, essorez-la, huilez-la et réservez.
3. Disposez une tortilla dans une poêle bien chaude et laissez-la 1 minute, sur un seul côté. Retirez-la et passez à la deuxième. Pendant qu'elle chauffe, nappez la première de crème de maïs, et ainsi de suite.
4. Ajoutez ensuite quelques tranches de magret et des feuilles de mâche, puis roulez chaque tortilla en serrant bien. Coupez-les en deux et servez.

Mieux s'organiser

Voici un menu facile et rapide :
• un velouté de mâche en entrée (mardi 16 novembre)
• un wrap en plat complet
• une mousse de marrons en dessert (mercredi 17 novembre)

Mardi
novembre **16**

VEGGIE

Velouté de mâche AU GORGONZOLA

« Un potage à la doucette », aurait dit ma grand-mère pour désigner ce velouté à base d'une salade de saison. Et pas besoin de mâcher !

POUR 4 PERSONNES
PRÉPARATION : 10 MIN
CUISSON : 35 MIN

- ☐ 200 g de mâche
- ☐ 150 g de gorgonzola
- ☐ 1 échalote
- ☐ 20 g de beurre
- ☐ 200 g de pommes de terre
- ☐ 1 cube de bouillon de légumes
- ☐ Sel et poivre du moulin

1. Rincez la mâche. Épluchez et ciselez l'échalote.
2. Épluchez les pommes de terre et coupez-les en dés.
3. Dans un faitout, faites suer la mâche et l'échalote dans le beurre, 3 à 4 minutes.
4. Ajoutez les pommes de terre, le cube de bouillon émietté et 50 cl d'eau. Salez, poivrez et laissez cuire doucement 30 minutes.
5. Coupez le gorgonzola en morceaux, réservez-en quelques-uns pour le service et mettez les autres dans le faitout. Laissez fondre à petits bouillons. Mixez, rectifiez l'assaisonnement et servez le velouté, surmonté de dés de gorgonzola.

17 Mercredi novembre

MOUSSE
de marrons

Comme moi, vous avez dû au moins une fois succomber à ce dessert industriel mousseux et archisucré aux marrons. Voici ma version allégée. Un dessert sans additif, mais tout aussi addictif !

POUR 4 OU 5 PERSONNES
PRÉPARATION : 25 MIN
RÉFRIGÉRATION : 2 H

- □ 300 g de crème de marrons
- □ 2 feuilles de gélatine
- □ 10 cl de crème fleurette
- □ 10 g de whisky (facultatif)
- □ 3 blancs d'œufs
- □ 20 g de sucre en poudre

1. Mettez la gélatine à ramollir dans de l'eau froide pendant 10 minutes au moins.
2. Dans une casserole, faites chauffer la crème fleurette.
3. Ajoutez la gélatine égouttée afin qu'elle ne fonde.
4. Dans un saladier, mélangez la crème de marrons, la crème fleurette chaude et éventuellement le whisky.
5. Montez les blancs d'œufs au fouet et ajoutez le sucre.
6. Ajoutez un tiers des blancs au mélange et fouettez énergiquement. Ajoutez le reste des blancs en neige délicatement, avec une maryse, et lissez le tout.
7. Remplissez quatre ou cinq ramequins de cette mousse, tassez et laissez refroidir 2 heures au moins au réfrigérateur.

Mon conseil

Vous pouvez ajouter un décor avec un peu de crème de marrons s'il vous en reste.

Mon riz au curry,
haddock et œufs durs

Connaissez-vous le « kedgeree » ? C'est le joli petit nom de ce plat anglais aux influences indiennes dont les colons nourrissaient leurs troupes, à l'époque victorienne. Un plat complet à découvrir… et à faire découvrir !

POUR 4 PERSONNES
PRÉPARATION : 15 MIN
CUISSON : 32 À 38 MIN

- □ 250 g de riz basmati
- □ 800 g de filets de haddock
- □ 4 œufs
- □ 50 cl de lait
- □ 1 feuille de laurier
- □ ½ bouquet de persil plat
- □ 1 citron non traité
- □ 40 g de beurre
- □ 1 à 3 cuil. à café de curry jaune
- □ Sel et poivre du moulin

1. Pochez le haddock dans le lait avec 50 cl d'eau et le laurier pendant 10 minutes à feu doux. Égouttez-le et réservez.
2. Faites cuire les œufs 10 minutes dans de l'eau bouillante. Passez-les sous l'eau froide, écalez-leset coupez-les en quatre.
3. Dans une casserole, couvrez le riz de 375 grammes d'eau froide et faites cuire 10 à 15 minutes. Égouttez et réservez.
4. Lavez le persil plat et équeutez-le. Prélevez le zeste du citron et récupérez le jus.
5. Faites chauffer le beurre dans une grande sauteuse. Ajoutez le riz, le jus de citron et le curry. Remuez bien. Ajoutez le haddock et réchauffez encore 2 à 3 minutes.
6. Rectifiez l'assaisonnement. Dressez dans un grand plat, déposez les œufs durs dessus et parsemez de persil et de zeste de citron.

19 Vendredi novembre

VEGGIE

CAMEMBERT rôti aux fruits secs

EXPRESS

POUR 4 PERSONNES
PRÉPARATION : 5 MIN
CUISSON : 15 MIN

- 1 camembert AOP de Normandie
- 40 g de fruits secs mélangés : amandes, noisettes, noix et raisins
- 1 branche de romarin
- Du pain pour l'accompagnement

1. Préchauffez le four à 180 °C (th. 6).
2. Faites une incision en croix dans le camembert en le laissant dans sa boîte (retirez le papier d'emballage s'il est plastifié).
3. Piquez des brins de romarin dedans, parsemez de fruits secs et enveloppez de papier aluminium sans refermer totalement.
4. Enfournez pour 15 minutes et dégustez à l'aide d'une petite cuillère pour tartiner le camembert sur des tranches de pain.

Entre nous...

Seuls 8 % des camemberts fabriqués en France sont de « Véritables camemberts de Normandie » AOP, au lait cru, moulés à la louche et avec 70 % de lait issu de vaches normandes. À la ferme du Champ Secret, dans l'Orne, Patrick Mercier fabrique un camembert AOP fermier et bio avec le lait de ses propres vaches. Une exception qu'il faut saluer : bravo l'artiste !

GRAND CLASSIQUE

Mes ris de veau meunière

Pour cuisiner ce grand classique du « cinquième quartier », il faut l'art… et la meunière ! Et ce beau morceau vous le rendra bien, vous verrez !

POUR 4 PERSONNES
PRÉPARATION : 15 MIN
TREMPAGE : 12 H
CUISSON : 15 MIN

- 600 g de ris de veau « de cœur » ou de noix de ris de veau
- 4 cuil. à soupe de farine
- 100 g de beurre doux
- Le jus de 1 citron
- 2 brins de persil plat
- Sel et poivre

1. Faites tremper les ris de veau 12 heures dans un saladier d'eau froide, dans le réfrigérateur, afin d'éliminer les petits résidus de sang. Rincez-les, puis plongez-les dans une casserole remplie d'eau froide, portez à ébullition et blanchissez-les 3 minutes.
2. Ôtez délicatement la petite peau qui entoure les ris, épongez, coupez en grosses bouchées et farinez.
3. Faites rôtir 8 à 10 minutes sur toutes les faces dans la moitié du beurre. Salez, poivrez et débarrassez sur du papier absorbant. Réservez au chaud.
4. Essuyez la poêle et faites cuire le reste du beurre jusqu'à ce qu'il prenne une couleur noisette. Ajoutez le jus de citron, le persil effeuillé, arrosez de sauce les ris de veau et dégustez aussitôt.

21 Dimanche novembre

BAECKEOFFE *de fruits*

Je me suis inspiré d'une recette alsacienne à base de viandes et de pommes de terre, le baeckeoffe, dont j'utilise le moule traditionnel pour en faire un dessert : des fruits de saison confits, fondants… avec juste un « schlouk de vin », comme disent les Alsaciens !

POUR 4 PERSONNES
PRÉPARATION : 30 MIN
CUISSON : 50 MIN

- □ 2 pommes reine des reinettes
- □ 2 poires comices
- □ 2 petits coings
- □ 1 citron jaune bio
- □ 30 g de beurre
- □ 1 cuil. à soupe de miel toutes fleurs
- □ 1 étoile de badiane (anis étoilé)
- □ ½ bouteille de gewurztraminer
- □ 100 g de pâte feuilletée pur beurre

POUR LA DORURE

- □ 1 jaune d'œuf
- □ 1 cuil. à soupe d'eau
- □ 1 cuil. à café de sucre en poudre

MATÉRIEL

- □ 1 terrine à baeckeoffe de 30 cm de long

1. Préchauffez le four à 180 °C (th. 6).
2. Lavez tous les fruits, y compris le citron. Prélevez quelques lamelles de son écorce et pressez-le. Réservez.
3. Épluchez les coings, taillez-les en quartiers et évidez-les. Faites fondre le beurre dans une poêle, ajoutez le miel, puis les coings, et faites cuire une dizaine de minutes en remuant de temps en temps. Déglacez avec un peu de jus de citron et débarrassez dans la terrine.
4. Pendant ce temps, épluchez les pommes et les poires, taillez-les en quartiers et épépinez-les. Citronnez-les avec le jus restant et ajoutez-les aux coings dans la terrine. Mélangez délicatement. Ajoutez l'anis étoilé et les écorces de citron, puis versez le gewurztraminer.
5. Fermez la terrine avec son couvercle et lutez les bords (humidifiez-les avec un peu d'eau et appuyez sur la pâte feuilletée tout autour pour bien sceller). Mélangez les ingrédients de la dorure et appliquez au pinceau sur la pâte feuilletée. Enfournez pour 40 minutes.
6. Servez en cassant la pâte devant vos invités.

EXPRESS

VEGGIE

Salade de betteraves,
VINAIGRETTE À LA CLÉMENTINE

POUR 4 PERSONNES
PRÉPARATION : 10 MIN
CUISSON : 10 MIN

- □ 2 betteraves cuites
- □ 40 g de noisettes
- □ 1 petit oignon rouge

POUR LA VINAIGRETTE

- □ 3 clémentines
- □ 2 cm de gingembre frais
- □ 1 cuil. à café de miel d'acacia
- □ 1 cuil. à soupe de vinaigre de cidre
- □ 3 cuil. à soupe d'huile de tournesol
- □ Sel et poivre

1. Torréfiez les noisettes 10 minutes au four à 180 °C (th. 6), puis ôtez leur peau dans un torchon propre pour ne pas vous brûler et concassez-les grossièrement.
2. Récupérez le jus des clémentines à travers une passoire fine. Pelez et hachez le gingembre. Mélangez tous les ingrédients de la vinaigrette.
3. Coupez les betteraves en fins quartiers. Épluchez l'oignon, ciselez-le finement et mélangez-le aux betteraves.
4. Ajoutez la vinaigrette, parsemez de noisettes et dégustez aussitôt.

Mes astuces

Pour extraire le jus des clémentines, mixez leur chair dans un blender avec un peu d'eau, puis passez-les au tamis pour récupérer le jus. Vous pouvez aussi les presser bien fort dans un torchon propre, au-dessus d'un saladier.

Poires AU FOUR

POUR 4 PERSONNES
PRÉPARATION : 10 MIN
CUISSON : 30 À 40 MIN

- 4 poires
- 100 g de cerneaux de noix fraîches
- 100 g de figues séchées
- 50 g de beurre à température ambiante
- 80 g de sucre en poudre

1. Préchauffez le four à 180 °C (th. 6).
2. Pelez les poires, sans retirer le pédoncule et évidez-les par la base.
3. Hachez les noix et les figues, puis mélangez-les avec la moitié du beurre et la moitié du sucre.
4. Remplissez les poires de ce mélange, beurrez-les et sucrez-les.
5. Posez-les debout dans un plat creux allant au four. Entourez les poires du reste du mélange et enfournez pour 30 à 40 minutes.
6. Servez-les encore chaudes, accompagnées d'une boule de glace à la vanille.

ÇA M'ÉNERVE

Une poire sur deux consommée en France est importée des Pays-Bas, de Belgique, du Portugal ou d'Italie, même lorsqu'elle s'appelle « abate » ou « conférence ». On produit moins de la moitié de notre consommation de poires. Leur potentiel de développement existe, alors cultivons des variétés anciennes et consommons local. Ce sera toujours ça de pris sur le bilan carbone des fruits.

24 Mercredi novembre

Blanquette de cerfeuil tubéreux

EXPRESS

Vous souvenez-vous du cerfeuil tubéreux, ce légume « oublié » dont je vous parle chaque année ? Son petit goût subtil entre la châtaigne et la pomme de terre va donner du caractère à ma blanquette express.

POUR 4 PERSONNES
PRÉPARATION : 10 MIN
CUISSON : 13 À 15 MIN

- 600 g de cerfeuil tubéreux
- 1 oignon
- 400 g de blancs de poulet
- 1 brin de thym frais
- 80 à 100 g de crème fraîche épaisse
- ½ citron
- Huile de tournesol
- Sel et poivre

1. Lavez, pelez et coupez en deux dans la longueur les cerfeuils tubéreux (laissez-les entiers s'ils sont petits). Pelez et émincez l'oignon. Coupez les blancs de poulet en gros dés.
2. Faites revenir le tout dans une poêle avec le thym et un peu d'huile, puis laissez cuire 8 à 10 minutes à couvert à feu doux.
3. Salez, poivrez, ajoutez la crème, mélangez et laissez cuire encore 5 minutes.
4. Avant de servir, ajoutez quelques gouttes de citron et accompagnez cette blanquette d'un bon riz blanc.

À LA PLACE

Si vous ne trouvez pas de cerfeuil tubéreux, remplacez-le par le compère officiel de la blanquette : le champignon de Paris, coupé en quartiers !

Galette de topinambours
au magret de canard séché

POUR 4 PERSONNES
PRÉPARATION : 15 MIN
CUISSON : 20 MIN/GALETTE

- □ 600 g de topinambours
- □ 8 tranches de magret de canard fumé
- □ 15 cl d'huile de tournesol
- □ 1 cuil. à soupe de fécule de pomme de terre
- □ Sel et poivre du moulin

1. Épluchez les topinambours et râpez-les. Mélangez l'huile et la fécule, ajoutez les topinambours et mélangez pour bien les imprégner.
2. Tapissez le fond d'une petite poêle de 2 cuillerées à soupe de topinambours, tassez, posez 2 tranches de magret, puis recouvrez de la même quantité de topinambours et tassez. Faites cuire à feu doux pendant 10 minutes et retournez délicatement pour colorer l'autre côté encore 10 minutes.
3. Déposez la galette sur du papier absorbant et renouvelez l'opération pour en obtenir 4. Servez-les bien chaudes, accompagnées d'une salade verte.

Le saviez-vous ?

Le topinambour nous vient du Canada ! L'explorateur français Samuel de Champlain, fondateur de la ville de Québec, l'a fait connaître en France au début du XVIIe siècle. Le topinambour portait alors le nom très chic de « truffe du Canada » !

PAS CHER

POIREAUX, œufs mollets

VEGGIE

1. Préchauffez le four à 175 °C (th. 5-6).
2. Ôtez les deux premières feuilles des poireaux et fendez-les à mi-hauteur. Lavez-les et égouttez-les.
3. Découpez une longue bande de papier aluminium, puis recouvrez-la de papier cuisson huilé. Posez les poireaux dessus, salez, poivrez et saupoudrez d'un peu de curry. Repliez le papier cuisson sur les poireaux, puis le papier aluminium en papillote, et enfournez pour 1 heure.
4. Faites cuire les œufs dans de l'eau bouillante salée pendant 6 minutes. Refroidissez-les immédiatement en les plongeant dans un saladier d'eau froide, écalez-les et réservez.
5. Sortez les poireaux de leur papillote et égouttez-les.
6. Dans un bol, mélangez la mayonnaise avec le reste du curry et un peu de jus des poireaux. Salez et poivrez.
7. Roulez chaque poireau sur lui-même pour former un nid et déposez 1 cuillerée à soupe de mayonnaise au centre. Posez dessus 1 œuf à la verticale et coupez son chapeau.
8. Parsemez de quelques brins de ciboulette et finissez avec un tour de moulin à poivre.

POUR 4 PERSONNES
PRÉPARATION : 25 MIN
CUISSON : 1 H

- 4 gros poireaux
- 4 gros œufs bio
- 1 cuil. à café de curry
- 3 cuil. à soupe de mayonnaise maison
- Quelques brins de ciboulette
- Huile d'olive
- Sel gris moulu et poivre du moulin

MON ASTUCE ANTIGASPI

- Je fais frire les racines des poireaux et je les ajoute à mon plat pour un joli dressage comestible !
- Avec le vert des poireaux, je fais une soupe ou un bouquet garni !

27 Samedi novembre

CHAMPIGNONS DE PARIS
à la manière de Pierre Gagnaire

Pierre Gagnaire est l'un de nos chefs cuisiniers les plus créatifs et inspirés. Entier, généreux et altruiste, il m'a fait la joie de venir cuisiner dans *Petits Plats en Équilibre*. Fidèle à sa réputation, il a osé marier de belles saveurs de saison. À vous de cuisiner du Gagnaire ! Merci Pierre.

POUR 4 PERSONNES
PRÉPARATION : 10 MIN
CUISSON : 15 MIN

- □ **500 g de champignons de Paris**
- □ **2 endives**
- □ **1 pomme royal gala**
- □ **1 noix de beurre**
- □ **1 citron**
- □ **1 tranche de lard (100 g environ)**
- □ **1 pomme granny smith**

1. Réservez 4 champignons pour le dressage. Coupez les autres champignons, les endives et la pomme royal gala en petits morceaux.
2. Faites revenir les champignons en morceaux dans une poêle bien chaude avec le beurre. Ajoutez le jus du citron.
3. Dans une autre poêle, faites revenir les morceaux d'endives et de pomme. Ajoutez-les aux champignons et réservez.
4. Faites griller la tranche de lard et coupez-la en lardons.
5. Disposez sur une assiette le mélange champignons, endives et pomme. Ajoutez le lard et terminez par quelques rondelles de champignons frais et la pomme granny smith taillée en allumettes.

Mieux s'organiser

Pour mon bœuf bourguignon de demain, j'achète plus de lard et plus de champignons de Paris.

Dimanche **28** novembre

Mon bœuf BOURGUIGNON

POUR 6 PERSONNES
PRÉPARATION : 30 MIN
CUISSON : 3 H

- 700 g de joue de bœuf coupée en cubes
- 700 g de paleron coupé en cubes
- 200 g de lard
- 3 gros oignons
- 30 g de beurre
- 1 gousse d'ail
- Huile de tournesol
- Persil, pour servir
- Sel et poivre du moulin

POUR LA MARINADE

- 1 bouteille de vin de Bourgogne rouge
- 5 cl de marc de Bourgogne
- 1 bouquet garni (vert de poireau, thym, persil, laurier)
- 5 grains de poivre noir
- 3 carottes
- 125 g de champignons de Paris
- Huile de tournesol

1. Préparez la marinade. Dans un saladier, mélangez le vin, le marc de Bourgogne, le bouquet garni, les grains de poivre et 1 cuillerée à soupe d'huile de tournesol. Épluchez les carottes et taillez-les en quartiers. Lavez les champignons et coupez-les en deux. Ajoutez les carottes et les champignons à la marinade.
2. Retirez la couenne du lard et coupez-le en lardons. Pelez les oignons et émincez-les grossièrement.
3. Dans une cocotte, faites revenir les oignons avec les lardons dans 20 grammes de beurre et 1 cuillerée à soupe d'huile jusqu'à ce qu'ils soient dorés. Débarrassez le tout dans une assiette.
4. Dans la même cocotte, faites revenir les cubes de viande de tous les côtés. Remettez les oignons et les lardons. Versez la marinade avec le bouquet garni. Portez à ébullition, puis ajoutez la gousse d'ail épluchée.
5. Couvrez et laissez mijoter 3 heures à feu doux.
6. Parsemez de persil haché et servez.

29 Lundi novembre

SALADE DE LENTILLES
aux carottes rôties

PAS CHER

VEGGIE

POUR 4 PERSONNES
PRÉPARATION : 10 MIN
CUISSON : 35 À 40 MIN

- □ 250 g de lentilles vertes
- □ 4 carottes
- □ 1 feuille de laurier
- □ 1 cuil. à café de cumin moulu
- □ 2 oranges à jus
- □ 4 tiges de coriandre fraîche
- □ 4 cuil. à soupe d'huile d'olive
- □ Sel et poivre

1. Préchauffez le four à 170 °C (th. 5-6).
2. Faites cuire les lentilles dans 1 litre d'eau froide avec la feuille de laurier : comptez 15 à 20 minutes à partir de l'ébullition. Égouttez-les.
3. Pendant ce temps, épluchez les carottes et coupez-les dans la longueur. Mélangez-les au cumin, à l'huile d'olive, salez et poivrez. Enfournez pour 20 minutes en remuant régulièrement.
4. Pelez les oranges à vif et prélevez les quartiers au-dessus d'un saladier pour conserver le jus. Effeuillez la coriandre.
5. Mélangez les lentilles, les carottes et les quartiers d'orange dans un plat, ajoutez le jus d'orange, rectifiez l'assaisonnement et parsemez de feuilles de coriandre.
6. Servez aussitôt ou emportez au bureau !

Le saviez-vous ?

• Départ à l'eau froide, sinon seule la première peau des lentilles sera cuite.
• On ne sale jamais l'eau de cuisson des lentilles, cela ferait durcir leur peau !
• Vous pouvez ajouter une pincée de bicarbonate de soude à l'eau pour accélérer la cuisson.
• On assaisonne les lentilles à chaud, car, une fois froides, leur amidon va créer une pellicule qui empêchera l'assaisonnement de bien les pénétrer à cœur.

PAS CHER

Tatin d'endives

VEGGIE

POUR 6 PERSONNES
PRÉPARATION : 40 MIN
CUISSON : 1 H
REPOS : 30 MIN

- 10 endives
- 2 citrons
- 75 g de miel toutes fleurs
- 75 g de beurre
- 1 rond de pâte feuilletée pur beurre
- Gros sel gris

MATÉRIEL

- 1 moule à manqué de 24 cm de diamètre

1. Préchauffez le four à 180 °C (th. 6).
2. Faites chauffer une grande casserole d'eau avec du gros sel et le jus d'un des citrons. Coupez les endives en deux dans la longueur et plongez-les dans l'eau bouillante. Couvrez de papier cuisson et laissez cuire 15 minutes. Laissez refroidir 15 minutes.
3. Dans une casserole, faites chauffer le miel jusqu'à caramélisation. Déglacez avec le jus du deuxième citron et ajoutez le beurre. Mélangez et versez dans le moule à manqué.
4. Égouttez et pressez les endives, enlevez l'excédent du trognon en le coupant en biseau (mangez-le !). Rangez les endives en rosace, sur le flanc, dans le moule à manqué. Couvrez de la pâte feuilletée et retroussez les bords. Enfournez pour 45 minutes. Attendez 30 minutes avant de démouler.

Mieux connaître

**Si vous trouvez des endives de pleine terre Label Rouge, foncez !
Elles sont trop rares en France, parce que l'endive agro-industrielle cultivée hors-sol a pris tout le marché (98 % de la production)… Pourtant, leur qualité n'a rien à voir : les endives de pleine terre ne perdent que très peu d'eau à la cuisson et elles ont un croquant incomparable.**

Décembre
au marché

LES PRODUITS PHARES

Le litchi

C'est l'été austral sur l'île de la Réunion ! La récolte des litchis, commencée le mois dernier, bat son plein. Les fruits sont perchés à plus de quatre mètres de haut et les producteurs les cueillent en grimpant aux arbres – impossible de mécaniser la récolte. Les litchis atterrissent en métropole deux jours plus tard. Sur les étals, ceux de la Réunion sont vendus en branches. Ils sont plus chers, mais ils ont la particularité d'être très parfumés et plus acidulés que ceux de Madagascar. À goûter au moins une fois dans sa vie !

Le cardon

Je suis tombé amoureux de cette tige lors d'un passage à Lyon. Le cardon est le cousin longiligne de l'artichaut. Il régale les Lyonnais à l'approche des fêtes de fin d'année. Le chef Joseph Viola, tenancier du bouchon lyonnais Daniel & Denise, ne jure que par le gratin de cardons, dans lequel il glisse un os à moelle, comme le veut la tradition. Ce mois-ci, je vous le fais découvrir en velouté, relevé par quelques graines de fenouil.

La pintade

Chapon, poularde, volaille de Bresse… Les poules de luxe s'affichent en vitrine pour les fêtes. Pour changer du poulet, je mise sur la pintade ! Plus abordable, elle est aussi peu grasse. On est sûr de faire le bon choix, car le caractère un peu rebelle de la pintade ne permet pas de l'élever en cage.

CHEZ LE MARAÎCHER

Les légumes

Avocat
Carotte
Céleri
Chou de Bruxelles
Chou kale
Chou rouge
Chou vert
Courge
Cresson
Échalote
Endive
Laurier
Mâche
Noix
Oignon
Panais
Poireau
Potiron
Salsifis
Topinambour

Les fruits

Ananas
Banane
Châtaigne
Citron
Clémentine
Kaki
Kiwi
Mandarine
Poire
Orange
Pamplemousse
Pomme
Litchi
Papaye
Mangue

CHEZ LE POISSONNIER

Merlan, truite, saumon, carpe, huîtres, bulots, coquilles Saint-Jacques, dorade grise, limande.

CHEZ LE FROMAGER

Époisses, cîteaux, saint-marcellin, bleu des Causses, comté, vacherin mont-d'or, beaufort.

1er Mercredi décembre

PAS CHER

1 PRODUIT

2 RECETTES

MON POTAGE *parmentier*

GRAND CLASSIQUE

C'est Antoine Augustin Parmentier, pharmacien, agronome et médecin, qui a fait la promotion de la pomme de terre à la fin du XVIIIe siècle, et lui a même dédié sa vie. Il vaut bien qu'on lui consacre deux recettes : un potage aujourd'hui et un gratin demain !

POUR 4 PERSONNES
PRÉPARATION : 15 MIN
CUISSON : 30 MIN

- 1 kg de pommes de terre bintje
- 2 blancs de poireaux
- 1 oignon
- 30 g de beurre
- 1,5 l de bouillon de volaille
- 10 cl de crème liquide
- Huile de noix
- Quelques croûtons de pain de mie grillés
- 4 brins de cerfeuil
- Sel et poivre

1. Pelez les pommes de terre et coupez-les en cubes. Nettoyez les blancs de poireaux, pelez l'oignon et émincez-les.
2. Faites fondre 5 minutes les blancs de poireaux et l'oignon dans une casserole avec le beurre, à couvert. Ajoutez les pommes de terre en cubes, mélangez et versez le bouillon de volaille. Salez, poivrez et laissez cuire 25 minutes à feu moyen, à demi couvert.
3. Mixez ou moulinez la préparation, puis ajoutez la crème et mélangez à la cuillère.
4. Répartissez le potage dans des assiettes creuses, ajoutez dans chacune d'elles un filet d'huile de noix, quelques croûtons, 1 brin de cerfeuil, et dégustez bien chaud.

Parmentier de canard
AUX LÉGUMES DE SAISON

Le bon goût du confit de canard, la douceur des légumes de saison... Avec ce plat familial, vous allez faire un carton !

POUR 4 PERSONNES
PRÉPARATION : 15 MIN
CUISSON : 15 MIN

- 4 cuisses de canard confit
- 2 grosses pommes de terre bintje
- 1 patate douce
- 1 panais
- 1 petit oignon
- 4 tiges de persil plat
- Sel et poivre

POUR LA CHAPELURE MAISON

- 6 biscottes
- 1 cuil. à soupe de beurre fondu

1. Préchauffez le four à 180 °C (th. 6).
2. Pelez et coupez en morceaux les pommes de terre, la patate douce et le panais. Faites-les cuire dans de l'eau bouillante salée pendant 20 minutes environ.
3. Pendant ce temps, pelez l'oignon et hachez-le, ainsi que le persil. Passez les cuisses de canard dans de l'eau chaude, puis effilochez la chair et mélangez-la avec le persil et l'oignon. Poivrez.
4. Égouttez les légumes et écrasez-les aussitôt au presse-purée ou à la fourchette. Répartissez le canard dans le fond d'un plat à gratin beurré et recouvrez de purée.
5. Faites fondre le beurre. Broyez les biscottes en chapelure et mélangez-les au beurre. Parsemez de chapelure la purée et enfournez pour 20 minutes. Dégustez bien chaud !

3 Vendredi décembre

VEGGIE

Légumes anciens *rôtis*

POUR 4 PERSONNES
PRÉPARATION : 15 MIN
CUISSON : 45 MIN

- 1 navet boule d'or
- 1 scorsonère
- 1 rutabaga
- 1 betterave crapaudine crue
- 1 petit radis noir
- 1 petite tête d'ail coupée en deux
- 1 pincée de piment de Cayenne
- 3 cuil. à soupe de vinaigre de vin
- 3 cuil. à soupe d'huile d'olive
- 1 cuil. à café de fleur de sel
- 1 cuil. à café de grains de poivre noir

Je décline cette recette avec tous les légumes de saison, les herbes et les condiments que j'ai sous la main : soyons créatifs, les amis, et marions ces légumes rôtis à du boulgour citronné et à quelques câpres pour en faire un plat complet !

1. Préchauffez le four à 190 °C (th. 6-7).
2. Lavez, pelez et taillez en gros cubes tous les légumes, puis mélangez-les dans un saladier avec les autres ingrédients.
3. Disposez le tout dans un plat allant au four sur une seule couche. Recouvrez d'une feuille de papier cuisson et enfournez pour 45 minutes. Retournez les légumes toutes les 15 minutes.
4. Vérifiez la cuisson à l'aide d'un couteau pointu et dégustez.

TAJINE DE POISSON

POUR 4 PERSONNES
PRÉPARATION : 30 MIN
CUISSON : 35 À 40 MIN

- 4 tronçons de merlu de 160 g chacun
- 1 gros fenouil
- ½ céleri-rave
- 2 panais
- 2 branches de céleri
- 4 pommes de terre charlotte ou annabelle
- 1 cuil. à soupe de mélange d'épices (cumin, gingembre, coriandre)
- 2 gousses d'ail
- 1 citron jaune
- 50 cl de bouillon de légumes
- ½ botte de coriandre (ou de persil)
- Huile d'olive
- Sel fin de mer et poivre

MATÉRIEL

- 1 plat à tajine

1. Lavez et épluchez tous les légumes. Taillez le fenouil et le céleri-rave en quartiers. Taillez les panais et le céleri branche en bâtonnets. Laissez les pommes de terre entières.
Faites chauffer l'huile d'olive dans le plat à tajine et mettez-y les épices à torréfier.
2. Râpez dessus l'ail et le zeste du citron et mélangez. Ajoutez les légumes et faites-les rôtir quelques minutes. Salez, poivrez et ajoutez le bouillon de légumes.
3. Couvrez et laissez cuire 20 à 25 minutes à feu moyen. Disposez les tronçons de merlu sur les légumes et poursuivez la cuisson 8 minutes.
4. Au moment de servir, arrosez de jus de citron et parsemez de coriandre ou de persil.

MON CONSEIL

Pour ce plat oriental, comme pour tous les plats parfumés, n'oubliez pas de torréfier vos épices avant d'ajouter les autres ingrédients : elles exhaleront leurs parfums.

5 Dimanche décembre

MON PAIN
D'ÉPICE

Demain, c'est la Saint-Nicolas ! Dans l'est de la France, on ne manque jamais cette occasion de déguster le traditionnel pain d'épice que saint Nicolas distribue aux enfants sages… Profitons de ce dimanche pour le préparer et essayons de tenir jusqu'à demain pour le manger, il n'en sera que meilleur !

POUR 4 À 6 PERSONNES
PRÉPARATION : 20 MIN
CUISSON : 50 MIN

- □ 300 g de miel
- □ 300 g de farine + un peu pour le moule
- □ 100 g de sucre en poudre
- □ 1 pincée de sel
- □ 10 g de levure
- □ 100 g de beurre pommade + un peu pour le moule
- □ 1 dose de pastis (2 cl)
- □ 15 g de cannelle moulue
- □ 5 g de badiane en poudre
- □ 5 blancs d'œufs + 2 jaunes

1. Préchauffez le four à 170 °C (th. 5-6). Mélangez le miel avec la farine, le sucre, le sel, la levure, le beurre pommade, le pastis et les épices. Ajoutez les jaunes d'œufs et mélangez.
2. Montez les blancs en neige et incorporez-les délicatement à la préparation.
3. Versez la pâte dans un moule à cake beurré et légèrement fariné. Enfournez pour 50 minutes.
4. Sortez le pain d'épice du four et laissez-le refroidir.

6 Lundi décembre

GRAND CLASSIQUE

1 PRODUIT 2 RECETTES

GRATIN DE CARDONS *au roquefort*

En décembre, je rends fidèlement hommage au cardon avec ce gratin qui est un grand classique de la cuisine lyonnaise. Là-bas, on y ajoute souvent de la moelle pour le rendre encore plus gourmand. Bravo, les gones !

POUR 4 PERSONNES
PRÉPARATION : 15 MIN
CUISSON : 1 H 10

- □ 1 kg de cardons
- □ 3 citrons
- □ 30 g de beurre
- □ 30 g de farine
- □ 50 g de roquefort
- □ 50 cl de lait
- □ 10 cl de fond de veau
- □ 2 grosses pincées de noix de muscade
- □ Sel et poivre du moulin

1. Lavez les cardons et ôtez les feuilles. Enlevez les parties filandreuses et taillez les tiges en tronçons réguliers. Plongez-les immédiatement dans une eau citronnée pour qu'elles ne noircissent pas.
2. Faites bouillir un grand volume d'eau salée et citronnée, jetez-y les cardons et laissez-les cuire 40 minutes.
3. Pendant ce temps, faites fondre le beurre avec la farine dans une casserole et laissez cuire 1 minute. Ajoutez peu à peu le lait en remuant et faites chauffer jusqu'à ce que la sauce commence à épaissir.
4. Ajoutez le fond de veau, la noix de muscade, salez, poivrez et laissez mijoter 5 minutes.
5. Préchauffez le four à 180 °C (th. 6).
6. Beurrez un plat à gratin, déposez-y les cardons mélangés à la sauce, recouvrez de petits morceaux de roquefort et enfournez pour 20 minutes afin de faire gratiner.

MIEUX S'ORGANISER

J'achète plus de cardons pour en faire un délicieux velouté demain ! Si vous voulez éviter la corvée d'épluchage, achetez-les en bocaux !

Mardi
décembre **7**

Velouté DE CARDONS

Voici un velouté que j'ai cuisiné avec et pour mon ami végétarien Raphaël Mezrahi dans *Petits Plats en Équilibre* sur TF1. Je lui ai fait découvrir ce légume qui sort de l'ordinaire. Verdict : il a adoré !

POUR 4 PERSONNES
PRÉPARATION : 15 MIN
CUISSON : 25 MIN

- □ 500 g de cardons
- □ 1 citron
- □ 1 petite pomme de terre
- □ 1 oignon
- □ 20 g de beurre
- □ 1 cuil. à café de graines de fenouil
- □ 1 l de bouillon de légumes
- □ 15 cl de crème liquide
- □ Sel et poivre

1. Lavez les cardons, ôtez les feuilles, éliminez les parties filandreuses et émincez-les. Réservez dans une eau froide citronnée.
2. Pelez et coupez en petits morceaux la pomme de terre et l'oignon.
3. Faites chauffer le beurre dans une casserole et faites-y revenir l'oignon, les graines de fenouil et les cardons.
4. Ajoutez la pomme de terre, couvrez de bouillon et laissez cuire 20 minutes à frémissements.
5. Mixez finement la préparation, ajoutez la crème, assaisonnez, mélangez et servez aussitôt.

VEGGIE

SALADE thaïe

1. Lavez et épluchez la papaye. Coupez-la en deux et épépinez-la. Taillez-la finement à la mandoline, salez au sel fin, mélangez et laissez dégorger 45 minutes.
2. Pendant ce temps, écrasez les gousses d'ail au mortier avec le piment et 1 cuillerée à café de gros sel gris. Râpez le zeste de 1 citron vert dans le mortier. Pressez le jus des 2 citrons et ajoutez-le au contenu du mortier, mélangez et versez l'huile. Débarrassez dans un grand saladier.
3. Épluchez les mangues vertes et râpez-les à la mandoline au-dessus du saladier.
4. Effeuillez le chou et émincez-le finement, ainsi que la ciboulette thaïe, puis ajoutez-les aux autres ingrédients.
5. Pressez la papaye verte entre les mains et ajoutez-la dans le saladier. Mélangez. Parsemez de cacahuètes concassées et de pluches de coriandre, puis servez.

POUR 4 PERSONNES
PRÉPARATION : 45 MIN

- 1 papaye verte
- 2 gousses d'ail
- 1 petit piment long frais
- 2 citrons verts
- 15 cl d'huile de pépins de raisin
- 2 mangues vertes
- ¼ de chou blanc
- ½ botte de ciboulette thaïe
- 2 cuil. à soupe de cacahuètes grillées
- 4 tiges de coriandre
- Gros sel gris et sel gris moulu

Mieux connaître

La mangue verte et la papaye verte ne sont pas des variétés particulières, ce sont les fruits que vous connaissez tous, cueillis avant maturité. Elles sont encore acides, mais diablement riches en vitamine C. Vous les trouverez sans aucun mal dans les épiceries asiatiques.

POIRES *au jus de grenade*

Clin d'œil aux poires au vin, un dessert de terroir et de saison, en version sans alcool. Un trompe-l'œil, pour le plaisir du palais aussi !

POUR 4 PERSONNES
PRÉPARATION : 15 MIN
CUISSON : 30 À 40 MIN

- 4 poires (type conférence)
- 1 l de jus de grenade
- 100 g de sucre de canne brut
- 1 bâton de cannelle
- 2 cuil. à soupe de pistaches non salées

1. Dans une cocotte, faites bouillir le jus de grenade, avec le sucre et le bâton de cannelle.
2. Pendant ce temps, pelez les poires, puis retirez le trognon et les pépins à l'aide d'un vide-pomme. Plongez-les dans le sirop et portez à ébullition. Baissez le feu et faites cuire à frémissements 25 minutes. Coupez le feu et laissez refroidir.
3. Concassez les pistaches avec un couteau.
4. Avant de servir, faites réduire le jus de moitié afin qu'il épaississe, puis nappez-en les poires. Parsemez de pistaches concassées et dégustez.

Moules de bouchot

comme dans le Pas-de-Calais

GRAND CLASSIQUE

POUR 4 PERSONNES
PRÉPARATION : 15 MIN
CUISSON : 10 MIN

- 3 l de moules de bouchot
- 1 petite branche de céleri
- 1 oignon
- 30 cl de bière blonde du ch'Nord ou d'ailleurs
- 20 cl de crème fleurette
- 1 pincée de safran
- 1 pincée de piment de Cayenne
- Poivre

1. Grattez et lavez rapidement les moules, puis mettez-les dans une sauteuse.
2. Ajoutez le céleri et l'oignon émincés finement. Poivrez, versez la bière et faites cuire les moules à feu vif. Lorsqu'elles sont ouvertes, transférez-les dans un plat chaud à l'aide d'une écumoire.
3. Dans la sauteuse, ajoutez la crème, le safran et le piment de Cayenne, et faites réduire afin que la sauce épaississe légèrement. Remettez les moules pour les réchauffer, mélangez et dégustez aussitôt avec des frites maison.

Le saviez-vous ?

Les moules de bouchot ont la particularité de grandir attachées à des pieux. Elles sont immergées ou à l'air libre en fonction des marées. Celles de la baie du Mont-Saint-Michel bénéficient d'une AOP, mais il en existe d'autres, comme celles de Charente-Maritime, qui sont aussi charnues. Miam !

Rôti de porc
DE JEANFI JANSSENS

Pour épater vos invités ce week-end, j'ai sollicité mon camarade humoriste Jeanfi Janssens. Il est bien sûr populaire grâce à ses sketchs, mais son fameux rôti de porc à l'Orangina est, lui aussi, mémorable ! Ardent défenseur des produits frais, je le lui ai fait goûter avec de vraies oranges, mais les deux versions se défendent !

POUR 6 PERSONNES
PRÉPARATION : 15 MIN
CUISSON : 50 MIN

- ☐ 1 rôti de porc de 1 kg environ
- ☐ 1 noix de beurre
- ☐ 1 oignon
- ☐ 30 cl de bouillon de volaille
- ☐ 6 oranges
- ☐ Sel et poivre

POUR L'ACCOMPAGNEMENT

- ☐ 1 kg de pommes de terre grenailles
- ☐ 4 branches de thym frais
- ☐ 5 gousses d'ail
- ☐ 1 filet d'huile d'olive
- ☐ Sel et poivre

1. Préchauffez le four à 170 °C (th. 5-6).
2. Dans une cocotte, faites colorer le rôti dans le beurre, sur toutes ses faces. Salez, poivrez et débarrassez-le sur une assiette.
3. Émincez l'oignon et faites-le dorer dans la cocotte. Versez le bouillon. Pressez les oranges et versez le jus dans la cocotte. Remettez le rôti, couvrez et enfournez pour 45 minutes.
4. Lavez les pommes de terre, disposez-les dans un plat à gratin, salez et poivrez. Ajoutez un peu de thym et les gousses d'ail en chemise éclatées. Versez un filet d'huile d'olive et enfournez avec le rôti (côte à côte si votre four le permet ou sinon un plat sur chaque grille). Sortez l'ensemble du four et servez.

GRAVLAX
de saumon

Dans moins de deux semaines, c'est Noël !
On s'y prépare doucement avec cette recette venue
tout droit de Suède, que j'ai arrangée à ma façon.
Facile à réaliser, ça change du sempiternel saumon fumé !

POUR 4 PERSONNES
PRÉPARATION : 10 MIN
MARINADE : 24 À 48 H

- □ 500 g de saumon Label Rouge en une pièce, sans arêtes, avec peau
- □ 1 cuil. à café de poivre de Madagascar
- □ 1 belle poignée de verveine séchée
- □ 70 g de gros sel
- □ 60 g de sucre en poudre

1. Au mortier, pilez le poivre, la verveine séchée, le gros sel et le sucre.
2. Placez le saumon dans un plat creux. Recouvrez-le du mélange d'épices, couvrez de film alimentaire et mettez au réfrigérateur pour 24 heures, dans l'idéal pour 48 heures.
3. Rincez le saumon sous un filet d'eau froide, puis épongez-le délicatement avec un torchon propre avant de le couper en fines lamelles. Dégustez-le avec des toasts, en salade, en tartine…

Soufflés AU FROMAGE

VEGGIE

C'est un classique inratable si vous suivez ma recette à la lettre. Essayez dès maintenant et vous verrez que vos invités seront soufflés !

GRAND CLASSIQUE

POUR 4 PERSONNES
PRÉPARATION : 20 MIN
CUISSON : 30 À 35 MIN

- □ 60 g de comté fraîchement râpé
- □ 3 œufs + 1 jaune
- □ 20 cl de lait
- □ 30 g de beurre + 1 noix pour les moules
- □ 30 g de farine + quelques pincées pour les moules
- □ 1 pincée de piment de Cayenne
- □ 1 pincée de noix de muscade moulue
- □ Sel et poivre du moulin

MATÉRIEL

- □ 4 ramequins à soufflé

1. Préchauffez le four à 180 °C (th. 6).
2. Séparez les blancs d'œufs des jaunes. Réservez les 3 blancs d'une part et les 4 jaunes de l'autre.
3. Faites chauffer le lait avec 20 cl d'eau. Dans une autre casserole, faites fondre le beurre à feu doux, ajoutez la farine et remuez à l'aide d'un petit fouet.
4. Lorsque le mélange commence à mousser sans colorer, ajoutez le mélange lait-eau et faites cuire 5 à 6 minutes sans cesser de fouetter. Dès que le mélange devient crémeux, retirez la casserole du feu et ajoutez 1 pincée de sel. Laissez tiédir, incorporez les jaunes légèrement battus, puis le comté râpé. Salez, poivrez, ajoutez le piment de Cayenne et la noix de muscade.
5. Fouettez les blancs en neige très ferme. Incorporez-les peu à peu à la préparation à l'aide d'une spatule, en les soulevant délicatement afin de ne pas les faire tomber.
6. Beurrez et farinez quatre ramequins à soufflé (tapotez le fond pour éliminer l'excédent de farine) et remplissez-les de pâte jusqu'aux trois quarts.
7. Enfournez dans le bas du four pour qu'à la surface ne se forme pas trop rapidement une croûte. Laissez cuire pendant 25 minutes, puis servez aussitôt.

VEGGIE

Velouté de potimarron,
betterave et gingembre

POUR 4 PERSONNES
PRÉPARATION : 15 MIN
CUISSON : 25 À 30 MIN

- 1 potimarron
- 1 grosse betterave crue
- 2 cm de gingembre frais
- 1 oignon
- 1 cuil. à soupe d'huile d'olive
- 20 cl de crème liquide
- 2 tiges de cerfeuil ou d'aneth
- Sel et poivre

1. Pelez la betterave et coupez-la en morceaux. Rincez le potimarron, retirez les graines et la partie fibreuse, puis coupez-le en morceaux. Pelez et râpez le gingembre.
2. Épluchez et émincez l'oignon. Faites-le revenir dans une casserole avec l'huile jusqu'à une légère coloration. Ajoutez les morceaux de potimarron et de betterave, puis le gingembre, et couvrez d'eau à hauteur. Faites cuire à frémissements 20 à 25 minutes.
3. Mixez, salez, poivrez et versez dans quatre assiettes creuses. Répartissez la crème liquide, mélangez à peine, décorez de pluches d'herbe aromatique et dégustez sans attendre.

MON ASTUCE

Le gingembre frais apporte une touche bien relevée à cette soupe de saison. Si, comme moi, vous aimez son piquant, ne le faites pas cuire, et ajoutez-le au moment de mixer la soupe !

Mieux s'organiser

J'achète une betterave de plus pour jeudi !

15 Mercredi décembre

VEGGIE

PAS CHER

PASTA E CECI (pâtes aux pois chiches)

Depuis que j'ai découvert ce plat en Italie, je ne m'en lasse pas. À l'origine, c'était un classique de la cuisine paysanne. Aujourd'hui, de nombreux restaurants mettent en avant cette belle alliance d'une céréale et d'une légumineuse. Du bon sens paysan, mais du bon goût, surtout ! Et idéal si vous êtes végétarien. *Andiamo !*

POUR 4 PERSONNES
PRÉPARATION : 10 MIN
CUISSON : 22 MIN

- 1 boîte de 400 g de pois chiches (poids net égoutté)
- 160 g de petites pâtes cylindriques (ditalini ou mini-penne)
- 2 branches de romarin
- 1 gousse d'ail
- Huile d'olive
- Sel fin de mer, gros sel de mer et poivre du moulin

1. Égouttez les pois chiches en gardant le jus et délayez ce dernier avec un verre d'eau ou de bouillon.
2. Dans une sauteuse évasée, faites chauffer 2 cuillerées à soupe d'huile d'olive. Ajoutez 1 branche de romarin et la gousse d'ail coupée en deux. Faites revenir 2 minutes, puis ajoutez les pois chiches.
3. Mélangez, puis versez environ la moitié du jus des pois chiches. Rectifiez l'assaisonnement et faites cuire 10 minutes.
4. Ajoutez les pâtes et poursuivez la cuisson selon le temps indiqué sur le paquet.
5. Mélangez l'ensemble, versez un filet d'huile d'olive et ajoutez quelques sommités de romarin. Donnez un tour de moulin à poivre et posez au centre de la table.

Pageots grillés, SAUCE VIERGE

POUR 4 PERSONNES
PRÉPARATION : 15 MIN
CUISSON : 8 À 12 MIN

- □ 4 pageots roses (vidés et écaillés)
- □ 4 cuil. à soupe d'huile d'olive

POUR LA SAUCE VIERGE

- □ 1 betterave crue
- □ ½ radis noir coupé
- □ 1 gousse d'ail
- □ 6 tiges de ciboulette
- □ Le jus de 1 citron non traité
- □ 1 cuil. à soupe de baies roses
- □ 10 cl d'huile d'olive
- □ Sel et poivre

1. Salez et poivrez l'intérieur et l'extérieur des poissons.
2. Pelez la betterave et le radis noir et taillez-les en petits dés. Pelez et hachez l'ail, ciselez la ciboulette. Mélangez tous les ingrédients de la sauce vierge dans un saladier.
3. Faites chauffer une grande poêle huilée et faites-y griller les poissons 4 à 6 minutes par face. Disposez-les dans un plat de service, puis, dans la même poêle, faites chauffer 30 secondes la sauce vierge. Couvrez-en les poissons et dégustez avec des pommes vapeur.

MIEUX CONNAÎTRE
Le pageot

Proche du sar et de la daurade royale, le pageot rose, également appelé « daurade rose », est surtout pêché en Méditerranée. Il est abondant en automne et en hiver, et sa chair fine a un goût délicat.

17 Vendredi décembre

FLOGNARDE
aux poires d'hiver

POUR 4 PERSONNES
PRÉPARATION : 10 MIN
CUISSON : 40 À 50 MIN

- □ 2 poires
- □ 50 g de farine
- □ 50 g d'amandes en poudre
- □ 40 cl de lait entier
- □ 4 œufs
- □ 120 g de sucre en poudre
- □ ½ gousse de vanille
- □ 1 noix de beurre pour le moule

1. Préchauffez le four à 180 °C (th. 6).
2. Dans un saladier, mélangez tous les ingrédients, sauf les poires, jusqu'à obtenir une préparation homogène.
3. Beurrez un plat creux. Pelez les poires et taillez-les en quartiers. Répartissez-les dans le plat et versez la pâte. Enfournez pour 40 à 50 minutes : la préparation doit rester légèrement tremblotante au centre.
4. Laissez tiédir avant de déguster.

Le saviez-vous ?

Les poires sont des fruits « climactériques » : elles continuent à mûrir après la cueillette. Les poires d'hiver ont une particularité : elles ont besoin d'un passage en chambre froide ou en cave, appelé « affinage », pour donner le meilleur d'elles-mêmes. C'est pourquoi elles sont cueillies avant maturité, de la fin de septembre (passe-crassane, conférence, comice) à mars (angélys, poire de fisée et comtesse de Paris).

Rouelle de porc
aux légumes oubliés

Avant le grand marathon des fêtes de fin d'année, voici un morceau économique et goûteux, qui va gentiment confire au four. Pendant ce temps-là, tournez quelques pages et jetez un coup d'œil à mes recettes de fêtes !

POUR 4 PERSONNES
PRÉPARATION : 15 MIN
CUISSON : 1 H 30

- ☐ 1 rouelle de porc de 1,5 kg
- ☐ 1 kg de topinambours, panais et navets mélangés
- ☐ ½ tête d'ail
- ☐ 20 cl de vin blanc
- ☐ 2 cuil. à soupe d'huile d'olive
- ☐ Sel et poivre

1. Préchauffez le four à 170 °C (th. 5-6).
2. Épluchez tous les légumes et coupez-les en morceaux.
3. Faites chauffer l'huile dans une cocotte, saisissez la rouelle de porc des deux côtés, salez et poivrez. Recouvrez-la des légumes et ajoutez l'ail en chemise. Versez le vin blanc et fermez la cocotte. Enfournez pour 1 heure 30.
4. Découpez la rouelle de porc, arrosez de jus de cuisson et dressez avec les légumes. Dégustez !

TRUFFES aux 3 parfums

POUR 24 TRUFFES
PRÉPARATION : 15 MIN
RÉFRIGÉRATION : 7 H

- 175 g de chocolat à 60 % de cacao minimum
- 12 cl de crème liquide entière
- 25 g de beurre froid
- Cacao amer en poudre
- Thé matcha en poudre
- Noix de coco râpée

1. Hachez le chocolat et faites-le fondre au bain-marie en mélangeant de temps en temps. Faites chauffer la crème et incorporez-la au chocolat. Fouettez énergiquement. Ajoutez le beurre et fouettez de nouveau. Versez la préparation dans un saladier et laissez durcir 6 heures dans le réfrigérateur.
2. Prélevez ensuite des noix de chocolat à l'aide d'une cuillère à café et façonnez-les en boules. Roulez-les au choix dans le cacao, le thé matcha ou la noix de coco râpée. Laissez-les durcir 1 heure au frais avant de les déguster ou de les mettre en sachets.

UN PEU D'HISTOIRE

Selon la légende, la truffe aurait été inventée en 1895 par Louis Dufour, un chocolatier-confiseur de Chambéry, un soir de décembre, alors qu'une rupture de stock l'obligeait à élaborer une recette rapide avec peu d'ingrédients !

Mieux s'organiser

pour préparer le repas du réveillon

MARDI 21 DÉCEMBRE
• Je commande ma poularde chez le boucher, les œufs de cabillaud, le filet de saumon, les noix de saint-jacques et les huîtres chez le poissonnier.
• J'achète le foie gras (pour la terrine aux pommes) et les morilles déshydratées (pour la poularde au vin jaune) dans une épicerie fine.
• Chez le caviste, j'achète du marc de champagne (pour le parfait glacé) et du vin jaune (pour la poularde au vin jaune).

MERCREDI 22 DÉCEMBRE
Je réalise le dessert, un parfait glacé, et je le conserve au congélateur.

JEUDI 23 DÉCEMBRE
• Je prépare ma terrine de foie gras pour l'entrée ! Ou les blinis et le tarama, que je place dans le réfrigérateur ou encore un gravlax de saumon (recette du 12 décembre).
• Je réhydrate les morilles pour le lendemain (24 décembre).

Tarama
ET BLINIS MAISON

Blinis et tarama, voilà un duo incontournable pour les repas de fêtes ! Sans additif ni colorant artificiel, vive le fait maison !

POUR LE TARAMA

POUR 6 PERSONNES
PRÉPARATION : 15 MIN
RÉFRIGÉRATION : 4 H

- **200 g d'œufs de cabillaud fumés**
- **30 à 50 g de pain de mie sans la croûte**
- **10 cl de lait**
- **1 petit jaune d'œuf**
- **14 cl d'huile de pépins de raisin ou d'huile de colza**
- **Le jus de 1 citron jaune**

1. Faites tremper le pain dans le lait. Ouvrez la poche des œufs et prélevez-les à l'aide d'une cuillère.
2. Essorez les tranches de pain de mie et mettez-les dans un mixeur avec le jaune d'œuf. Mixez jusqu'à obtenir une consistance homogène, puis versez un peu d'huile en filet sans arrêter de mixer. Ajoutez les œufs de cabillaud, mixez et continuez à verser le reste de l'huile en filet : vous devez obtenir une consistance onctueuse et mousseuse. Versez le jus de citron à la fin et mélangez bien.
3. Recouvrez de film alimentaire au contact et placez au frais pour 4 heures avant de déguster.

Chloé Josso remercie Sabre, Les Guimards
et La Manufacture de Digoin pour le prêt de céramiques.

Illustrations : Giulia Ceccacci
Photographies de reportage : Pierre Monetta
Photographies et stylisme des recettes :
Nicolas Villion et Chloé Josso pour les mois de janvier, avril, mai, octobre, novembre et décembre
Anne Bergeron et Natacha Arnoult pour les mois de février, mars, juin, juillet, août et septembre

Directeur éditorial : Didier Férat
Édition : Diane Monserat
Collaboration éditoriale :
Julien Amat, Lucile Escourrou, Julie Bernard
Conception graphique et mise en page :
Le Bureau des Affaires Graphiques
Graphiste : Flora Monnin
Photogravure : Chromostyle
Fabrication : Laurence Duboscq

ISBN : 978-2-263-17215-1
Code éditeur : L17215
Dépôt légal : octobre 2020
Imprimé en France par Pollina - 94786

Un grand merci à vous, lecteurs, pour cette belle fidélité.

Je vous l'ai dit : rien ne me fait plus plaisir que de vous entendre, de vous lire, me dire que la cuisine du quotidien est devenue essentielle pour vous et que ces recettes ont trouvé leur place à votre table !

Merci à...

Nos paysans qui se donnent du mal pour nous faire du bien. Maraîchers, éleveurs, pêcheurs, merci de préserver cette biodiversité capitale et de protéger notre environnement. N'opposons pas les modèles agricoles et prenons le meilleur de chacun.

Tous ces chefs cuisiniers passionnés, engagés dans une cuisine responsable et identifiable !

Vincent Barbare, président/éditeur attentif, pour son soutien. Frédérique Sarfati, mon éditrice, d'avoir cru en cette belle idée d'almanach ! Didier Férat et Diane Monserat pour leur exigence et leur patience.

Pierre Monetta pour ses belles photos en cuisine et dans mes paysages vosgiens ! Anne Bergeron, Chloé Josso, Natacha Arnoult et Nicolas Villion pour les belles photos de recettes. Bravo ! Sylvain Cambe pour ses captures inspirées sur mes tournages.

Cécile Bernier et Flora Monnin, l'équipe du Bureau des Affaires Graphiques, pour la belle maquette et leur inspiration graphique renouvelée ! Giulia Ceccacci pour ses illustrations.

Lucile Escourrou, Julien Amat, Julie Bernard et Stéphane Molé, ma précieuse et fidèle équipe du quotidien, et Alain de La Rochère pour son accompagnement.

TF1 et Europe 1 pour toutes ces belles émissions que je veux à la fois utiles et divertissantes ! Ma belle équipe de *Petits Plats en équilibre* et ma bande de *La Table des bons vivants.*

Et enfin, merci à ma famille, ma femme, mon fils et ma mère, et à mes amis de jouer aux cobayes et aux critiques ! Cuisinons et aimons-nous vivants !

T

V

W

Q

R

S

Index des recettes

Q

R

S

J

K

L

M

N

O

P

D

E

F

G

H

Index des produits

Vendredi
décembre **31**

QUASI DE VEAU EN CROÛTE
et purée marbrée

Le quasi de veau, morceau d'une tendreté exceptionnelle, est lui aussi sur son 31 pour ce dernier jour de l'année ! Régalez-vous, et à l'année prochaine, les amis !

POUR 4 PERSONNES
PRÉPARATION : 20 MIN
CUISSON : 1 H

- 800 g de quasi de veau
- 1 rouleau de pâte feuilletée
- 1 kg de pommes de terre
- 100 g de beurre
- 1 gousse d'ail
- 20 g de gros sel
- 1 jaune d'œuf
- 5 cl de crème liquide
- 10 cl de lait
- 15 g de champignons déshydratés (cèpes ou trompettes-des-morts)
- Huile de cuisson
- Sel et poivre du moulin

1. Préchauffez le four à 180 °C (th. 6).
2. Dans une poêle à feu vif, faites colorer le veau sur toutes ses faces dans 1 cuillerée à soupe d'huile, 15 grammes de beurre et la gousse d'ail pelée et écrasée. Débarrassez et laissez tiédir.
3. Placez les pommes de terre non pelées dans une grande casserole contenant 2 litres d'eau froide et le gros sel. Portez à ébullition et faites cuire 25 à 30 minutes.
4. Pendant ce temps, déroulez la pâte feuilletée et posez-la sur une plaque de cuisson. Déposez le quasi aux bords de la pâte et enroulez. Mélangez le jaune d'œuf et la crème, puis badigeonnez-en la pâte. Enfournez pour 30 minutes.
5. Égouttez les pommes de terre, pelez-les et écrasez-les. Ajoutez le reste de beurre coupé en morceaux et le lait en maintenant à feu doux. Salez et poivrez.
6. Mixez finement les champignons séchés et mélangez-les à la purée.
7. Tranchez le quasi et servez la purée marbrée avec une salade d'herbes.

1. Dans un saladier, mélangez la farine et la levure de boulanger, ajoutez le sel et creusez un puits au centre.

2. Séparez les blancs d'œufs des jaunes. Faites tiédir le lait dans une casserole. Dans un bol, fouettez les jaunes avec le lait tiède, puis versez dans le puits de farine. Mélangez pour obtenir une pâte lisse, couvrez d'un linge propre et laissez reposer 1 heure.

3. Montez les blancs en neige et mélangez-les à la pâte.

4. Versez une petite louche de pâte dans une poêle bien chaude avec 1 noix de beurre et faites cuire. Quand la pâte devient sèche en surface, retournez le blini pour cuire l'autre face. Renouvelez l'opération jusqu'à épuisement de la pâte.

POUR LES BLINIS

POUR 6 PERSONNES
PRÉPARATION : 10 MIN
REPOS : 1 H
CUISSON : 10 MIN

- **150 g de farine**
- **½ cuil. à soupe de levure de boulanger**
- **2 œufs**
- **20 cl de lait**
- **6 noix de beurre**
- **1 pincée de sel**

21 Mardi décembre

Hiver

COCOTTE DE LÉGUMES
d'Alain Ducasse

Pour les fêtes, j'ai demandé à Alain Ducasse, le chef le plus étoilé au monde, de cuisiner ses légumes de saison préférés en version festive. Rare à la télévision, il a accepté, et voici le résultat : économique et durable, une cocotte 3 étoiles pour accompagner la poularde du 24 décembre. Merci chef !

POUR 4 À 6 PERSONNES
PRÉPARATION : 20 MIN
CUISSON : 30 MIN ENVIRON

- □ 2 panais
- □ 4 salsifis
- □ 2 topinambours
- □ 2 radis noirs
- □ 1 butternut
- □ 1 gousse d'ail
- □ 1 clémentine corse
- □ 1 cuil. à soupe de graines de fenouil
- □ 60 g d'anguille fumée
- □ 6 cerneaux de noix
- □ 1 truffe (facultatif)
- □ Huile d'olive
- □ 1 noix de beurre
- □ Sel et poivre

POUR LE CONDIMENT

- □ 150 g de roquette
- □ 2 filets d'anchois
- □ 150 g de noix
- □ 150 g de cresson
- □ Huile d'olive
- □ Sel et poivre

1. Pelez l'ail et la clémentine. Brossez bien les légumes sous l'eau, puis épluchez-les. Réservez les pelures. Coupez grossièrement les légumes en morceaux.
2. Dans une cocotte, faites cuire à feu moyen les panais, la gousse d'ail, les graines de fenouil et l'anguille environ 5 minutes. Ajoutez, dans l'ordre, les salsifis, puis les topinambours, et laissez cuire 5 minutes. Ajoutez les radis noirs, puis la butternut et la clémentine. Poursuivez la cuisson jusqu'à ce que les légumes soient cuits.
3. Pendant ce temps, plongez les pelures des légumes dans de l'eau bouillante pendant 20 minutes. Filtrez le bouillon et réservez.
4. Lorsque les légumes sont cuits, déglacez avec le bouillon de pelures, rectifiez l'assaisonnement, et ajoutez quelques feuilles de roquette et des brisures de noix. Réservez.
5. Préparez le condiment. Dans un mortier, pilez tous les ingrédients et montez le tout à l'huile d'olive. Rectifiez l'assaisonnement et réservez.
6. Dressez les légumes sur des assiettes ou présentez-les dans la cocotte. Servez le condiment à part.

Parfait glacé
AUX BISCUITS ROSES

En imaginant ce dessert, j'ai eu envie de célébrer une région pétillante. Ce parfait associe les biscuits roses de Reims et un alcool de tradition rémoise : le marc de champagne. Plus que parfait pour finir le repas !

POUR 6 À 8 PERSONNES
PRÉPARATION : 45 MIN
CUISSON : 10 MIN
CONGÉLATION : 1 NUIT

- 1 paquet de biscuits roses de Reims
- 100 g de raisins sultanine
- 15 cl de marc de champagne
- 2 feuilles de gélatine
- 200 g de sucre blond
- 5 œufs
- 25 cl de crème fleurette

MATÉRIEL

- 1 moule à terrine

1. Réhydratez les raisins dans de l'eau chaude pendant 30 minutes. Égouttez-les et faites-les mariner dans le marc de champagne.
2. Mettez la gélatine à tremper dans un saladier d'eau bien froide.
3. Versez le sucre dans une casserole contenant 10 cl d'eau. Portez à ébullition à feu doux et prolongez la cuisson de 5 minutes.
4. Pendant ce temps, séparez les blancs d'œufs des jaunes et fouettez les blancs.
5. Lorsque le sucre devient sirupeux, retirez-le du feu et ajoutez la gélatine égouttée. Versez sur les blancs et battez à la vitesse maximum pendant 10 minutes. Réduisez la vitesse du batteur, ajoutez les jaunes et mélangez.
6. Tapissez un moule à terrine de film alimentaire. Disposez les biscuits sur toutes les parois du moule, côté sucre glace à l'extérieur.
7. Fouettez la crème fleurette dans un récipient et mélangez-la à la préparation, puis ajoutez les raisins. Remplissez la terrine et tassez. Entreposez au congélateur pendant une nuit au moins.
8. Le lendemain, passez rapidement le moule sous de l'eau chaude avant de démouler, puis et décorez avec des brisures de biscuits restants.

23 Jeudi décembre

Terrine de foie gras
AUX POMMES

POUR 8 PERSONNES
PRÉPARATION : 30 MIN
CUISSON : 10 MIN
RÉFRIGÉRATION : 24 H

- 500 g de foie gras mi-cuit entier
- 8 pommes reine des reinettes ou clochard
- 50 g de beurre
- 2 cuil. à soupe de miel toutes fleurs
- 10 cl de vinaigre de cidre
- 1 tranche épaisse de pain de campagne
- Sel fin de mer et poivre du moulin

MATÉRIEL

- 1 terrine en terre cuite ou en porcelaine de 26 cm de long

1. Sortez le foie gras du réfrigérateur.
2. Lavez et épluchez les pommes, coupez-les en huit. Faites-les rôtir dans une poêle avec le beurre et le miel. Salez et poivrez. Déglacez avec le vinaigre de cidre, laissez réduire et réservez.
3. Humidifiez la terrine avec un peu d'eau et foncez-la avec du film alimentaire. Taillez le foie gras en tranches épaisses.
4. Commencez le montage par une couche de pommes cuites (en veillant à égaliser le niveau.) Déposez dessus une couche de foie gras en tranches et pressez légèrement. Recommencez l'opération une fois, puis terminez par une couche de pommes. Recouvrez de film alimentaire et pressez le tout à l'aide d'un poids. Laissez reposer 24 heures au réfrigérateur.
5. Faites griller la tranche épaisse de pain coupée à la taille de la terrine. Ôtez le film du dessus et déposez la tranche de pain. Retournez et démoulez la terrine.

ANTIGASPI

Il me reste du foie gras ? Je le conserve bien au frais, dans un récipient hermétique, et l'utiliserai le lendemain de Noël pour un risotto !

Mon truc en +

Pas besoin de la tartiner, ma terrine est déjà servie sur du pain ! Ça va lui donner de l'allure et une belle tenue quand sera venu le moment de la démouler.

POULARDE AU VIN JAUNE
et aux morilles

Recette régionale

Un petit tour en Franche-Comté
avec ce classique des fêtes : la poularde
au vin jaune et aux morilles.
Que personne n'ose dire qu'il regrette
la dinde ou le chapon !

POUR 6 PERSONNES
PRÉPARATION : 45 MIN
TREMPAGE : 30 MIN
CUISSON : 1 H 40

- □ 1 grosse poularde (10 morceaux sur os)
- □ ½ bouteille de vin jaune
- □ 150 g de morilles déshydratées
- □ 2 échalotes
- □ 40 g de beurre
- □ 30 g de farine
- □ 50 cl de bouillon de volaille
- □ 20 cl de crème fleurette
- □ Huile de tournesol
- □ Sel et poivre du moulin

1. Réhydratez les morilles dans de l'eau tiède 30 minutes auparavant. Égouttez-les et coupez les plus grosses en deux dans la longueur. Renouvelez le lavage trois fois et égouttez de nouveau.
2. Dans une cocotte, faites chauffer l'huile de tournesol, puis faites rissoler les morceaux de volaille sur toutes les faces, salez et poivrez. Pendant ce temps, épluchez et ciselez les échalotes.
3. Débarrassez la volaille, dégraissez la cocotte, ajoutez le beurre et faites revenir les échalotes. Ajoutez les morilles, remuez et laissez étuver à couvert pendant 3 à 4 minutes.
4. Déposez les morceaux de volaille sur les morilles, saupoudrez de farine et laissez cuire pendant 5 minutes. Versez le bouillon de volaille, puis la moitié du vin jaune. Remuez, couvrez et laissez cuire à frémissements pendant 1 heure.
5. Versez ensuite la crème et le reste de vin jaune, et finissez de cuire pendant 30 minutes.
6. Avant de servir, dressez la viande et les morilles dans un plat, fouettez la sauce et nappez.

Saint-jacques et carpaccio de chou-fleur

POUR 4 PERSONNES
PRÉPARATION : 20 MIN
CUISSON : 1 MIN

- □ 12 noix de saint-jacques
- □ 1 petit chou-fleur violet
- □ 1 citron jaune non traité
- □ 4 tiges de ciboulette
- □ 1 cuil. à soupe de graisse de canard
- □ 1 cuil. à soupe d'œufs de saumon
- □ 5 cl d'huile d'olive
- □ Sel gris et poivre du moulin

1. Prélevez le zeste du citron dans un bol et pressez le jus dessus. Salez, poivrez, puis ajoutez l'huile d'olive et mélangez. Ciselez la ciboulette et ajoutez-la à la marinade. Badigeonnez le plat de service de marinade au citron.
2. Lavez et séchez le chou-fleur. Taillez des lamelles à la mandoline et disposez-les sur le plat de service. Badigeonnez à nouveau de marinade.
3. Chauffez la graisse de canard dans une poêle et faites-y dorer quelques secondes les noix de saint-jacques sur les deux faces.
4. Débarrassez sur du papier absorbant, puis dressez les assiettes. Décorez les noix de saint-jacques d'œufs de saumon.

Le saviez-vous ?

Les points de fumée des matières grasses de cuisson

En cuisine, le point de fumée est la température maximale atteinte au-delà de laquelle la matière grasse brûle et est donc impropre à la consommation, car émettant des substances toxiques, voire cancérigènes.

Beurre : 120 à 150 °C
Huile d'olive vierge extra : 160 °C
Graisse de canard : 190 °C
Saindoux, blanc de bœuf : 210 °C
Huile d'olive vierge : 216 °C
Huile de tournesol (raffinée) : 227 °C
Huile d'arachide (raffinée) : 240 °C
Huile de colza : 240 °C

Risotto de lentilles
AU FOIE GRAS

Il vous reste sans doute du foie gras dans le réfrigérateur...
Associé aux lentilles vertes, il forme la base d'un duo inattendu
qui permet de prolonger les fêtes entre deux réveillons !

POUR 6 PERSONNES
PRÉPARATION : 20 MIN
CUISSON : 40 À 45 MIN

- □ 300 g de lentilles vertes du Puy
- □ 100 g de foie gras cru
- □ 1 gros oignon rose
- □ 1 gousse d'ail
- □ 1 feuille de laurier
- □ 1 l de bouillon de volaille (ou de légumes)
- □ ¼ de céleri branche avec feuilles
- □ 10 cl d'huile d'olive

1. Rincez les lentilles, puis portez-les à ébullition dans une grande casserole d'eau froide. Égouttez-les et rincez-les de nouveau.
2. Épluchez et ciselez l'oignon. Épluchez et dégermez l'ail. Faites étuver à couvert l'oignon avec l'huile d'olive dans une cocotte. Ajoutez l'ail, le laurier et les lentilles. Laissez nacrer le tout pendant 2 à 3 minutes en remuant.
3. Versez les deux tiers du bouillon de volaille, salez et laissez cuire à frémissements 25 minutes en remuant de temps en temps.
4. Lavez et épluchez le céleri branche, et coupez-le en bâtonnets. Ajoutez-les aux lentilles avec le reste du bouillon, remuez et poursuivez la cuisson 10 à 15 minutes.
5. Coupez le foie gras en cubes, incorporez-les au risotto et mélangez. Dressez dans des assiettes creuses, parsemé de quelques feuilles de céleri.

MES ENDIVES *au jambon*

C'est l'une de mes marottes en hiver, un bon vieux classique qui réchauffe entre deux fêtes : vive les chicons-jambon, comme on dit dans le ch'Nord !

GRAND CLASSIQUE

POUR 4 PERSONNES
PRÉPARATION : 15 MIN
CUISSON : 35 MIN

- 4 endives
- 4 tranches de jambon blanc du boucher

POUR LA BÉCHAMEL

- 50 g de beurre + 1 noix pour le plat
- 50 g de farine
- 75 cl de lait
- 1 cuil. à soupe de crème fraîche épaisse
- 125 g d'emmental râpé
- Sel et poivre du moulin

1. Éliminez une partie du cœur des endives à la base. Faites-les cuire entières pendant 8 minutes à la vapeur. Égouttez-les sur du papier absorbant.
2. Préchauffez le four à 220 °C (th. 7-8).
3. Dans une casserole, faites fondre le beurre, ajoutez la farine et mélangez au fouet jusqu'à obtenir une pâte brun clair.
4. Hors du feu, ajoutez peu à peu le lait en remuant vigoureusement pour éviter la formation de grumeaux. Remettez sur le feu et continuez à mélanger jusqu'à ce que le liquide épaississe. Ajoutez la crème, salez et poivrez.
5. Roulez les endives dans les tranches de jambon, disposez-les dans un plat à gratin beurré et recouvrez-les de sauce béchamel. Parsemez d'emmental râpé et enfournez pour 20 minutes.
6. Régalez-vous !

GRAND CLASSIQUE

Grand aïoli

Mardi
décembre **28**

Profitons des vacances et des petites mains pour nous attaquer à ce monument de la cuisine provençale, un plat de partage par excellence, ici en version simplifiée. Si vous voulez l'enrichir, ajoutez des bulots et de la seiche !

POUR 8 PERSONNES
PRÉPARATION : 30 MIN
CUISSON : 45 MIN

- □ 8 œufs
- □ 8 carottes
- □ 8 pommes de terre moyennes (BF 15, belle de Fontenay)
- □ 1 brocoli
- □ 1 chou-fleur
- □ 2 fenouils
- □ 1 l de court-bouillon
- □ 1,2 kg de morue dessalée
- □ Tranches de pain de campagne à volonté
- □ Sel gris fin et poivre du moulin

POUR L'AÏOLI

- □ 4 gousses d'ail
- □ 2 jaunes d'œufs
- □ Le jus de 1 citron
- □ 40 cl d'huile d'olive vierge extra
- □ 1 pincée de gros sel gris

1. Faites cuire les œufs 10 minutes dans de l'eau bouillante salée. Refroidissez-les immédiatement dans l'eau froide et écalez-les.
2. Lavez tous les légumes de la garniture. Laissez les carottes et les pommes de terre entières, et coupez le brocoli, le chou-fleur et les fenouils en 2 ou 4 portions selon la grosseur des légumes. Faites cuire séparément tous les légumes dans une eau bouillante salée en les gardant al dente. Démarrez les pommes de terre à l'eau froide salée et faites cuire à frémissements pendant 25 minutes. Égouttez et réservez à couvert tous les légumes dans un four tiède (à 100 °C).
3. Faites chauffer le court-bouillon. Taillez la morue en 8 portions et faites-la cuire dans le court-bouillon 8 minutes à petits frémissements. Égouttez et réservez avec les légumes. Conservez le court-bouillon pour l'aïoli.
4. Préparez l'aïoli. Mettez les gousses d'ail pelées et dégermées dans un mortier avec un peu de gros sel et réduisez en pommade avec le pilon. Ajoutez les jaunes d'œufs et mélangez en versant 5 cl d'huile d'olive. Lorsque le mélange émulsionne, continuez à verser l'huile en mince filet. Quand l'aïoli est très ferme et suffisamment assaisonné, détendez-le avec 1 cuillerée à soupe de court-bouillon et le jus de citron.
5. Dans un plat de service, dressez les légumes, les œufs et la morue. Servez l'aïoli à part ainsi que les tranches de pain légèrement grillées.

ANANAS *givré*

POUR 4 À 6 PERSONNES
PRÉPARATION : 15 MIN
CONGÉLATION : 3 H

- □ 1 ananas bio
- □ 1 boîte de lait de coco bio (225 ml)
- □ 2 citrons verts non traités

1. Passez l'ananas sous l'eau. Coupez-le en deux dans la longueur. Ôtez le cœur et évidez la chair. Placez les moitiés d'ananas dans le congélateur.
2. Mettez la chair dans un blender avec le lait de coco. Prélevez le zeste d'un citron vert et pressez-le, puis ajoutez zeste et jus dans le blender. Mixez.
3. Débarrassez dans un plat à gratin et placez dans le congélateur pour 3 heures.
4. Au moment de servir, grattez la préparation glacée avec une fourchette et remplissez les moitiés d'ananas. Parsemez de zestes prélevés sur le second citron vert.

ÇA M'ÉNERVE

Les ananas que l'on trouve à bas coût dans le commerce proviennent du Costa Rica, d'une agriculture intensive : les récoltes y ont lieu toute l'année grâce à une floraison déclenchée chimiquement, et les fruits sont arrosés de dizaines de pesticides, notamment pour leur donner cette belle couleur jaune. Faites-vous du bien : achetez un ananas bio !

Huîtres en gelée
et perles de hareng

Voici une entrée digne d'un réveillon de fin d'année,
qui aura aussi sa place sur un buffet.
Avec l'huître relookée, c'est pas sorcier de faire chic !

POUR 6 PERSONNES
PRÉPARATION : 30 MIN
RÉFRIGÉRATION : 1 H

- 18 huîtres de calibre 2 ou 3
- 50 g d'œufs de hareng
- Agar-agar (1 g = ¼ de cuil. à café)
- 4 brins d'aneth
- ½ pomme granny smith
- Poivre du moulin
- Gros sel

1. Ouvrez les huîtres en récupérant leur jus dans une casserole à travers une passoire fine. Détachez les huîtres des coquilles et réservez-les au frais sur une assiette.
2. Pesez le jus d'huître et ajoutez 1 gramme d'agar-agar pour 250 grammes (25 cl) de jus d'huître. Portez à ébullition.
3. Ciselez 3 brins d'aneth et ajoutez-les à la gelée.
4. Déposez les coquilles d'huîtres sur un lit de gros sel dans un plat allant au réfrigérateur.
5. Coupez la pomme en cubes et disposez-en au fond de chaque coquille. Posez les huîtres dessus et recouvrez-les de gelée. Laissez prendre au frais 1 heure au moins.
6. Décorez d'œufs de hareng et d'une pluche d'aneth, puis servez.